本书系2015年度国家社科基金重大项目

《中国历代小说刊印文献汇考与研究》阶段性成果

中国历代小说刊印研究资料

索引

程国赋　郑子成　编著

The Index of Research Materials on the Printing of Classical Chinese Novels

凤凰出版社

图书在版编目（CIP）数据

中国历代小说刊印研究资料索引 / 程国赋，郑子成编著. -- 南京 ：凤凰出版社，2017.11
ISBN 978-7-5506-2675-1

Ⅰ. ①中… Ⅱ. ①程… ②郑… Ⅲ. ①小说研究－研究资料－索引－中国 Ⅳ. ①Z89：I207.4

中国版本图书馆CIP数据核字(2017)第258213号

书　　名	中国历代小说刊印研究资料索引
编　　著	程国赋　郑子成
责任编辑	王清溪
装帧设计	徐　慧
出版发行	凤凰出版社(原江苏古籍出版社) 发行部电话025-83223462
出版社地址	南京市中央路165号,邮编:210009
出版社网址	http://www.fhcbs.com
照　　排	南京凯建图文制作有限公司
印　　刷	江苏省句容市排印厂 句容市春城镇南,邮编:212404
开　　本	880×1230毫米　1/32
印　　张	12
字　　数	278千字
版　　次	2017年11月第1版　2017年11月第1次印刷
标准书号	ISBN 978-7-5506-2675-1
定　　价	75.00元

(本书凡印装错误可向承印厂调换,电话:0511-87871135)

目　录

凡　例

一、本索引所收范围主要包括以下几个方面:1. 中国历代参与小说刊印的书坊(或书局)及书坊主研究。2. 历代小说刊刻与传播研究。3. 历代小说版本研究。4. 与历代小说刊印密切相关的刊印机构、刻书家及刻书家族、刊印地域、刊印版式、刊印技术、写工、画工、刻工、印工、小说销售、版画、序跋等研究成果酌情收录。5. 少数小说抄本与刻本关系密切,相关研究成果亦酌情收录。作者研究、题材研究、叙事研究等与本书关系不大的研究成果一般不在本书收录之列。

二、第一部分"中国古代小说研究著作"收录以小说为研究对象的相关著作,以初版年份为序,同一年内出版的著作则以著作名音序排列,少数著作初版时间失考,则以可考最早出版年份为准。初版以外,除有增订,不另收录。不同作者之间以顿号相隔,若有多个作者,则列前三位并加"等"字;作者与译者(或整理者)之间以分号相隔。

三、第二部分"相关著作"分"古代著作"和"现当代著作"两类,收录小说研究以外的著作,"古代著作"先区分朝代先后,再根据出版年份排列,格式及排序同上。

四、第三部分"学位论文"分"博士论文"和"硕士论文"两类,以答辩年份为序,同年则以论文题目音序排列。

五、第四部分"单篇论文",以小说成书时代或研究对象所处时代分类(主要参考《中国古代小说总目提要》,朱一玄等,人民文学出版社 2015 年版),“明代以前”为一类,“明代”、“清代”、“近代”各为一类①,若研究对象涉及两个及以上的朝代则归于“综论”;明清两代的经典作品亦各为一小类,以音序排列。个别论文涉及两个或两个以上的专题,则在几个条目下同时收录。以论文出版年份及期数先后为序,连载论文则按第一篇发表时间为准,期数相同者以论文题目音序排列;专著中析出的文献放在每年最前面。不同作者间以顿号相隔,作者与译者间以分号相隔。所录各大学报均为社会科学版,故不做标注。

六、第五部分“外国论著”分“欧美论著”、“日本论著”及“其他国家论著”三类。收录学者在海外出版社出版的著作、在海外报刊发表的文章以及在海外高校完成的学位论文。“欧美论著”以论著出版年份及期(辑)数先后为序,同年之中,专著在前,其次为学位论文,最后为期刊论文,同期者按作者姓名音序排列。文献类型在题目后标注,[J]为期刊论文,[D]为学位论文,[M]为论著。“日本论著”除出版年份及期数相同者按论著题目音序排列外,排序方式同上。在文字收录上则尽量保持原貌,以便于读者进一步检索利用。“其他国家论著”②以论著出版(答辩)年份先后为序,在出版单位前以括号标注国家,同年之中按音序先后排列。

七、本索引所搜集的资料,自 1900 年起,至 2016 年底,以中国大陆地区论著为主,兼收部分港台地区及海外相关论著。涉及港台地区的出版机构、报刊、高校,前以(港)(台)注明。

---

① 因“明末清初”研究成果相对较少,故不单列,置于“明代其他小说作品”或“清代其他小说作品”之中,不代表编者对小说成书时代的看法

② 韩国的研究资料均引自闵宽东《中国古典小说在韩国的研究》,学林出版社 2010 年版。

八、索引的资料来源，包括中国期刊全文数据库，全国报刊索引数据库，台湾学术文献数据库（人社版），中国古代小说研究网，海内外各大高校、研究机构的电子资源，中国人民大学书报资料中心《中国古代近代文学研究》，于曼玲《中国古典戏曲小说研究索引》（广东高教出版社 1992 年版），京都大学《中国文学报·最近文献目录》，各种文学、史学论著、研究综述、论文索引等。欧美汉学家的中英文名主要参考匹兹堡大学东亚图书馆张海惠研究员“Chinese Studies in North America-Research and Resources”课题的附录：English/Chinese Comparison Table for Names of Chinese Studies Scholars［北美中国研究学者英中姓名对照］。

一、 中国古代小说研究著作

《聊斋发微》,问恨生,中华图书馆 1915 年版

《小说丛考》,钱静方,商务印书馆 1916 年版

《石头记索隐》,蔡元培,商务印书馆 1917 年版

《小说考证》(上、中、下),蒋瑞藻,商务印书馆 1919 年版

《中国小说史略》,鲁迅,北新书局 1925 年版

《中国小说史》,范烟桥,苏州秋叶社 1927 年版

《日本东京及大连图书馆所见中国小说书目提要》,孙楷第,国立北平图书馆 1931 年版

《小说枝谈》,蒋瑞藻,商务印书馆 1931 年版

《红楼梦辨》,俞平伯,商务印书馆 1933 年版

《红楼梦考证》,洪秋蕃,上海印书馆 1935 年版

《中国小说发达史》,谭正璧,光明书局 1935 年版

《小说闲谈》,阿英,上海良友图书印刷公司 1936 年版

《中国小说史料》,孔另境,(上海)中华书局 1936 年版

《晚清小说史》,阿英,商务印书馆 1937 年版

《小说闲话》,赵景深,北新书局 1937 年版

《中国俗文学史》,郑振铎,商务印书馆 1938 版

《瓶外卮言》,姚灵犀,天津书局 1940 年版

《红楼梦研究》,李辰冬,正中书局 1942 年版

《中国章回小说考证》,胡适,实业印书馆 1943 年版

《三国水浒与西游》,李辰冬,大道出版社 1945 年版

《小说论丛》,赵景深,日新出版社1947年版

《论金圣叹评改水浒传》,何满子,上海出版公司1954年版

《论儒林外史》,何满子,上海出版公司1954年版

《水浒研究》,何心,上海文艺联合出版社1954年版

《晚清戏曲小说目》,阿英,上海文艺联合出版社1954年版

《蒲松龄与聊斋志异》,何满子,上海出版公司1955年版

《儒林外史研究论集》,作家出版社编辑部,作家出版社1955年版

《三国演义论集》,鲁地,东海文艺出版社1957年版

《三国演义研究论文集》,作家出版社编辑部,作家出版社1957年版

《水浒传的演变》,严敦易,作家出版社1957年版

《中国通俗小说书目》,孙楷第,作家出版社1957年版

《古典小说戏曲丛考》,刘修业,作家出版社1958年版

《聊斋志异研究》,杨柳,江苏文艺出版社1958年版

《聊斋志异原稿研究》,杨仁恺,辽宁人民出版社1958年版

《小说二谈》,阿英,古典文学出版社1958年版

《元明清三代禁毁小说戏曲史料》,王晓传(王利器),作家出版社1958年版,上海古籍出版社1981年增订

《老残游记资料》,魏绍昌,中华书局1962年版

《吴承恩和〈西游记〉》,兆明,中华书局1963年版

《红楼梦资料汇编》(上、下册),一粟,中华书局1964年版

《宋元话本》,程毅中,中华书局1964年版

《沧州集》(上、下册),孙楷第,中华书局1965年版

《中国小说史》,孟瑶,(台)文星书店1966年版

《孽海花研究》,〔韩〕成宜济,(台)台湾嘉新水泥公司文化基金会 1969 年版[①]

《明清中国通俗小说版本研究》,〔澳〕柳存仁,(港)孟氏图书公司 1972 年版

《新编石头记脂砚斋评语辑校》,〔法〕陈庆浩,巴黎第七大学东亚出版中心、香港中文大学红楼梦研究小组 1972 年版,(台)联经出版事业公司 1986 年增订

《话本与小说》,潘寿康,(台)黎明文化事业股份有限公司 1973 年版

《吴承恩和〈西游记〉》,王俊年,北京人民出版社 1973 年版

《话本小说论》,〔日〕原田季清,(台)古亭书屋 1975 年版

《中国古典小说研究》,罗振民,(台)黎明文化事业股份有限公司 1975 年版

《古典小说散论》,乐蘅军,(台)纯文学出版社 1976 年版

《红楼梦版本论丛》(供内部参考),南京师范学院中文系资料室,南京师范学院中文系资料室 1976 年版

《西游记释义》,陈敦甫,(台)全真教出版社 1976 年版

《红楼一家言》,高阳,(台)联经出版事业公司 1977 年版

《话本小说概论》,胡士莹,商务印书馆 1977 年版

《水浒资料汇编》,马蹄疾,中华书局 1977 年版

《论庚辰本》,冯其庸,上海文艺出版社 1978 年版,商务印书馆 2014 年增补

---

① 学者不论国籍,在中国境内完成、发表、出版的著作、论文,一律归入本索引前四部分。

《冯梦龙和三言》,缪咏禾,上海古籍出版社 1979 年版

《韩南中国古典小说论集》,〔美〕韩南(Hanan, Patrick);王秋桂,(台)联经出版事业公司 1979 年版

《红楼梦论丛》,陈毓罴、刘世德、邓绍基等,上海古籍出版社 1979 年版

《金瓶梅探原》,魏子云,(台)巨流图书公司 1979 年版

《散论红楼梦》,吴世昌等,(港)中流出版社有限公司 1979 年版

《戏曲小说丛考》,叶德均,中华书局 1979 年版

《小说三谈》,阿英,上海古籍出版社 1979 年版

《红楼梦探源外编》,吴世昌,上海古籍出版社 1980 年版

《红楼梦叙录》,胡文彬,吉林人民出版社 1980 年版

《金瓶梅考证》,朱星,百花文艺出版社 1980 年版

《金圣叹与七十回水浒研究》,张国光,武汉师范学院学报编辑部 1980 年版

《三言两拍资料》,谭正璧,上海古籍出版社 1980 年版

《吴承恩和西游记》,胡光舟,上海古籍出版社 1980 年版

《吴敬梓和儒林外史》,王俊年,上海古籍出版社 1980 年版

《小说见闻录》,戴不凡,浙江人民出版社 1980 年版

《中国小说丛考》,赵景深,齐鲁书社 1980 年版

《中国小说史集稿》,〔美〕马幼垣,(台)时报文化出版事业有限公司 1980 年版

《钟馗神话与小说之研究》,胡万川,(台)文史哲出版社 1980 年版

《红楼梦版本研究》,王三庆,(台)石门图书公司 1981 年版

《金瓶梅的问世与演变》,魏子云,(台)时报文化出版事业有限

公司 1981 年版

《水浒传的来历、心态和艺术》,孙述宇,(台)时报文化出版事业有限公司 1981 年版

《水浒传资料汇编》,朱一玄、刘毓忱,百花文艺出版社 1981 年版

《宛春杂著》,胡士莹,浙江人民出版社 1981 年版

《小说四谈》,阿英,上海古籍出版社 1981 年版

《听古人说书:宋明话本》,胡万川,(台)时报文化出版事业有限公司 1981 年版

《中国文言小说书目》,袁行霈、侯忠义,北京大学出版社 1981 年版

《古典小说漫稿》,吴小如,上海古籍出版社 1982 年版

《台湾大学文史丛刊:二十年目睹之怪现状研究》,陈幸蕙,(台)台湾大学出版委员会 1982 年版

《台湾大学文史丛刊:阅微草堂笔记研究》,赖芳伶,(台)台湾大学出版委员会 1982 年版

《红楼十二论》,张锦池,百花文艺出版社 1982 年版

《红楼梦新论》,刘梦溪,中国社会科学出版社 1982 年版

《金瓶梅审探》,魏子云,(台)台湾"商务印书馆"1982 年版

《伦敦所见中国小说书目提要》,〔澳〕柳存仁,书目文献出版社 1982 年版

《〈歧路灯〉论丛》,中州书画社,中州书画社 1982 年版

《歧路灯研究资料》,栾星,中州书画社 1982 年版

《儒林外史研究》,郑明娳,(台)台湾"商务印书馆"1982 年版

《西游记探源》,郑明娳,(台)文开出版事业股份有限公司 1982 年版

《冯梦龙与〈三言〉》，容肇祖，（台）木铎出版社1983年版

《金瓶梅劄记》，魏子云，（台）巨流图书公司1983年版

《蒲松龄及其聊斋志异》，罗敬之，（台）编译馆1983年版

《三国演义资料汇编》，朱一玄、刘毓忱，百花文艺出版社1983年版

《西游记探微》，赵天池，（台）巨流图书公司1983年版

《〈西游记〉资料汇编》，朱一玄、刘毓忱，中州书画社1983年版

《中国古代小说研究：台湾香港论文选辑》，刘世德，上海古籍出版社1983年版

《古本稀见小说汇考》，谭正璧、谭寻，浙江文艺出版社1984年版

《金瓶梅考证与研究》，蔡国梁，陕西人民出版社1984年版

《金瓶梅新证》，张远芬，齐鲁书社1984年版

《〈镜花缘〉公案辨疑》，孙佳讯，齐鲁书社1984年版

《聊斋志异论丛》，孙一珍，齐鲁书社1984年版

《论金瓶梅》，胡文彬、张庆善，文化艺术出版社1984年版

《平妖传研究》，胡万川，（台）华正书局有限公司1984年版

《儒林外史研究资料》，李汉秋，上海古籍出版社1984年版

《沧州后集》，孙楷第，中华书局1985年版

《红楼梦资料汇编》，朱一玄，南开大学出版社1985年版

《红楼梦纵横谈》，林冠夫，广西人民出版社1985年版

《金瓶梅原貌探索》，魏子云，（台）台湾学生书局1985年版

《〈金瓶梅〉资料汇编》，侯忠义、王汝梅，北京大学出版社1985年版，1986年增订

《金瓶梅资料汇编》，朱一玄，南开大学出版社1985年版

《京本通俗小说新论及其他》，那宗训，（台）文史哲出版社1985

年版

《〈聊斋志异〉资料汇编》,朱一玄,中州古籍出版社 1985 年版

《刘鹗及〈老残游记〉资料》,刘德隆,四川人民出版社 1985 年版

《〈三国演义〉新论》,刘知渐,重庆出版社 1985 年版

《石头记鉴真》,周祜昌、周汝昌,书目文献出版社 1985 年版

《西游补初探》,傅世怡,(台)台湾学生书局 1985 年版

《中国古代小说论集》,郭豫适,华东师范大学出版社 1985 年版

《中国文言小说参考资料》,侯忠义,北京大学出版社 1985 年版

《古典小说版本资料选编》,朱一玄,山西人民出版社 1986 年版

《〈金瓶梅〉成书与版本研究》,刘辉,辽宁人民出版社 1986 年版

《金瓶梅论集》,徐朔方、刘辉,人民文学出版社 1986 年版

《〈金瓶梅〉漫话》,黄霖,学林出版社 1986 年版

《金瓶梅书录》,胡文彬,辽宁人民出版社 1986 年版

《金瓶梅资料汇录》,方铭,黄山书社 1986 年版

《明清人情小说研究》,方正耀,华东师范大学出版社 1986 年版

《明清小说论稿》,孙逊,上海古籍出版社 1986 年版

《四说论丛》,罗盘,(台)东大图书股份有限公司 1986 年版

《台港〈金瓶梅〉研究论文选》,石昌渝、尹恭弘,江苏古籍出版社 1986 年版

《中国古典短篇侠义小说研究》,〔韩〕崔奉源,(台)联经出版事业公司 1986 年版

《冯梦龙研究》,陆树仑,复旦大学出版社 1987 年版

《古本小说丛刊》(影印本),《古本小说丛刊》编辑委员会,中华书局 1987 年版

《〈金瓶梅〉的世界》,胡文彬,北方文艺出版社 1987 年版

《金瓶梅论稿》,郑庆山,辽宁人民出版社 1987 年版

《金瓶梅西方论文集》,徐朔方、沈亨寿,上海古籍出版社 1987 年版

《金瓶梅新探》,周钧韬,百花文艺出版社 1987 年版

《金瓶梅资料汇编》,黄霖,中华书局 1987 年版

《金瓶梅研究资料汇编:序跋、论评、插图》(上编),魏子云,(台)天一出版社 1987 年版

《红楼梦新探》,曾扬华,广东人民出版社 1987 年版

《论石头记己卯本和庚辰本》,王毓林,书目文献出版社 1987 年版

《儒林外史研究论文集》,李汉秋,中华书局 1987 年版

《说稗集》,吴组缃,北京大学出版社 1987 年版

《小说书坊录》,韩锡铎、王清原,春风文艺出版社 1987 年版

《张竹坡与〈金瓶梅〉》,吴敢,百花文艺出版社 1987 年版

《胡适红楼梦研究论述全编》,胡适,上海古籍出版社 1988 年版

《话说〈金瓶梅〉》,王行之,浙江文艺出版社 1988 年版

《红学耦耕集》,梅节、马力,(港)三联书店有限公司 1988 年版

《金瓶梅的幽隐探照》,魏子云,(台)台湾学生书局 1988 年版

《金瓶梅研究集》,杜维沫、刘辉,齐鲁书社 1988 年版

《聊斋志异与蒲松龄》,〔新〕辜美高,天津古籍出版社 1988 年版

《论金瓶梅的成书及其它》,徐朔方,齐鲁书社 1988 年版

《漫话金瓶梅》,孙逊、周楞伽,上海古籍出版社 1988 年版

《明末清初小说述录》,林辰,春风文艺出版社 1988 年版

《晚清小说研究》,林明德,(台)联经出版事业公司 1988 年版

《小说金瓶梅》,魏子云,(台)台湾学生书局 1988 年版

《俞平伯论红楼梦》(上、下册),俞平伯,上海古籍出版社 1988 年版

《中国古代小说简史》,谈凤梁,江苏教育出版社 1988 年版

《中国古典小说导论》,〔美〕夏志清;胡益民等,安徽文艺出版社 1988 年版

《金瓶梅考论》,黄霖,辽宁人民出版社 1989 年版

《金瓶梅研究资料汇编:金瓶梅第五十二回至五十八四之比勘与解说》(下编),魏子云,(台)天一出版社 1989 年版

《金瓶梅之谜》,刘辉、杨扬,书目文献出版社 1989 年版

《李渔小说论稿》,崔子恩,中国社会科学出版社 1989 年版

《刘鹗与老残游记》,陈辽,中州古籍出版社 1989 年版

《明清小说序跋选》,杜云,广西人民出版社 1989 年版

《清代小说》,李汉秋、胡益民,安徽教育出版社 1989 年版

《日本研究〈金瓶梅〉论文集》,黄霖、王国安,齐鲁书社 1989 年版

《晚清小说研究概说》,袁健、郑荣,天津教育出版社 1989 年版

《西游记及明清小说研究》,苏兴,上海古籍出版社 1989 年版

《小说论稿合集》,吴小如、陈曦钟、于洪江,北京大学出版社 1989 年版

《晚清小说》,时萌,上海古籍出版社 1989 年版

《西游新解》,吴圣昔,中国文联出版公司 1989 年版

《中国白话小说史》,〔美〕韩南(Hanan, Patrick);尹慧珉,浙江古籍出版社 1989 年版

《古本小说集成》(影印本),《古本小说集成》编委会,上海古籍出版社 1990 年版

《〈金瓶梅〉〈红楼梦〉纵横谈》，沈天佑，北京大学出版社 1990 年版

《金瓶梅散论》，魏子云，（台）台湾“商务印书馆”1990 年版

《金瓶梅探索》，王汝梅，吉林大学出版社 1990 年版

《明清小说资料选编》（上、下册），朱一玄，齐鲁书社 1990 年版

《孽海花论稿》，王祖献，黄山书社 1990 年版

《三国演义考评》，周兆新，北京大学出版社 1990 年版

《水浒试笔集》，马成生，团结出版社 1990 年版

《水浒琐议》，王晓家，山东文艺出版社 1990 年版

《戏曲小说书录解题》，孙楷第，人民文学出版社 1990 年版

《西游记研究资料》，刘荫柏，上海古籍出版社 1990 年版

《中国古代长篇小说史》，徐振贵，中州古籍出版社 1990 年版

《新编中国古代小说史》，杨子坚，南京大学出版社 1990 年版

《中国古代小说演变史》，齐裕焜，敦煌文艺出版社 1990 年版

《中国通俗小说总目提要》，江苏省社会科学院明清小说研究中心、文学研究所，中国文联出版公司 1990 年版

《中国文言小说史稿》（上册），侯忠义，北京大学出版社 1990 年版

《中国武侠小说史》，罗立群，辽宁人民出版社 1990 年版

《和风堂文集》，〔澳〕柳存仁，上海古籍出版社 1991 年版

《红楼梦新探》，赵冈、陈钟毅，文化艺术出版社 1991 年版

《红楼梦研究》，朱淡文，（台）贯雅文化事业公司 1991 年版

《红学评议·外篇》，戴不凡，文化艺术出版社 1991 年版

《〈金瓶梅〉及其他》，包振南、寇晓伟，吉林文史出版社 1991 年版

《〈金瓶梅〉新论》，李时人，学林出版社 1991 年版

《金瓶梅艺术世界》,吉林大学中国文化研究所,吉林大学出版社 1991 年版

《金瓶梅资料续编(1919—1949)》,周钧韬,北京大学出版社 1991 年版

《〈三国演义〉新论》,王基,河南大学出版社 1991 年版

《〈三国演义〉研究论文集》,河南省社会科学院文学研究所,中华书局 1991 年版

《晚明话本小说石点头研究》,徐志平,(台)台湾学生书局 1991 年版

《晚清小说研究》,方正耀,华东师范大学出版社 1991 年版

《西游记考论》,李时人,浙江古籍出版社 1991 年版

《西游记论要》,刘勇强,(台)文津出版社 1991 年版

《醒世姻缘传新考》,张清吉,中州古籍出版社 1991 年版

《中国公案小说史》,黄岩柏,辽宁人民出版社 1991 年版

《中国古代短篇小说史》,杜贵晨,中州古籍出版社 1991 年版

《中国小说史》,徐君慧,广西教育出版社 1991 年版

《中国章回小说新考》,张颖、陈速,中州古籍出版社 1991 年版

《中国志人小说史》,宁稼雨,辽宁人民出版社 1991 年版

《八仙系列小说》(评介丛书),韩锡铎,辽宁教育出版社 1992 年版

《白蛇系列小说》(评介丛书),朱眉叔,辽宁教育出版社 1992 年版

《包公系列小说》(评介丛书),李汉秋、朱万曙,辽宁教育出版社 1992 年版

《才子佳人小说史话》(评介丛书),苗壮,辽宁教育出版社 1992

年版

《曹雪芹与红楼梦》(评介丛书),张俊、沈治钧,辽宁教育出版社1992年版

《杜纲与南北史演义》(评介丛书),包绍明,辽宁教育出版社1992年版

《冯梦龙与三言》(评介丛书),缪咏禾,辽宁教育出版社1992年版

《讽喻小说史话》(评介丛书),蔡国梁,辽宁教育出版社1992年版

《公案小说漫话》,张国风,江苏古籍出版社、(港)中华书局1992年版

《公案小说史话》(评介丛书),黄岩柏,辽宁教育出版社1992年版

《古代小说版本漫话》(评介丛书),欧阳健,辽宁教育出版社1992年版

《古代小说禁书漫话》(评介丛书),欧阳健,辽宁教育出版社1992年版

《古代小说评点漫话》(评介丛书),黄霖、万君宝,辽宁教育出版社1992年版

《古代小说序跋漫话》(评介丛书),王先霈,辽宁教育出版社1992年版

《古代小说续书漫话》(评介丛书),李忠昌,辽宁教育出版社1992年版

《古典小说考论》,王枝忠,宁夏人民出版社1992年版

《国际聊斋论文集》,〔新〕辜美高、王枝忠,北京师范学院出版社

1992年版

《海公系列小说》(评介丛书),黄岩柏,辽宁教育出版社1992年版

《红楼梦论源》,朱淡文,江苏古籍出版社1992年版

《〈红楼梦〉散论》,朱彤,南京大学出版社1992年版

《红学论集》,潘重规,(台)三民书局1992年版

《话本小说史话》(评介丛书),张兵,辽宁教育出版社1992年版

《黄小配与洪秀全演义》(评介丛书),赵明政,辽宁教育出版社1992年版

《济公系列小说》(评介丛书),陈东有,辽宁教育出版社1992年版

《讲史小说史话》(评介丛书),王星琦,辽宁教育出版社1992年版

《纪昀与阅微草堂笔记》(评介丛书),张辉,辽宁教育出版社1992年版

《剪灯新话及其他》(评介丛书),薛克翘,辽宁教育出版社1992年版

《借神演史的封神演义》(评介丛书),谈凤梁、陈泳超,辽宁教育出版社1992年版

《〈金瓶梅〉纵横谈》,鲁歌、马征,北京燕山出版社1992年版

《李伯元与官场现形记》(评介丛书),张中,辽宁教育出版社1992年版

《李绿园与歧路灯》(评介丛书),杜贵晨,辽宁教育出版社1992年版

《李汝珍与镜花缘》(评介丛书),朱眉叔,辽宁教育出版社1992

年版

《李渔与无声戏》(评介丛书),沈新林,辽宁教育出版社 1992 年版

《两汉系列小说》(评介丛书),欧阳健,辽宁教育出版社 1992 年版

《两晋系列小说》(评介丛书),张虹,辽宁教育出版社 1992 年版

《列国志系列小说》(评介丛书),竺青,辽宁教育出版社 1992 年版

《林兰香和醒世姻缘传》(评介丛书),曹亦冰,辽宁教育出版社 1992 年版

《凌濛初与两拍》(评介丛书),张兵,辽宁教育出版社 1992 年版

《刘鹗与老残游记》(评介丛书),王学钧,辽宁教育出版社 1992 年版

《论红楼梦及其研究》,郭豫适,上海古籍出版社 1992 年版

《罗贯中与三国演义》(评介丛书),段启明,辽宁教育出版社 1992 年版

《梦幻系列小说》(评介丛书),林辰、徐行,辽宁教育出版社 1992 年版

《明代小说简史》(上、下册,评介丛书),孙一珍,辽宁教育出版社 1992 年版

《明清小说研究》,于天池,北京师范大学出版社 1992 年版

《明清小说新考》,欧阳健,中国文联出版公司 1992 年版

《平妖系列小说》(评介丛书),苏铁戈,辽宁教育出版社 1992 年版

《清代小说简史》(上、下册,评介丛书),张俊、沈治钧,辽宁教育

出版社 1992 年版

《三侠五义系列小说》(评介丛书),侯忠义,辽宁教育出版社 1992 年版

《上古神话系列小说》(评介丛书),竺少华,辽宁教育出版社 1992 年版

《神怪小说史话》(评介丛书),林辰,辽宁教育出版社 1992 年版

《施公案和彭公案》(评介丛书),萧宿荣,辽宁教育出版社 1992 年版

《水浒论衡》,〔美〕马幼垣,(台)联经出版事业公司 1992 年版

《隋唐演义系列小说》(评介丛书),齐裕焜,辽宁教育出版社 1992 年版

《施耐庵与水浒传》(评介丛书),李泉,辽宁教育出版社 1992 年版

《世情小说史话》(评介丛书),萧相恺,辽宁教育出版社 1992 年版

《水浒传论说》,杨仲义,中州古籍出版社 1992 年版

《水浒传原本和著者研究》,罗尔纲,江苏古籍出版社 1992 年版

《天花藏主人及其小说》(评介丛书),林辰、段句章,辽宁教育出版社 1992 年版

《晚清小说简史》(上、下册,评介丛书),欧阳健,辽宁教育出版社 1992 年版

《文康与儿女英雄传》(评介丛书),张兵,辽宁教育出版社 1992 年版

《吴敬梓与儒林外史》(评介丛书),陈美林,辽宁教育出版社 1992 年版

《吴趼人的小说》(评介丛书),袁健,辽宁教育出版社 1992 年版

《西游记新话》(评介丛书),钟婴,辽宁教育出版社 1992 年版

《侠义小说史话》(评介丛书),曹亦冰,辽宁教育出版社 1992 年版

《笑笑生的金瓶梅》(评介丛书),章培恒、卞建林,辽宁教育出版社 1992 年版

《魏忠贤系列小说》(评介丛书),邱忠孝,辽宁教育出版社 1992 年版

《杨家将与岳家军系列小说》(评介丛书),顾歆艺,辽宁教育出版社 1992 年版

《英烈传系列小说》(评介丛书),王星琦、袁华,辽宁教育出版社 1992 年版

《袁枚与子不语》(评介丛书),阎志坚,辽宁教育出版社 1992 年版

《曾朴与孽海花》(评介丛书),欧阳健,辽宁教育出版社 1992 年版

《珍本禁毁小说大观:稗海访书录》,萧相恺,中州古籍出版社 1992 年版

《中国禁毁小说大全》,李时人,黄山书社 1992 年版

《中国菩萨罗汉小说》(评介丛书),徐静波,辽宁教育出版社 1992 年版

《中国武侠小说史》(古代部分),刘荫柏,花山文艺出版社 1992 年版

《中国小说史漫稿》,李悔吾,湖北教育出版社 1992 年版

《红楼梦新探》,王湘浩,吉林大学出版社 1993 年版

《红楼寻真录》,夏荷,甘肃人民出版社 1993 年版

《〈金瓶梅〉六十题》,陈诏,上海书店 1993 年版

《明代小说四大奇书》,〔美〕浦安迪(Plaks, Andrew H.);沈亨寿,中国和平出版社 1993 年版

《蒲松龄与聊斋志异》,雷群明,上海古籍出版社 1993 年版

《水浒概说》,何满子,上海古籍出版社 1993 年版

《通俗小说的历史轨迹》,陈大康,湖南出版社 1993 年版

《西游新证》,吴圣昔,新疆大学出版社 1993 年版

《中国笔记小说史》,吴礼权,(台)台湾"商务印书馆"1993 年版

《中国讽刺小说史》,齐裕焜、陈惠琴,辽宁人民出版社 1993 年版

《中国古代小说百科全书》,《中国古代小说百科全书》编辑委员会,中国大百科全书出版社 1993 年版

《中国古代小说散论》,杜贵晨,山东文艺出版社 1993 年版

《中国四大古典小说论稿》,张锦池,华艺出版社 1993 年版

《中国文言小说流派研究》,陈文新,武汉大学出版社 1993 年版

《中国文言小说史稿》(下册),侯忠义、刘世林,北京大学出版社 1993 年版

《冯梦龙·金瓶梅·张竹坡》,陈昌恒,武汉出版社 1994 年版

《红楼梦之谜》,上海市红楼梦学会,上海古籍出版社 1994 年版

《红楼新辨》,欧阳健,花城出版社 1994 年版

《话本小说史》,欧阳代发,武汉出版社 1994 年版

《金瓶梅概说》,孙逊、詹丹,上海古籍出版社 1994 年版

《凌濛初和两拍》,马美信,上海古籍出版社 1994 年版

《明清英雄传奇综论》,裴树海,武汉大学出版社 1994 年版

《清代小说论稿》,孙永都,齐鲁书社 1994 年版

《神怪情侠的艺术世界：中国古代小说流派漫话》，程毅中，中共中央党校出版社 1994 年版

《世态人情说话本》，欧阳代发，华中理工大学出版社 1994 年版

《水浒通论》，马成生，浙江古籍出版社 1994 年版

《水浒研究论文集》，沈伯俊，中华书局 1994 年版

《中国禁毁小说百话》，李梦生，上海古籍出版社 1994 年版

《中国古典通俗小说史论》，萧相恺、张虹，南京出版社 1994 年版

《中国小说源流论》，石昌渝，生活·读书·新知三联书店 1994 年版

《中国文言小说丛论》，于天池，宁夏人民出版社 1994 年版

《中国文言小说史》，吴志达，齐鲁书社 1994 年版

《大谷本明清小说叙录》，刘镇伟、王若、韩俊英，大连出版社 1995 年版

《红楼放眼录》，胡文彬，华艺出版社 1995 年版

《红楼梦考释》，杜世杰，中国文学出版社 1995 年版

《刘鹗及〈老残游记〉研究》，刘瑜，民族出版社 1995 年版

《明清小说论稿》，赵兴勤，南京出版社 1995 年版

《清代长篇讽刺小说研究》，〔韩〕吴淳邦，北京大学出版社 1995 年版

《三国演义丛考》，周兆新，北京大学出版社 1995 年版

《三国志演义古版丛刊》（影印本），陈翔华，中华全国图书馆文献缩微复制中心 1995 年版

《水浒传新论》，曲家源，中国和平出版社 1995 年版

《中国笔记小说史》，陈文新，（台）志一出版社 1995 年版

《中国古典小说论稿》，梅庆吉，黑龙江教育出版社 1995 年版

《中国古典小说史论》,杨义,中国社会科学出版社1995年版

《中国小说史》,李悔吾,(台)洪叶文化事业有限公司1995年版

《冯梦龙论》,游友基,西南师范大学出版社1996年版

《红学辨伪论》,欧阳健,贵州人民出版社1996年版

《金瓶梅研究》,刘师古,(台)宋氏照远出版社1996年版

《李绿园与其〈歧路灯〉研究》,吴秀玉,(台)师大书苑出版社1996年版

《李渔研究》,黄强,浙江古籍出版社1996年版

《聊斋志异研究》,杨昌年,(台)里仁书局1996年版

《明清小说史》,蒋松源、谭邦和,长江文艺出版社1996年版

《〈三国演义〉版本考》,〔英〕魏安(West, Andrew),上海古籍出版社1996年版

《中国历代小说序跋集》,丁锡根,人民文学出版社1996年版

《中国文言小说史论》,林骅,百花文艺出版社1996年版

《中国文言小说总目提要》,宁稼雨,齐鲁书社1996年版

《'93中国古代小说国际研讨会论文集》,'93中国古代小说国际研讨会学术委员会,开明出版社1996年版

《韩国藏中国稀见珍本小说》,王汝梅、〔韩〕朴在渊,中国大百科全书出版社1997年版

《红楼梦金瓶梅新探》,鲁歌,远方出版社1997年版

《红楼梦探微》,胡文彬,华艺出版社1997年版

《红楼梦新探》,王人恩,甘肃教育出版社1997年版

《红楼梦续书研究》,赵建忠,天津古籍出版社1997年版

《明代小说史》,齐裕焜,浙江古籍出版社1997年版

《明清小说研究集丛》,〔新〕辜美高,汉语大词典出版社1997

年版

《清代小说刍议》,魏鉴勋,辽宁人民出版社 1997 年版

《清代小说史》,张俊,浙江古籍出版社 1997 年版

《宋元小说史》,萧相恺,浙江古籍出版社 1997 年版

《西游记考论》,张锦池,黑龙江教育出版社 1997 年版

《小说考信编》,徐朔方,上海古籍出版社 1997 年版

《晚清小说史》,欧阳健,浙江古籍出版社 1997 年版

《元明中篇传奇小说研究》,陈益源,(港)学峰文化事业公司 1997 年版

《中国神怪小说通史》,欧阳健,江苏教育出版社 1997 年版

《中国小说史话》,陈大康,黄山书社 1997 年版

《笔记小说史》,苗壮,浙江古籍出版社 1998 年版

《才子佳人小说研究》,周建渝,(台)文史哲出版社 1998 年版

《〈东周列国志〉研究》,曾良,巴蜀书社 1998 年版

《红楼梦鉴真》,郭卫,光明日报出版社 1998 年版

《红楼梦考论》,张锦池,黑龙江教育出版社 1998 年版

《红楼梦之谜》,赵国栋,中州古籍出版社 1998 年版

《话本小说通论》,石麟,华中理工大学出版社 1998 年版

《〈金瓶梅〉传播史话》,何香久,中国文联出版公司 1998 年版

《李渔评传》,沈新林,南京师范大学出版社 1998 年版

《李渔评传》,俞为民,南京大学出版社 1998 年版

《明清世态人情小说史稿》,王增斌,中国文联出版社 1998 年版

《明清小说》,齐裕焜,上海古籍出版社 1998 年版

《儒林外史资料汇编》,朱一玄、刘毓忱,南开大学出版社 1998 年版

《神怪小说史》,林辰,浙江古籍出版社 1998 年版

《世情小说史》,向楷,浙江古籍出版社 1998 年版

《石头记脂本研究》,冯其庸,人民文学出版社 1998 年版

《水浒研究》,葛成民、汤国梁,广西人民出版社 1998 年版

《俞平伯说红楼梦》,俞平伯,上海古籍出版社 1998 年版

《侠义公案小说史》,曹亦冰,浙江古籍出版社 1998 年版

《章回小说史》,陈美林、冯保善、李忠明,浙江古籍出版社 1998 年版

《中国人情小说通史》,陈节,江苏教育出版社 1998 年版

《中国小说研究论集》,吴组缃,北京大学出版社 1998 年版

《中国英雄侠义小说通史》,陈颖,江苏教育出版社 1998 年版

《古代小说述论》,陈益源,线装书局 1999 年版

《金瓶梅新解》,霍现俊,河北教育出版社 1999 年版

《金瓶梅新证》,潘承玉,黄山书社 1999 年版

《金瓶梅与兰陵笑笑生》,王汝涛,山东文艺出版社 1999 年版

《金圣叹 · 毛宗岗 · 张竹坡》,王汝梅,春风文艺出版社 1999 年版

《凌濛初研究》,徐定宝,黄山书社 1999 年版

《明清稀见小说汇考》,薛亮,社会科学文献出版社 1999 年版

《三国演义版刻图录》,江苏广陵古籍刻印社,江苏广陵古籍刻印社 1999 年版

《〈三国演义〉新论》,杨建文,华中理工大学出版社 1999 年版

《水浒传版刻图录》,江苏广陵古籍刻印社,江苏广陵古籍刻印社 1999 年版

《宋元话本》,张兵,春风文艺出版社 1999 年版

《宋元小说研究》,程毅中,江苏古籍出版社 1999 年版

《西游记版刻图录》,江苏广陵古籍刻印社,江苏广陵古籍刻印社 1999 年版

《中国古代禁毁小说漫话》,李时人、魏崇新,汉语大词典出版社 1999 年版

《中国社会小说通史》,游友基,江苏教育出版社 1999 年版

《报刊·市场·小说:晚清报刊与晚清小说发展关系研究》,方晓红,南京师范大学出版社 2000 年版

《红楼探源》,吴世昌、吴令华,北京出版社 2000 年版

《李渔研究》,赵文卿、李彩标,中国文联出版社 2000 年版

《明代小说史》,陈大康,上海文艺出版社 2000 年版

《清代后期的世情小说》,林薇,大象出版社 2000 年版

《清代小说论稿》,林薇,北京广播学院出版社 2000 年版

《〈三国演义〉与罗贯中》,胡世厚,中州古籍出版社 2000 年版

《施耐庵与〈水浒〉》,黄俶成,上海人民出版社 2000 年版

《小说旁证》,孙楷第,人民文学出版社 2000 年版

《中国历史小说通史》,齐裕焜,江苏教育出版社 2000 年版

《中国小说戏曲论学集》,吴敢,(台)文史哲出版社 2000 年版

《〈红楼梦〉后四十回研究》,王仁铭、左介贻,武汉出版社 2001 年版

《红楼梦研究稀见资料汇编》,吕启祥、林东海,人民文学出版社 2001 年版

《话本叙录》,陈桂声,珠海出版社 2001 年版

《〈金瓶梅〉新论》,张进德,延边大学出版社 2001 年版

《冷眼看红楼》,胡文彬,中国书店出版社 2001 年版

《凌濛初考论》,赵红娟,黄山书社 2001 年版

《明代小说》,黄霖、杨红彬,安徽教育出版社 2001 年版

《“儒林”探微》,吴波、孙旭,吉林人民出版社 2001 年版

《〈儒林外史〉研究》,李汉秋,华东师范大学出版社 2001 年版

《三国演义源流研究》,关四平,黑龙江教育出版社 2001 年版

《四大奇书研究》,王辉斌,中国文联出版社 2001 年版

《〈水浒传〉的成书》,陈松柏,中国文联出版社 2001 年版

《〈西游记〉成书研究》,蔡铁鹰,中国文联出版社 2001 年版

《中国古代小说简史》,周思源、沈治钧,北京语言文化大学出版社 2001 年版

《中国古典小说史论》,〔美〕夏志清;胡益民、石晓林、单坤琴,江西人民出版社 2001 年版

《中国小说评点研究》,谭帆,华东师范大学出版社 2001 年版

《才子佳人小说研究》,任明华,中国文联出版社 2002 年版

《冯梦龙新论》,龚笃清,湖南人民出版社 2002 年版

《冯梦龙研究》,聂付生,学林出版社 2002 年版

《红楼梦的版本及其校勘》,郑庆山,北京图书馆出版社 2002 年版

《红楼梦发凡》,邹自振,海峡文艺出版社 2002 年版

《红楼梦研究》,杨兴让,三秦出版社 2002 年版

《话本小说的历史与叙事》,王昕,中华书局 2002 年版

《〈金瓶梅〉发微》,霍现俊,中国社会科学出版社 2002 年版

《李渔传》,徐保卫,百花文艺出版社 2002 年版

《聊斋著述论集》,赵怀珍,(港)天马图书有限公司 2002 年版

《明清小说史》,谭邦和,湖北人民出版社 2002 年版

《〈歧路灯〉研究》,李延年,中州古籍出版社 2002 年版

《清代女作家弹词小说论稿》,鲍震培,天津社会科学院出版社 2002 年版

《〈儒林外史〉试论》,张国风,中华书局 2002 年版

《三国演义新探》,沈伯俊,四川人民出版社 2002 年版

《〈水浒〉源流新证》,侯会,华文出版社 2002 年版

《小说书坊录》(修订本),王清原、牟仁隆、韩锡铎,北京图书馆出版社 2002 年

《新编增补清末民初小说目录》,〔日〕樽本照雄;贺伟,齐鲁书社 2002 年版

《中国古代戏曲小说初论》,王汉民,江苏古籍出版社 2002 年版

《中国古代小说戏曲评述辑略》,段启明,华文出版社 2002 年版

《中国古代小说专题》,张燕瑾,高等教育出版社 2002 年版

《中国近代小说编年》,陈大康,华东师范大学出版社 2002 年版

《17 世纪中国通俗小说编年史》,李忠明,安徽大学出版社 2003 年版

《〈红楼梦〉版本探微》,刘世德,华东师范大学出版社 2003 年版

《话本小说史》,萧欣桥、刘福元,浙江古籍出版社 2003 年版

《甲戌本石头记辨误》,徐乃为,中国文联出版社 2003 年版

《金瓶梅与艳情小说研究》,王汝梅,时代文艺出版社 2003 年版

《看图说书:小说绣像阅读札记》,陈平原,生活·读书·新知三联书店 2003 年版

《历史小说史》,欧阳健,浙江古籍出版社 2003 年版

《明清小说》,周先慎,北京大学出版社 2003 年版

《明清章回小说流派研究》,陈文新、鲁小俊、王同舟,武汉大学出

版社 2003 年版

《十七世纪白话小说编年叙录》,许振东,中国文联出版社 2003 年版

《〈醒世姻缘传〉研究》,段江丽,岳麓书社 2003 年版

《元明清戏曲小说论丛·风雨沉思录》,王广新,太白文艺出版社 2003 年版

《中国小说发展史新论》,程芳银,中国文史出版社 2003 年版

《沧海蠡得:陈洪自选集》,陈洪,南开大学出版社 2004 年版

《古稀集:中国古代戏曲小说论》,胡世厚,中州古籍出版社 2004 年版

《红楼长短论》,胡文彬,北京图书馆出版社 2004 年版

《红楼梦成书研究》,沈治钧,中国书店出版社 2004 年版

《红楼梦东观阁本研究》,曹立波,北京图书馆出版社 2004 年版

《〈红楼梦〉是怎样写成的》,蔡义江,北京图书馆出版社 2004 年版

《兰陵笑笑生与〈金瓶梅〉》,王平,山东文艺出版社 2004 年版

《罗贯中与〈三国演义〉》,杜贵晨,山东文艺出版社 2004 年版

《明清神魔小说研究》,胡胜,中国社会科学出版社 2004 年版

《明清时期的小说传播》,宋莉华,中国社会科学出版社 2004 年版

《明清小说补论》,刘敬圻,生活·读书·新知三联书店 2004 年版

《明清小说概论》,温宝麟,兰州大学出版社 2004 年版

《明清小说续书研究》,高玉海,中国社会科学出版社 2004 年版

《明清和民国小说原创研究》(一、二),张颖、陈速,中国文联出

版社 2004 年版、作家出版社 2005 年版

《太平广记版本考述》，张国风，中华书局 2004 年版

《中国古代小说史》，陈松柏，湖南科学技术出版社 2004 年版

《中国古代小说总目》，石昌渝，山西教育出版社 2004 年版

《中国近代小说的兴起》，〔美〕韩南（Hanan，Patrick）；徐侠，上海教育出版社 2004 年版

《中国小说续书研究》，王旭川，学林出版社 2004 年版

《17 世纪白话小说的创作与传播：以苏州地区为中心的研究》，许振东，中国社会科学出版社 2005 年版

《〈百家公案〉研究》，杨绪容，上海古籍出版社 2005 年版

《敝帚集：冯其庸论红楼梦》，冯其庸，文化艺术出版社 2005 年版

《古代白话小说研究》，俞晓红，安徽人民出版社 2005 年版

《古代小说版本简论》，欧阳健，山西人民出版社 2005 年版

《红楼三论》，徐乃为，中华书局 2005 年版

《陆士谔小说考论》，田若虹，上海三联书店 2005 年版

《论金瓶梅》，叶桂桐，中州古籍出版社 2005 年版

《三国志演义古版丛刊续辑》（影印本），陈翔华，全国图书馆文献缩微复制中心 2005 年版

《四游记丛考》，周晓薇，中国社会科学出版社 2005 年版

《悟红论稿：白盾论红楼梦》，白盾，文化艺术出版社 2005 年版

《夏敬渠与野叟曝言考论》，王琼玲，（台）台湾学生书局 2005 年版

《侠义公案小说简史》，曹亦冰，山西人民出版社 2005 年版

《中国古代白话小说戏曲传播论》，李玉莲，山西教育出版社 2005 年版

《中国古代公案小说史论》,苗怀明,南京大学出版社 2005 年版

《中国古代小说书目研究》,潘建国,上海古籍出版社 2005 年版

《中国古代小说总目提要》,朱一玄、宁稼雨、陈桂声,人民文学出版社 2005 年版

《中国古典小说论集》,聂绀弩,复旦大学出版社 2005 年版

《中国古典小说名著传播研究》,曹萌,吉林文史出版社 2005 年版

《程毅中文存》,程毅中,中华书局 2006 年版

《传统与现实之间的探询:吴趼人小说研究》,胡全章,河南大学出版社 2006 年版

《古代小说文献丛考》,潘建国,中华书局 2006 年版

《古代小说研究及方法》,陈大康,中华书局 2006 年版

《红楼论集:周绍良论红楼梦》,周绍良,文化艺术出版社 2006 年版

《红楼梦的版本及其校勘续编》,郑庆山,北京图书馆出版社 2006 年版

《红楼梦脂评辑校》,郑红枫、郑庆山,北京图书馆出版社 2006 年版

《红学探索:刘世德论红楼梦》,刘世德,文化艺术出版社 2006 年版

《马隅卿小说戏曲论集》,马廉,中华书局 2006 年版

《明代剪灯系列小说研究》,乔光辉,中国社会科学出版社 2006 年版

《明代小说丛稿》,程毅中,人民文学出版社 2006 年版

《明代志怪传奇小说研究》,陈国军,天津古籍出版社 2006 年版

《明清小说创作与接受研究》,吴波,湖南人民出版社 2006 年版

《乾隆时期自况性长篇小说研究》,王进驹,中国社会科学出版社 2006 年版

《清末小说研究集稿》,〔日〕樽本照雄;陈薇,齐鲁书社 2006 年版

《三言二拍传播研究》,程国赋,中国社会科学出版社 2006 年版

《数理批评与小说考论》,杜贵晨,齐鲁书社 2006 年版

《水浒传源流考论》,陈松柏,人民文学出版社 2006 年版

《探索西游记与镜花缘》,周芬伶,(台)台湾"商务印书馆"2006 年版

《中国才子佳人小说演变史》,苏建新,社会科学文献出版社 2006 年版

《中国古代戏曲小说史略》,聂石樵,北京师范大学出版社 2006 年版

《中国古代小说戏曲论稿》,刘永良、刘天振、高玉海等,人民日报出版社 2006 年版

《中国古代小说研究论辩》,陈曦钟、段江丽、白岚玲等,百花洲文艺出版社 2006 年版

《冯梦龙研究资料汇编》,杨晓东,广陵书社 2007 年版

《古代小说续书序跋释论》,高玉海,中国社会科学出版社 2007 年版

《红楼梦版本辨源》,杨传镛,北京图书馆出版社 2007 年版

《红楼梦版本论》,林冠夫,文化艺术出版社 2007 年版

《红楼梦版本与文本》,曹立波,中华书局 2007 年版

《〈红楼梦〉的传播与接受》,李根亮,黑龙江人民出版社 2007

年版

《〈红楼梦稿〉新探》,胡崧生、王利,四川大学出版社 2007 年版

《红楼梦评点研究》,刘继保,北京图书馆出版社 2007 年版

《明清小说:刘世德学术演讲录》,刘世德,线装书局 2007 年版

《话说金瓶梅》,张国风,广西师范大学出版社 2007 年版

《刘世德话三国》,刘世德,中华书局 2007 年版

《明清易代与话本小说的变迁》,朱海燕,华中科技大学出版社 2007 年版

《实事与构想:中国小说史论释》,〔美〕马幼垣,(台)联经出版事业股份有限公司 2007 年版

《水浒别裁》,宁稼雨,中国人民大学出版社 2007 年版

《水浒二论》,〔美〕马幼垣,生活 · 读书 · 新知三联书店 2007 年版

《〈西游记〉的诞生》,蔡铁鹰,中华书局 2007 年版

《〈醒世姻缘传〉研究》,夏薇,中华书局 2007 年版

《中国古代小说史叙论》,刘勇强,北京大学出版社 2007 年版

《中国小说通史》,李剑国、陈洪等,高等教育出版社 2007 年版

《古代戏曲小说研究》,徐朔方,浙江大学出版社 2008 年版

《韩南中国小说论集》,〔美〕韩南(Hanan, Patrick);王秋桂,北京大学出版社 2008 年版

《金瓶梅讲演录》,黄霖,广西师范大学出版社 2008 年版

《六十家小说研究》,常金莲,齐鲁书社 2008 年版

《陆人龙、陆云龙小说创作研究》,井玉贵,中国社会科学出版社 2008 年版

《明代书坊与小说研究》,程国赋,中华书局 2008 年版

《瓶梅闲笔砚：梅节金学文存》，梅节，北京图书馆出版社 2008 年版

《清代前期通俗小说刊刻考论》，文革红，江西人民出版社 2008 年版

《清末小说的生产与传播》，李彦东，中国文史出版社 2008 年版

《晚清小说目录》，刘永文，上海古籍出版社 2008 年版

《浙江古代小说史》，韩洪举，杭州出版社 2008 年版

《中国古代艳情小说史》，张廷兴，中央编译出版社 2008 年版

《敝帚集》，袁世硕，山东大学出版社 2009 年版

《独创与通观：中国古代小说论集》，齐裕焜，上海三联书店 2009 年版

《红楼二十讲》，王国维、鲁迅等，华夏出版社 2009 年版

《〈红楼梦〉研究新论》，童力群、王晓辉，中国戏剧出版社 2009 年版

《金瓶梅到红楼梦：明清长篇世情小说研究》，胡衍南，（台）里仁书局 2009 年版

《李绿园的创作观念及其〈歧路灯〉研究》，徐云知，中国社会科学出版社 2009 年版

《凌濛初研究》，冯保善，人民文学出版社 2009 年版

《明清文人话本研究》，傅承洲，人民文学出版社 2009 年版

《明清之际小说作家研究》，朱萍，中国传媒大学出版社 2009 年版

《清代仿聊斋志异之传奇小说研究》，王海洋，安徽人民出版社 2009 年版

《〈水浒〉〈西游〉探源：与德堂古典小说研究丛稿》，侯会，学苑出

版社 2009 年版

《戏曲小说》,俞为民、伏涤修,南京大学出版社 2009 年版

《余象斗小说评点及出版文化研究》,林雅玲,(台)里仁书局 2009 年版

《元代平话研究:原生态的通俗小说》,卢世华,中华书局 2009 年

《张竹坡与〈金瓶梅〉研究》,吴敢,文物出版社 2009 年版

《中国古代长篇小说续书研究》,段春旭,上海三联书店 2009 年版

《中国小说戏曲的发现》,罗书华、苗怀明等,人民文学出版社 2009 年版

《含笑看泰华请各立一峰:袁枚子不语研究》,王正兵,南京大学出版社 2010 版

《李渔》,冯保善,南京大学出版社 2010 年版

《凌濛初考证》,徐永斌,江苏人民出版社 2010 版

《毛宗岗小说批评研究》,李正学,中国社会科学出版社 2010 年

《明清家将小说研究》,张清发,(台)台湾学生书局 2010 版

《明清〈三国志演义〉文本演变与评点研究》,刘海燕,福建人民出版社 2010 版

《清末民初小说版本经眼录》,付建舟、朱秀梅,上海远东出版社 2010 版

《〈三国演义〉的世界》,〔韩〕金文京;邱岭、吴芳玲,商务印书馆 2010 版

《〈三国志演义〉版本研究》,〔日〕中川谕;林妙燕,上海古籍出版社 2010 版

《〈三国志演义〉作者与版本考论》,刘世德,中华书局 2010 版

《书坊主作家:陆云龙兄弟研究》,顾克勇,中国社会科学出版社2010年版

《〈水浒〉四议》,聂绀弩,北京大学出版社2010版

《宋元讲史话本研究》,罗筱玉,中国社会科学出版社2010年

《西游记资料汇编》,蔡铁鹰,中华书局2010版

《小说考索与文献钩沉》,龚敏,齐鲁书社2010版

《中国古代小说考论编》,萧相恺,凤凰出版社2010版

《周钧韬金瓶梅研究文集》,周钧韬,吉林人民出版社2010版

《崇祯本〈金瓶梅〉研究》,杨彬,文物出版社2011版

《古代小说与戏曲》,沈新林,中央广播电视大学出版社2011版

《瓜饭楼丛稿》,冯其庸,青岛出版社2011版

《郭豫适文集》,郭豫适,华东师范大学出版社2011版

《韩国所见中国古代小说史料》,陈文新、〔韩〕闵宽东,武汉大学出版社2011版

《〈红楼梦〉研究》,何永康,中华书局2011版

《明末白话短篇小说抉美》,孙一珍,中国社会科学出版社2011版

《明清江南城市商业出版与文化传播》,刘天振,中国社会科学出版社2011版

《清末民初笔记小说史》,吴礼权,(台)台湾“商务印书馆”2011年版

《情史故事源流考述》,〔韩〕金源熙,凤凰出版社2011版

《求是集:戏曲小说理论与文献丛稿》,陆林,中华书局2011版

《三国演义探论》,于朝贵,西南师范大学出版社2011版

《晚清民国志怪传奇小说集研究》,张振国,凤凰出版社2011版

《文学与文人:论金圣叹及其他》,陈飞,商务印书馆 2011 年版

《一百二十回本红楼梦版本研究和数字化论文集》,曹立波、周文业,首都师范大学出版社 2011 版

《〈阅微草堂笔记〉散论》,李永泉,黑龙江人民出版社 2011 版

《不京不海集》,章培恒,复旦大学出版社 2012 年版

《〈红楼梦〉研究资料分类索引(1630—2009)》(上、下册),刘晓安、刘雪梅,国家图书馆出版社 2012 年版

《话说红楼梦》,苗怀明,江苏人民出版社 2012 年版

《话说李渔》,沈新林,江苏人民出版社 2012 年版

《黄世仲革命生涯和小说生涯考论》,颜廷亮,人民出版社 2012 年版

《金瓶梅新考》,郑庆山,吉林大学出版社 2012 年版

《梦·醒·三国:明清小说新论》,夏薇,社会科学文献出版社 2012 年版

《明代小说序跋研究》,王猛,中国文联出版社 2012 年版

《明代小说史》,孙一珍,中国社会科学出版社 2012 年版

《明代章回小说的兴起》,李舜华,上海古籍出版社 2012 年版

《明清时期南京通俗小说创作与刊刻研究》,韩春平,暨南大学出版社 2012 年版

《明清通俗小说编创方式研究》,纪德君,社会科学文献出版社 2012 年版

《清代小说史》,胡益民,合肥工业大学出版社 2012 年版

《谭正璧学术著作集》,谭正璧、谭埙、谭篪,上海古籍出版社 2012 年版

《晚清谴责小说传播研究》,蔡之国,社会科学文献出版社 2012

年版

《晚清稀见小说经眼录》,席斌,上海远东出版社 2012 年版

《〈西游记〉版本源流考》,曹炳建,人民出版社 2012 年版

《中国古代小说文体生成及其他》,纪德君,商务印书馆 2012 年版

《中国古典小说论稿》,程国赋,中华书局 2012 年版

《中国话本书目》,舒群,文化艺术出版社 2012 年版

《读者与明清时期通俗小说创作、传播的关系研究》,蔡亚平,暨南大学出版社 2013 年版

《郭豫适先生八十华诞纪念文集》,《郭豫适先生八十华诞纪念文集》编委会,华东师范大学出版社 2013 年版

《海角红楼:梅节红学文存》,梅节,国家图书馆出版社 2013 年版

《〈红楼梦〉探源》,吴世昌,北京出版社 2013 年版

《毛本〈三国演义〉研究》,何晓苇,巴蜀书社 2013 年版

《明末清初时事小说研究》,成敏,北京语言大学出版社 2013 年版

《清代前期通俗小说传播机制研究》,文革红,世界图书出版公司 2013 年版

《清末民初小说版本经眼录二集》,付建舟,浙江工商大学出版社 2013 年版

《清末民初小说版本经眼录三集》,付建舟,中国社会科学出版社 2013 年版

《三国与红楼论集》,刘世德,中国社会科学出版社 2013 年版

《谁能炼石补苍天:清代红楼梦续书研究》,张云,中华书局 2013 年版

《晚清稀见小说鉴藏录》，习斌，上海远东出版社 2013 年版

《王古鲁小说戏曲论集》，王古鲁；苗怀明，中华书局 2013 年版

《西游故事生成与传播研究》，李蕊芹、许勇强，中国文史出版社 2013 年版

《〈西游记〉传播研究》，胡淳艳，中国文史出版社 2013 年版

《邓绍基论文集》，邓绍基，社会科学文献出版社 2014 年版

《红楼诠辨》，欧阳健，上海三联书店 2014 年版

《黄世仲小说创作研究》，纪德君、梁冬丽，社会科学文献出版社 2014 年版

《教化与惩治：中国古代戏曲小说禁毁问题研究》，赵维国，上海古籍出版社 2014 年版

《明代类书体小说集研究》，刘天振，中国社会科学出版社 2014 年版

《清平山堂话本研究：以日本内阁文库藏本为主》，李李，（台）里仁书局 2014 年版

《水浒解识》，欧阳健，上海三联书店 2014 年版

《水浒论集》，刘世德，社会科学文献出版社 2014 年版

《〈水浒传〉续作研究》，孙琳，中国社会科学出版社 2014 年版

《晚清吴地小说研究》，张袁月，南开大学出版社 2014 年版

《晚清小说低潮研究：以宣统朝小说界为中心》，谢仁敏，中国社会科学出版社 2014 年版

《徐兆玮杂著七种》，徐兆玮；苏醒，凤凰出版社 2014 年版

《中国古代四大名著插图研究》，颜彦，社会科学文献出版社 2014 年版

《中国古代小说插图及其语-图互文研究》，陆涛，南京大学出版

社 2014 年版

《中国近代小说编年史》,陈大康,人民文学出版社 2014 年版

《中国旧小说考证》,胡适,商务印书馆 2014 年版

《话本小说叙论:文本诠释与历史构建》,刘勇强,北京大学出版社 2015 年版

《韩国所藏中国通俗小说版本目录》,〔韩〕闵宽东、陈文新、〔韩〕张守连等,武汉大学出版社 2015 年版

《韩国所藏中国文言小说版本目录》,〔韩〕闵宽东、陈文新、〔韩〕刘僖俊等,武汉大学出版社 2015 年版

《〈红楼梦〉版本数字化研究》,周文业,中州古籍出版社 2015 年版

《〈金瓶梅〉版本史》,王汝梅,齐鲁书社 2015 年版

《岭南古代小说史》,耿淑艳,社会科学文献出版社 2015 年版

《明末清初时事小说研究》,许军,复旦大学出版社 2015 年版

《明清小说论集》,王学钧、魏文哲,南京大学出版社 2015 年版

《清代禁毁小说坊刻研究》,王颖,河南大学出版社 2015 年版

《水浒考论集》,李永祜,北京燕山出版社 2015 年版

《晚清报载小说戏曲禁毁史料汇编》,张天星,北京大学出版社 2015 年版

《中国古代小说新探》,郭鹏,内蒙古大学出版社 2015 年版

《中国近代小说研究》,林薇,天津古籍出版社 2015 年版

《中国通俗小说史》,王齐洲,武汉大学出版社 2015 年版

《〈金瓶梅〉版本知见录》,史小军、罗志欢,国家图书馆出版社 2016 年版

《明清小说的文学诠释与传播》,许振东,高等教育出版社 2016

年版

《明清小说戏曲插图研究》,乔光辉,东南大学出版社 2016 年版

《物质技术视阈中的文学景观:近代出版与小说研究》,潘建国,北京大学出版社 2016 年版

二、 相关著作

1. 古代著作

《天工开物》,明·宋应星,商务印书馆 1933 年版

《酌中志》,明·刘若愚,商务印书馆 1935 年版

《东西洋考》,明·张燮,商务印书馆 1936 年版

《百川书志》,明·高儒,古典文学出版社 1957 年版

《古今书刻》,明·周弘祖,古典文学出版社 1957 年版

《少室山房笔丛》,明·胡应麟,中华书局 1958 年版

《七修类稿》,明·郎瑛,中华书局 1959 年版

《四友斋丛说》,明·何良俊,中华书局 1959 年版

《万历野获编》,明·沈德符,中华书局 1959 年版

《五杂俎》,明·谢肇淛,中华书局 1959 年版

《嘉靖建阳县志》(影印),明·冯继科等,上海古籍书店 1962 年版

《明实录》(影印),明·胡广等,(台)台湾"中央研究院"历史语言研究所 1962 年版

《水东日记》,明·叶盛,中华书局 1980 年版

《典故纪闻》,明·余继登,中华书局 1981 年版

《广志绎》,明·王士性,中华书局 1981 年版

《玉堂丛语》,明·焦竑,中华书局 1981 年版

《戒庵老人漫笔》,明·李诩,中华书局 1982 年版

《縠山笔尘》,明·于慎行,中华书局 1984 年版

《苏州府志》(影印),明·卢熊,(台)成文出版社有限公司 1983 年版

《寓圃杂记》,明·王锜,中华书局 1984 年版

《今言》,明·郑晓,中华书局 1984 年版

《菽园杂记》,明·陆容,中华书局 1985 年版

《庚巳编》,明·陆粲,中华书局 1985 年版

《锲注释得愚集》、《续得愚集》,明·邓志谟,(台)天一出版社 1985 年版

《松窗梦语》,明·张瀚,中华书局 1985 年版

《戏瑕》,明·钱希言,中华书局 1985 年版

《冯梦龙全集》,明·冯梦龙,上海古籍出版社 1987 年版

《客座赘语》,明·顾起元,中华书局 1987 年版

《八闽通志》(上、下),明·黄仲昭,福建人民出版社 1990 年、1991 年版

《建阳县志》,明·魏时应,中国书店出版社 1992 年版

《应天府志》,明·汪宗伊,中国书店出版社 1992 年版

《袁中郎随笔》,明·袁宏道,作家出版社 1995 年版

《宝文堂书目》,明·晁瑮,齐鲁书社 1996 年版

《李贽文集》,明·李贽,社会科学文献出版社 2000 年版

《明会要》,清·龙文彬,中华书局 1956 年版

《书林清话》,清·叶德辉,中华书局 1957 年版

《杭州府志》(影印本),清·龚嘉儁,(台)成文出版社有限公司 1974 年

《明史》,清·张廷玉等,中华书局1974年版

《明史纪事本末》,清·谷应泰,中华书局1977年版

《居易录谈》,清·王士祯,中华书局1985年版

《前尘梦影录》,清·徐康,中华书局1985年版

《千顷堂书目》,清·黄虞稷,上海古籍出版社1990年版

《在园杂志》(影印本),清·刘廷玑,上海古籍出版社1996年版

《钦定四库全书总目》(整理本),清·纪昀等,中华书局1997年版

《康熙建宁府志》,清·张琦,上海书店出版社2000年版

《康熙建宁府志》,清·程应熊、姚文燮,北京图书馆出版社2003年版

2. 现当代著作

《书舶庸谈》,董康,上海大东书局1930年版

《中国雕版源流考》,孙毓修,商务印书馆1930年版

《中国书史》,陈彬龢、查猛济,商务印书馆1931年版

《中国文学论集》,郑振铎,开明书店1934年版

《明清史料乙编》,中央研究院历史语言研究所,商务印书馆1936年版

《贩书偶记》,孙殿起,借闲居1936年版

《中国版画史》,郑振铎,上海良友图书公司1940年版

《中国版画史图录》,郑振铎,上海良友图书公司1940年版

《明代版本图录初编》,潘承弼、顾廷龙,开明书店1941年版

《红楼梦版画集》,阿英,上海出版公司1955年版

《中国书史简编》,刘国钧,高等教育出版社1958年版

《中国版刻图录》,北京图书馆,文物出版社1960年版

《中国版画史》,王伯敏,上海人民美术出版社1961年版

《中国版画史略》,郭味蕖,朝花美术出版社1962年版

《西谛书目》,郑振铎,文物出版社1963年版

《建阳县志》(影印),收入《中国方志丛书》,赵模修、王宝仁,(台)成文出版社有限公司1975年版

《福建版本资料汇编》,方品光,福建师范大学图书馆1979年版

《贩书偶记续编》,孙殿起,上海古籍出版社1980年版

《藏园群书经眼录》,傅增湘,中华书局1983年版

《明代版刻综录》,杜信孚,江苏广陵古籍刻印社1983年版

《西谛书话》,郑振铎,生活·读书·新知三联书店1983年版

《中国善本书提要》,王重民,上海古籍出版社1983年版

《徽派版画史论集》,周芜,安徽人民出版社1984年版

《访书见闻录》,路工,上海古籍出版社1985年版

《中国古代木刻画选集》,郑振铎,人民美术出版社1985年版

《王古鲁日本访书记》,王古鲁,海峡文艺出版社1986年版

《版刻质疑》,瞿冕良,齐鲁书社1987年版

《中国版刻综录》,杨绳信,陕西人民出版社1987年版

《中国书史》,郑如斯、肖东发,书目文献出版社1987年版

《中国古籍印刷史》,魏隐儒,印刷工业出版社1988年版

《中国印刷史》,张秀民,上海人民出版社1989年版

《古籍宋元刊工姓名索引》,王肇文,上海古籍出版社1990年

《历代刻书考述》,李致忠,巴蜀书社1990年版

《历代刻书概况》,上海新四军历史研究会印刷印钞分会,印刷工业出版社1991年版

《中国古籍版本学》,曹之,武汉大学出版社1992年版

《中国书籍、纸墨及印刷史论文集》,钱存训,(港)中文大学出版社1992年版

《江苏刻书》,江澄波,江苏人民出版社1993年版

《浙江出版史研究》(元明清时期),顾志兴,浙江古籍出版社1993年版

《江西历代刻书》,杜信孚、漆身起,江西人民出版社1994年版

《古代刻书与古籍版本》,卢贤中,安徽大学出版社1995年版

《造纸及印刷》,钱存训,(台)台湾"商务印书馆"1995年版

《古籍刻工名录》,张振铎,上海书店出版社1996年版

《江西出版纪事》,龚平如,江西人民出版社 1996 年版

《福建古代刻书》,谢水顺、李珽,福建人民出版社 1997 年版

《李渔新论》,沈新林,苏州大学出版社 1997 年版

《清代版本图录》,黄永年、贾二强,浙江人民出版社 1997 年版

《闽台文化志》,方宝璋、方宝川,上海人民出版社 1998 年版

《明代刊工姓名索引》,李国庆,上海古籍出版社 1998 年版

《明代文化志》,商传,上海人民出版社 1998 年版

《吴越文化志》,董楚平、金永平,上海人民出版社 1998 年版

《郑振铎全集》,郑振铎,花山文艺出版社 1998 年版

《中国古代版刻版画史论集》,周心慧,学苑出版社 1998 年版

《中国科学技术史 · 造纸与印刷卷》,潘吉星,科学出版社 1998 年版

《宋元书刻牌记图录》,林申清,北京图书馆出版社 1999 年版

《中国古籍版刻辞典》,瞿冕良,齐鲁书社 1999 年版

《明代出版史稿》,缪咏禾,江苏人民出版社 2000 年版

《明清江南私人刻书史略》,叶树声、余敏辉,安徽大学出版社 2000 年版

《全明分省分县刻书考》,杜信孚、杜同书,线装书局 2001 年版

《中国图书出版印刷史论》,肖东发,北京大学出版社 2001 年版

《中国古代书籍纸墨及印刷术》,钱存训,北京图书馆出版社 2002 年版

《插图本》(中国版本文化丛书),薛冰,江苏古籍出版社 2002 年版

《坊刻本》(中国版本文化丛书),黄镇伟,江苏古籍出版社 2002 年版

《活字本》(中国版本文化丛书),徐忆农,江苏古籍出版社 2002 年版

《家刻本》(中国版本文化丛书),王桂平,江苏古籍出版社 2002 年版

《清刻本》(中国版本文化丛书),黄裳,江苏古籍出版社 2002 年版

《元本》(中国版本文化丛书),陈红彦,江苏古籍出版社 2002 年版

《徽州刻书与藏书》,刘尚恒,广陵书社 2003 年版

《建阳刻书史》,方彦寿,中国社会出版社 2003 年版

《闽蜀浙粤刻书丛考》,王国维等,北京图书馆出版社 2003 年版

《明本》(中国版本文化丛书),赵前,江苏古籍出版社 2003 年版

《扬州刻书考》,王澄,广陵书社 2003 年版

《刀走龙蛇文脉长:徽州古刻书》,方维保、汪应泽,辽宁人民出版社 2004 年版

《明代社会经济史料选编》(校勘本),谢国桢、牛建强、王学春、汪维真,福建人民出版社 2004 年版

《中国出版史料·古代部分》(第二卷),宋原放、王有朋,湖北教育出版社 2004 年版

《中国禁书简史》,陈正宏、谈蓓芳,学林出版社 2004 年版

《中国纸和印刷文化史》,钱存训,广西师范大学出版社 2004 年版

《插图本中国图书史》,肖东发、杨虎,广西师范大学出版社 2005 年版

《徽州刻书》,徐学林,安徽人民出版社 2005 年版

《日本藏汉籍珍本追踪纪实：严绍璗海外访书志》，严绍璗，上海古籍出版社 2005 年版

《中国插图艺术史话》，祝重寿，清华大学出版社 2005 年版

《建本与建安版画》，陈铎，福建美术出版社 2006 年版

《中国古代木刻画史略》，郑振铎，上海书店出版社 2006 年版

《中国印刷史》（插图珍藏增订版）（上、下），张秀民、韩琦，浙江古籍出版社 2006 年版

《中国古代书坊研究》，戚福康，商务印书馆 2007 年版

《明代书坊之研究》，陈昭珍，（台）花木兰文化出版社 2008 年版

《中国出版通史》（宋辽西夏金元卷），李致忠，中国书籍出版社 2008 年版

《中国出版通史》（明代卷），缪咏禾，中国书籍出版社 2008 年版

《中国出版通史》（清代卷上），朱赛虹、曹凤祥、刘兰肖，中国书籍出版社 2008 年版

《中国出版通史》（清代卷下），汪家熔，中国书籍出版社 2008 年版

《中国书史》（古代），王志国、李会林、车锦华，内蒙古人民出版社 2008 年版

《在盛衰的背后：明代建阳书坊传播生态研究》，路善全，中国传媒大学出版社 2009 年版

《徽州：书业与地域文化》，〔法〕米盖拉、朱万曙，中华书局 2010 年版

《晚明商业出版》，郭孟良，中国书籍出版社 2010 年版

《清代两湖地区的出版业》，江凌，中国书籍出版社 2011 年版

《十六～十九世纪中国出版研究》，章宏伟，上海人民出版社 2011

年版

《湖南刻书史略》,寻霖、刘志盛,岳麓书社 2013 年版

《嘉兴刻书史》,陈心蓉,黄山书社 2013 年版

《明代藩府刻书研究》,陈清慧,北京图书馆出版社 2013 年版

《扫叶山房史研究》,杨丽莹,复旦大学出版社 2013 年版

《武林古版画》,周亮,江苏美术出版社 2013 年版

《中国古代图书著作权研究》,李明杰,社会科学文献出版社 2013 年版

《中国印刷发展史图鉴》,曲德森,山西教育出版社 2013 年版

《浙江印刷史》,王东、钟甦,杭州出版社 2013 年版

《徽州刻书史长编》,徐学林,安徽教育出版社 2014 年版

《明末江南的出版文化》,〔日〕大木康;周保雄,上海古籍出版社 2014 年版

《钱塘江藏书与刻书文化》,顾志兴,杭州出版社 2014 年版

《书香苏州》,陈嵘,南京出版社 2014 年版

《四堡遗珍》,谢江飞,厦门大学出版社 2014 年版

《版画及其创造者:明末湖州刻书与版画创作》,董捷,中国美术学院出版社 2015 年版

《从精英文化到大众传播:明代商业出版研究》,张献忠,广西师范大学出版社 2015 年版

《明清文化传播与商业互动研究:以徽州出版与徽商为中心》,秦宗财,学习出版社 2015 年版

《清代红楼梦的图像世界》,陈骁,浙江工商大学出版社 2015 年版

《文化贸易:清代至民国时期四堡的书籍交易》,〔美〕包筠雅(Cynthia J.Brokaw);刘永华、饶佳荣等,北京大学出版社 2015 年版

三、 学位论文

1. 博士论文

《水浒传》研究,〔韩〕李慧淳,(台)台湾师范大学,1972 年

《西游记》探源,郑明娳,(台)台湾师范大学,1981 年

《三国演义》研究,〔韩〕洪淳孝,(台)台湾师范大学,1983 年

洪迈生平及其《夷坚志》之研究,王年双,(台)政治大学,1986 年

两种《三遂平妖传》比较研究,〔韩〕徐贞姬,(台)台湾大学,1987 年

《聊斋志异》研究,〔韩〕朴正道,(台)台湾师范大学,1988 年

清代长篇讽刺小说研究,〔韩〕吴淳邦,(台)台湾大学,1988 年

《西游记》论要,刘勇强,北京大学,1988 年

才子佳人小说研究,周建渝,中国社会科学院研究生院,1990 年

论通俗小说的发展及其创作方法的演变:从《三国演义》到《红楼梦》的历史的考察,陈大康,华东师范大学,1990 年

明清小说评点之研究,吴宏一,(台)东吴大学,1990 年

晚清小说之特质研究,崔桓,(台)政治大学,1991 年

《三宝太监下西洋》研究,张火庆,(台)东吴大学,1992 年

《型世言》研究,〔韩〕权宁爱,(台)东吴大学,1993 年

冯梦龙文学研究,蒋美华,(台)东吴大学,1994 年

清代才学小说研究,王琼玲,(台)东吴大学,1995 年

清初前期话本小说之研究,徐志平,(台)台湾大学,1997 年

吴趼人小说研究,〔韩〕南敏洙,山东大学,1998 年

明代“剪灯”系列小说研究,乔光辉,南京师范大学,2000 年

都市化进程中的上海出版业(1843—1949),陈昌文,苏州大学,2002 年

明成化刊本说唱词话研究,〔韩〕张守连,复旦大学,2003 年

《红楼梦》评点研究,刘继保,首都师范大学,2004 年

陆云龙、陆人龙兄弟文学研究,顾克勇,浙江大学,2004 年

明代通俗小说出版研究,汪燕岗,中国社会科学院,2004 年

从公案到侠义:《施公案》《三侠五义》《彭公案》小说研究,霍建国,(台)政治大学,2005 年

《红楼梦》的传播与接受,李根亮,武汉大学,2005 年

李渔小说戏曲研究,林雅铃,(台)东海大学,2005 年

“李卓吾”小说、戏曲评点研究,郑菡,复旦大学,2005 年

明清家将小说研究,张清发,(台)高雄师范大学,2005 年

宋元讲史话本研究,罗筱玉,复旦大学,2005 年

晚明仙传小说之研究,白以文,(台)政治大学,2005 年

《醒世姻缘传》研究,夏薇,山东大学,2005 年

《陈眉公家藏秘笈续函》小说类作品之研究,薛雅文,(台)东吴大学,2006 年

从传播学的角度考察清初通俗小说的发展:以小说出版为中心,文革红,复旦大学,2006 年

康雍乾三朝中央机构刻印书研究,曹红军,南京师范大学,2006 年

“杨家将”小说传播研究,蔡连卫,山东大学,2006 年

才子佳人小说:从一种新小说类型到一种新文学样式,梁苑,复

旦大学,2007 年

《红楼梦》评点研究,吴晓风,复旦大学,2007 年

毛本《三国演义》研究,何晓苇,四川大学,2007 年

元代出版事业之研究,方丽娟,(台)淡江大学,2007 年

中国古代通俗小说传播研究,郭志强,扬州大学,2007 年

传统与变迁:明清时期南京通俗小说创作与刊刻研究,韩春平,暨南大学,2008 年

冯梦龙《古今谭概》研究,吴俐雯,(台)东吴大学,2008 年

建阳本小说研究,缪小云,华东师范大学,2008 年

明末湖州版画创作考,董捷,中国美术学院,2008 年

清代两湖地区的出版业,江凌,华中师范大学,2008 年

清代侠义公案小说研究,范正群,扬州大学,2008 年

瞿佑《剪灯新话》研究,陈纯禛,(台)东吴大学,2008 年

图像与文本之距:清代杨柳青《红楼梦》年画对原著的“接受”与“重构”,张雯,中央美术学院,2008 年

游词余韵,妙趣为文:世德堂本《西游记》韵文文本研究,冯大建,南开大学,2008 年

嘉业堂刻书研究,陈谊,复旦大学,2009 年

明代书业广告研究,王海刚,武汉大学,2009 年

杨家将故事考述:以《北宋志传》和《杨家府演义》为中心,陈小林,浙江大学,2009 年

中国明代四大小说在日本的传播研究,〔日〕木村淳哉,复旦大学,2009 年

走向大众:宋代的出版转型,周宝荣,华中科技大学,2009 年

从精英文化到大众文化传播:明代商业出版研究,张献忠,南开

大学,2010 年

读者与明清通俗小说创作、传播的关系研究,蔡亚平,暨南大学,2010 年

李渔文化活动及观念考论,赵海霞,陕西师范大学,2010 年

《绿野仙踪》考论,周晴,山东师范大学,2010 年

明末清初时事小说研究,许军,四川大学,2010 年

清代善书的刊刻与传播,张祎琛,复旦大学,2010 年

清代图书市场研究,孙文杰,武汉大学,2010 年

出版与近代文学现代化的发生,张霞,复旦大学,2011 年

《儿女英雄传》考论,李永泉,哈尔滨师范大学,2011 年

金代图书出版研究,李西亚,吉林大学,2011 年

陆楫及其《古今说海》研究,李昭鸿,(台)中国文化大学,2011 年

明代藩府刻书研究,陈清慧,南京大学,2011 年

清代山东刻书史,唐桂艳,山东大学,2011 年

清季狭邪小说之异色桃花源:《品花宝鉴》之研究,曾宗宇,(台)东吴大学,2011 年

天花藏主人及其小说研究,刘雪莲,黑龙江大学,2011 年

中国古代四大名著插图研究,颜彦,北京师范大学,2011 年

成本最简模式下的近代化:上海近代石印书业研究(1878—1956),许静波,复旦大学,2012 年

近代小说传播研究,丁合林,河北大学,2012 年

民间宝卷与中国古代小说,张灵,上海师范大学,2012 年

明代公案小说流变之研究,陈丽君,(台)东海大学,2012 年

明代刊本《西游记》图文关系研究,杨森,上海大学,2012 年

清代《红楼梦》的图像世界,陈骁,中国美术学院,2012 年

《三国演义》在明清时期的传播与影响研究，黄晋，东北师范大学，2012 年

晚清吴地小说研究，张袁月，南开大学，2012 年

历代印刷汉字及相关规范问题，王泉，华东师范大学，2013 年

历史知识通俗化：以《封神演义》为例说明，邱淑妍，(台)中国文化大学，2013 年

明清小说插图研究：叙事的视觉再现及文人化、商品化，金秀玹，北京大学，2013 年

唐代小说的明清传播，孔敏，山东大学，2013 年

中国古代小说在越南：以《三国演义》、《水浒传》、《西游记》为中心，黎亭卿，华东师范大学，2013 年

明人小说序跋研究，谢文华，(台)中正大学，2013 年

版印传媒与两宋文学的传播及嬗变，于兆军，河南大学，2014 年

两宋出版管理研究，孙永芝，河南大学，2014 年

清代小说序跋研究，王军明，山东大学，2014 年

水浒评点阐释与续书文本的构成：以陈忱、俞万春为核心，杨敬珩，(台)台湾师范大学，2014 年

晚清民初石版印刷艺术研究，陈霆，苏州大学，2014 年

中国古代小说绣像研究，毛杰，华东师范大学，2014 年

明刊《三国志演义》图文关系研究，胡小梅，福建师范大学，2015 年

明末清初《西游记》再书写研究，张怡微，(台)政治大学 2016 年

明清神魔讲史小说研究，谢乙德，(台)淡江大学，2016 年

2. 硕士论文

中国章回小说之产生,黄柱华,(台)政治大学,1969年

清代讽刺小说,詹西陵,(港)香港中文大学,1970年

宋话本的研究,何志平,(台)台中东海大学,1973年

宋元明平话研究,李本耀,(台)台北师范大学,1973年

《二十年目睹之怪现状》研究,陈幸蕙,(台)台湾大学,1976年

《儒林外史》研究,郑明娳,(台)台湾师范大学,1976年

元至治新刊全相平话五种研究,李宜涯,(台)台北文化学院,1978年

《西游记》研究,吴壁雍,(台)台湾师范大学,1980年

《西游补》研究,傅世怡,(台)台湾师范大学,1981年

薛仁贵故事研究,张忠良,(台)台湾师范大学,1982年

明代书坊之研究,陈昭珍,(台)台湾大学,1984年

《歧路灯》研究,陈翠芬,(台)台湾大学,1986年

《歧路灯》研究,〔韩〕郑在亮,(台)台湾辅仁大学,1987年

明清才子佳人小说《好逑传》研究,姜凤求,(台)政治大学,1990年

《花月痕》研究,金洛,(台)台湾师范大学,1993年

李渔话本小说研究,梁家荣,(港)香港中文大学,1994年

明代苏常地区出版事业之研究,麦杰安,(台)台湾大学,1996年

《隋唐演义》研究,谢静宜,(台)台湾师范大学,1996年

《岳飞故事研究》,洪素真,(台)台湾师范大学,1999年

明代中后期城市通俗文化消费研究:以江浙地区为中心,邓万春,武汉大学,2000年

《水浒传》容与堂本与贯华堂本差异考述，崔茂新，曲阜师范大学，2000 年

万历时期小说评点研究，程克团，武汉大学，2000 年

清末图书出版新格局的形成及意义，杜衡，苏州大学，2001 年

《水浒传》的早期传播与接受：兼论《水浒传》的成书时间，王丽娟，湖北大学，2001 年

《豆棚闲话》发隐，張菲菲，（港）香港中文大学，2002 年

冯梦龙编辑思想研究，刘海，苏州大学，2002 年

《古今小说》版本研究，〔日〕伊东一成，复旦大学，2002 年

《海上花列传》研究，袁春蓉，南京师范大学，2002 年

《红楼梦》脂批研究，孙眉，首都师范大学，2002 年

明代书籍出版研究，郭姿吟，（台）台湾成功大学，2002 年

清代《聊斋志异》评点研究，董玉洪，安徽大学，2002 年

《红楼梦》古今评点谫论，杨慧，辽宁师范大学，2003 年

《红楼梦》古今续书谫论，王晓丹，辽宁师范大学，2003 年

《红楼梦》续书研究，陈璇，苏州大学，2003 年

《警世阴阳梦》研究，黄千珊，（台）成功大学，2003 年

《聊斋志异》诸评研究，傅琳娜，（港）香港中文大学，2003 年

明末清初才子佳人小说研究，董雁，陕西师范大学，2003 年

《孽海花》研究，孙如文，（台）台湾师范大学，2003 年

“说唐”系列历史小说之研究，彭知辉，南京大学，2003 年

宋刻研究，杨玲，西北大学，2003 年

陈忱《水浒后传》研究，张俊峰，（港）香港中文大学，2004 年

《儿女英雄传》新论，袁锦贵，南京师范大学，2004 年

《红楼梦影》研究，马靖妮，中央民族大学，2004 年

《老残游记》研究,吴昭云,(台)台湾师范大学,2004年

清代姑苏版画研究,程颖,苏州大学,2004年

清代杨柳青《红楼梦》年画解读,张雯,华南师范大学,2004年

《三侠五义》研究,〔韩〕朴炫坤,(台)台湾师范大学,2004年

《野叟曝言》研究,周勇,湖南师范大学,2004年

《娇红记研究》:兼论才子佳人小说的发展,朱姝,苏州大学,2005年

历史文化视野中的福建坊刻本,李艳华,福建师范大学,2005年

《聊斋志异》之但评研究,张文,山东师范大学,2005年

列国志小说系列研究,潘世华,(港)香港中文大学,2005年

明代白话公案小说研究,蒋兴燕,陕西师范大学,2005年

明代心学思潮与容与堂刊本《水浒传》的评点,张天星,四川师范大学,2005年

明清徽商与徽州刻书业,陆贤涛,安徽师范大学,2005年

《情史》研究,曾礼军,浙江师范大学,2005年

容与堂本《水浒传》评点研究,宋振宏,青岛大学,2005年

《三国志演义》在明清时代的传播接受研究,张红波,广西师范大学,2005年

试论明代苏州城市商业化对私人刻书业的影响,杜丹,苏州大学,2005年

屠绅及其《六合内外琐言》研究,董璨,(台)成功大学,2005年

《西游记》文本的传播与接受,苏静,武汉大学,2005年

邓志谟及其道教小说研究,赵琨,暨南大学,2006年

《封神演义》传播研究,褚殷超,山东大学,2006年

《聊斋志异》评点之我见,黄晓明,四川大学,2006年

明代《水浒传》传播初探,万梦蕊,华东师范大学,2006年

明代晚期市井文化与书籍装帧艺术风格的发展,田雪梅,苏州大学,2006年

明代小说选本研究,代智敏,暨南大学,2006年

明末清初"西湖小说"研究,胡海义,暨南大学,2006年

《儒林外史》刊刻传播及艺术说略,申重实,兰州大学,2006年

陕西古代刻书考,胡明丽,陕西师范大学,2006年

试论李渔的文化产业思想,陈海敏,扬州大学,2006年

四堡坊刻考略,傅阿循,福建师范大学,2006年

《水浒传》图像传播研究,吴萍,上海师范大学,2006年

论毛纶、毛宗岗对《三国志演义》的修订与评点,黎必信,(港)香港中文大学,2006年

文字与图像:以《红楼梦》为个案的传播与接受研究,周蜜,华东师范大学,2006年

余象斗小说创作研究,单光亮,暨南大学,2006年

从"红楼二尤"故事看《红楼梦》成书过程,卜喜逢,中国艺术研究院,2007年

点石斋与晚清时期的小说图像传播,王俊玲,上海师范大学,2007年

《封神演义》的成书及其在明清时期的传播研究,周博,广西师范大学,2007年

行业与家族:对清代江西金溪县雕版印刷业的个案研究,童翔,南昌大学,2007年

《红楼梦》续书研究,郭素美,南昌大学,2007年

甲戌本石头记论略,任晓辉,中国艺术研究院,2007年

建阳刻本:朱鼎臣《唐三藏西游释厄传》与杨致和《西游记传》的研究,苏爱琴,福建师范大学,2007年

"列国"系列小说研究:以《列国志传》与《新列国志》为主,潘晓玲,陕西师范大学,2007年

明代书坊刊印通俗小说研究,姬志香,河南大学,2007年

明代通俗小说序跋整理与研究,陈丹丹,暨南大学,2007年

明末清初《西游记》续书研究,左芝兰,四川大学,2007年

明清徽商与徽州刻书业的兴盛,刘孝娟,苏州大学,2007年

南宋官府对刻书业的管理,杨青,山东大学,2007年

《歧路灯》研究,吕明凤,陕西师范大学,2007年

山西雕版源流考,李娟,陕西师范大学,2007年

试论明代印刷术向日本的传播,李冰,山西大学,2007年

试述明代图书刊刻发行销售情况,周春霞,湖南师范大学,2007年

晚明小说审美与大众阅读兴趣:以《西游记》为例的考察,刘志凤,南昌大学,2007年

文言小说集《虞初新志》研究,朱青红,南京师范大学,2007年

《醒梦骈言》研究,梁卫华,北京师范大学,2007年

《醒世姻缘传》研究,李弘历,辽宁大学,2007年

熊大木的小说创作与小说观念研究,曾雪丽,暨南大学,2007年

姚福《青溪暇笔》研究,朱妍蕾,南京大学,2007年

余象斗小说评点研究,原方,暨南大学,2007年

《八仙得道传》研究,刘原州,(台)台湾师范大学,2008年

北宋汴梁刻书及其历史贡献,于兆军,河南大学,2008年

古本小说插图研究,侯宏玉,兰州大学,2008年

《红楼梦》后四十回平议,宋庆九,曲阜师范大学,2008 年

《红楼梦》“三家评本”的研究,雷娜,云南大学,2008 年

技术因素主导古代徽派版画风格的演变,张丽丽,山西大学,2008 年

《今古奇观》编辑意义研究,练丽敏,淡江大学,2008 年

辽代至晚清的北京出版文化研究,齐钰,北京印刷学院,2008 年

论《再生缘》,黄晓霞,天津师范大学,2008 年

明成化本《花关索传》校释与研究,姚伟嘉,南京大学,2008 年

明代建阳木刻插图与小说戏曲传播,胡秀娟,东南大学,2008 年

明万历间商业化出版再探:书商余象斗及其商业出版活动,吴琼,南京大学,2008 年

明清“虞初”系列小说研究,谢春玲,湘潭大学,2008 年

清代中后期广东地区通俗小说研究,白薇,暨南大学,2008 年

熊大木《大宋中兴通俗演义》研究,杨华慧,福建师范大学,2008 年

叶逢春刊《三国志传》版本价值研究,黄绮炜,福建师范大学,2008 年

中国古代版权保护考析,苏丹,吉林大学,2008 年

中国古代文学插图的意境表现研究,王炜,上海交通大学,2008 年

17 世纪末—19 世纪初苏州书坊刻书:以书业堂、扫叶山房为中心,沈冬丽,复旦大学,2009 年

《禅真逸史》研究,陈筱玲,(台)台湾师范大学,2009 年

陈洪绶《水浒叶子》研究,刘榕峻,(台)台湾大学,2009 年

从“全像”、“出像”到“绣像”:论《水浒传》版画插图形态的演

变,胡小梅,福建师范大学,2009 年

《儿女英雄传》研究,陈烨,扬州大学,2009 年

嘉业堂藏书与刻书研究,李禾钰,(台)台北大学,2009 年

《金瓶梅》在明清时期的传播与焚毁研究,高莎莎,中国海洋大学,2009 年

《金云翘传》研究,刘妮娜,山西师范大学,2009 年

《岭南逸史》研究,林亭君,(台)成功大学,2009 年

论中国古籍木版插图艺术,车文静,南京艺术学院,2009 年

明代后期建本神魔小说创作与刊刻研究,鲁春艳,黑龙江大学,2009 年

明代话本小说与杭州,曹丽娜,浙江工业大学,2009 年

明代文化市场研究,陈娟,华中师范大学,2009 年

明代小说《列国志传》的创作与批评研究:以《按鉴演义全像列国评林》(万历丙午重刊本)和《新镌陈眉公先生批评春秋列国志传》(万历乙卯本)为主,宋征兵,福建师范大学,2009 年

《歧路灯》的传播研究,孙振杰,华东师范大学,2009 年

清代北京琉璃厂刻书研究,冯伟,北京印刷学院,2009 年

清代福建坊刻考略,吴晓雯,南京师范大学,2009 年

《隋炀帝艳史》研究,李正心,福建师范大学,2009 年

万历年间徽州与金陵两地版画插图关系的研究,姜宇钦,西安美术学院,2009 年

晚明中篇小说合集现象研究,陈明致,(台)政治大学,2009 年

《西洋记》研究,刘香玉,首都师范大学,2009 年

《西游记》的视觉传播研究,邵杨,浙江大学,2009 年

《西游记》文本在明代的传播与接受,徐超鹏,湖南师范大学,

2009年

《新刻全像牛郎织女传》研究,邢海阔,福建师范大学,2009年

中国古代通俗小说版画研究散论,毛杰,华东师范大学,2009年

《红楼梦》六十七回考辩,郭征南,曲阜师范大学,2010年

徽州木刻插图与明代徽本戏曲小说传播研究,薛勇强,东南大学,2010年

《金云翘传》研究,张静静,陕西师范大学,2010年

金陵插图与小说、戏曲传播,郭威,东南大学,2010

《李卓吾先生批评西游记》研究,万明凡,福建师范大学,2010年

明代苏杭地区的通俗小说刊刻研究,王萌,浙江工业大学,2010年

明代小说版画插图的表现形式研究,刘潇湘,西南大学,2010年

明代中后期江南地区坊刻图书的传播研究,吴东珩,华东师范大学,2010年

明末清初话本小说商品特征之演进:以冯梦龙、凌濛初、李渔作品为例,印卫华,扬州大学,2010年

明清时期《水浒传》传播研究,杨小娜,扬州大学,2010年

明清时期《西游记》的传播,王大元,扬州大学,2010年

《戚南塘剿平倭寇志传》研究,聂红菊,四川师范大学,2010年

《儒林外史》的传播与接受研究,凌松,上海师范大学,2010年

《三国演义》在明清时期的传播研究,邹彬,扬州大学,2010年

山东出版业发展问题研究,韩建华,山东大学,2010年

说图:崇祯本《金瓶梅》绣像研究,曾钰婷,(台)台湾师范大学,2010年

说唐鼓词《绘图秦琼访友大闹太原府》研究,陈怡嘉,(台)成功

大学,2010 年

《水浒传》续书《水浒后传》与《后水浒传》比较研究,尤业东,安徽大学,2010 年

四堡刻书研究,徐长生,福建师范大学,2010 年

宋代书籍木刻插图价值研究,黄夏,西南大学,2010 年

杨尔曾及其编创小说研究,梁诗烨,暨南大学,2010 年

中国雕版古籍版式研究,李洪波,中央美术学院,2010 年

传播视野下的《阅微草堂笔记》研究,刘美玲,中国海洋大学,2011 年

《大唐秦王词话》研究,郑敏婕,陕西师范大学,2011 年

《国色天香》研究,章友彩,暨南大学,2011 年

关于《红楼梦》中几个问题的考证,钟建波,延边大学,2011 年

《红楼梦》"杨本"及后四十回研究,聂壮,青岛大学,2011 年

《李卓吾先生批评西游记》评点研究,黄玲贵,(台)台湾师范大学,2011 年

明代万历年间社会经济对文言小说的影响研究,张佳妮,中南大学,2011 年

明末清初才子佳人小说评点研究,郑宁,福建师范大学,2011 年

乾隆朝禁毁通俗小说研究,陈惠英,暨南大学,2011 年

《蜃楼志》研究,钟燕,广州大学,2011 年

《生绡剪》研究,张秀珍,安徽大学,2011 年

宋版书插图演变研究,杜羽,北京大学,2011 年

杨家将系列鼓词版本研究,李平,山西大学,2011 年

《阅微草堂笔记》版本与评点研究,胡光明,北京大学,2011 年

朱鼎臣编纂小说研究,李阳阳,暨南大学,2011 年

地域文化视野下的建安版画,张丽芬,华南师范大学,2012 年

《儿女英雄传》新论,周武海,中南民族大学,2012 年

福建传统活字印刷研究,李少芳,福建师范大学,2012 年

《红楼梦》张汝執评点研究,谭君华,中央民族大学,2012 年

《狐媚丛谈》研究,刘爱丽,云南大学,2012 年

徽学视野下的明中后期徽州本地小说的创作与传播,薛业,广西师范学院,2012 年

纪振伦及其小说、戏曲编创研究,杨静亚,暨南大学,2012 年

《金瓶梅》续书研究,陈智喻,河北师范大学,2012 年

论明清刊本《水浒传》中的"语-图"互文现象,王岩,南京师范大学,2012 年

明代书坊主熊大木、余象斗小说创作比较研究,张兴国,中国海洋大学,2012 年

明季辽东战事小说研究,谷文干,扬州大学,2012 年

明末清初拟话本小说评点研究,闻玉坤,暨南大学,2012 年

明末清初小说家汪淇研究,伍珉松,四川师范大学,2012 年

清代扬州通俗小说与城市文化研究,付优,西南大学,2012 年

四川近现代图书出版史研究(1840—1949),颜菊思,西南交通大学,2012 年

宋代书籍出版史研究,田建平,河北大学,2012 年

弹词小说《何必西厢》研究,蔡艳嫣,安徽大学,2012 年

《唐人说荟》研究,周瑾锋,华东师范大学,2012 年

图与文:容与堂本与袁无涯本《水浒传》插图研究,陈硕,河北师范大学,2012 年

《天妃娘妈传》研究,贾伟静,河南师范大学,2012 年

晚清小说期刊商业化倾向研究:以四大小说期刊为例,李嘉,南昌大学,2012年

《燕居笔记》研究,陈晓娇,华东师范大学,2012年

姚燮《红楼梦》评点研究,胡蓉,福建师范大学,2012年

张竹坡《皋鹤堂批评第一奇书金瓶梅》评点研究,洪铃惠,(台)台湾师范大学,2012年

"郑和下西洋"俗文学综合研究,毛睿,南京师范大学,2012年

《快心编》研究,杜宝红,华中科技大学,2013年

李贽《水浒传》评点研究,司伟伟,辽宁大学,2013年

论传播方式变革对《红楼梦》传播的影响,党晨阳,青海师范大学,2013年

论市井文化在晚明福建版书籍装帧中的演绎,黄倩,扬州大学,2013年

明代白话短篇对文言小说的改编研究,冯瑞兰,集美大学,2013年

明代济颠故事的传播研究:兼论《钱塘湖隐济颠禅师语录》的年代,游嘉,四川师范大学,2013年

明代历史演义小说评点研究,郭婷,暨南大学,2013年

明代木刻插图印刷史,胡晓旭,中国美术学院,2013年

明代中后期常熟藏书家刻书及文学活动研究,程体壕,延边大学,2013年

明末话本小说传播技巧研究,张丹,沈阳师范大学,2013年

明末清初祥符周氏家族文学活动研究,孙萍,南京师范大学,2013年

明清版刻插图中女性形象的研究,吴涵汐,浙江理工大学,

2013 年

明清杭州、湖州书坊与通俗小说研究,赵洋,延边大学,2013 年

明清苏州刊刻小说插图本研究,石兵,东南大学,2013 年

清代《红楼梦》在岭南地区的传播与接受,郑晓宇,暨南大学,2013 年

清京都东二酉堂刊《英烈春秋鼓词》研究,蒋丹,山西大学,2013 年

清中叶后图书出版之环境因素研究,陈世璋,(台)淡江大学,2013 年

《说唐全传》传播研究,于巍,赣南师范学院,2013 年

苏州书坊与明清小说,季孟瑶,东北师范大学,2013 年

晚清印刷技术的演变及原因探究,史路,上海交通大学,2013 年

《醒梦骈言》考论,郭小丽,南京大学 2013 年

《虞初新志》研究,宋佳,扬州大学,2013 年

《杨家府演义》研究,杨锦辉,广西师范学院,2013 年

插图本小说的图文互释现象:以《三国演义》为例,萧乃豪,(台)淡江大学,2014 年

列仙传研究,施袆涵,(台)清华大学,2014 年

论杨柳青《红楼梦》年画的艺术特征,蔡红曦,首都师范大学,2014 年

明版《英烈传》校笺,刘兆轩,广西师范学院,2014 年

明代故事汇编类书籍研究,苑磊,山东大学,2014 年

明代建阳刊公案小说研究,黎凤,福建师范大学,2014 年

明代万历教化木刻版画插图研究,邹海艳,西南大学,2014 年

明代文人结社与小说,万攀,西南大学,2014 年

明末版画的繁荣与式微,康鸣,南京师范大学,2014 年

明末古典小说《东度记》研究,付洪伟,西南大学,2014 年

清代部头木刻鼓词小说《二下南唐》研究,车丽梅,山西大学,2014 年

清末民初上海地区书局与小说的传播研究,赵圆苑,上海师范大学,2014 年

《儒林外史》卧批研究,张少殿,华中师范大学,2014 年

《三国志演义》序跋集释考论,刘璇,陕西师范大学,2014 年

邵彬儒劝善小说研究,贺丹,南昌大学,2014 年

士绅型小说评点研究:以张文虎《儒林外史》评本为例,何敏,江西师范大学,2014 年

宋朝图书出版发行制度研究,滕芳芳,山东大学,2014 年

《万花楼演义》研究,段小静,广西师范学院,2014 年

元刊《全相平话五种》研究,白彩霞,内蒙古师范大学,2014 年

《咫闻录》研究,姜彦宏,湖南师范大学,2014 年

重刊与重写:明代周曰校公案小说之文化生产研究,洪敬清,(台)政治大学 2015 年

《红楼梦》的仿拟与重衍:晚清前期狭邪小说研究,郭玲妏,(台)台湾师范大学,2015 年

徽派版画艺术形式与语言研究,王欣,安徽工程大学,2015 年

徽州黄氏刻工与明清文学传播研究,杨树强,东南大学,2015 年

《聊斋志异》青柯亭刻本研究,付力元,山东大学,2015 年

明代藩府刻书及其流传研究,张世莹,(台)台湾大学,2015 年

明清涉及倭寇问题的小说研究,李雨璇,扬州大学,2015 年

明清四堡地区书坊经营研究,谢爽,河北大学,2015 年

《平山冷燕》研究,郭小云,山西师范大学,2015 年

清代满族长篇小说传播方式研究,徐潇雨,沈阳师范大学,2015 年

清代小说禁毁研究,蔡瑜清,暨南大学,2015 年

《犬窝谭红》所记“四象桥本”《红楼梦》研究,刘伟,天津师范大学,2015 年

容与堂本《李卓吾先生批评忠义水浒传》插图研究,张依婷,(台)淡江大学,2015 年

晚明出版与政争,郭冲,山东大学,2015 年

《杨家府演义》研究,冀媛春,集美大学,2015 年

《娱目醒心编》研究,舒扬帆,喀什大学,2015 年

余象斗对明代小说传播发展及意义研究,程胜涛,暨南大学,2015 年

中原古代图书出版文化研究,丁欢欢,郑州大学,2015 年

纂修《四库全书》期间小说禁毁现象研究,任芯颖,四川师范大学,2015 年

《草木春秋演义》研究,黄婷,南京师范大学,2016 年

四、单篇论文

1. 综论

小说小话，黄人，《小说林》1908年第9期

杂纂：小说考证，蒋瑞藻，《东方杂志》1911年第1、4期

小说丛考，泖东一蟹，《小说月报》1913年第1至9期，1914年第10、11期，1915年第3、11期，1918年第9、10期

泉州旧存小说版刻目录，玉诺，《学灯》1925年5月25日

小说丛考正误，雪，《民众文学》1926年第7期

日本内阁藏小说戏曲书目，董康，《国学月刊》1927年第4期

插图之话，郑振铎，《小说月报》1927年第1期

巴黎国家图书馆中之中国小说与戏曲，郑振铎，《小说月报》1927年第11期

大连满铁图书馆所藏中国小说戏曲目录，马廉，《图书馆学季刊》1928年第4期

论帝王出身传说：读朱洪武故事，赵景深，《北新》1928年第14期

中国通俗小说提要，孙楷第，《国立北平图书馆馆刊》1931年第5期

明清二代的平话集（上、下），郑振铎，《小说月报》1931年第7、8期

说话考,孙楷第,《师大月刊》1933 年第 10 期

词话考,孙楷第,《师大月刊》1933 年第 10 期

八仙传说,赵景深,《东方杂志》1933 年第 21 期

佳人才子小说研究(上、下),郭昌鹤,《文学季刊》(北平),1934 年第 1、2 期

关于八仙传说(附吴红叶赵景深的讨论),叶德均,《青年界》1934 年第 3 期

瀛涯琐志:记牛津所藏的中文书,向达,《国立北平图书馆馆刊》1936 年第 5 期

关于版画,郑振铎,《中学生》1936 年第 61 期

蒋瑞藻编"小说考证"正误,緦庐,《天津益世报读书周刊》1937 年第 82 期

海外所藏中国小说戏曲阅后记(正、续),刘修业,《图书季刊》1939 年第 1、4 期

西班牙爱斯高里亚尔静院所藏中国小说戏曲,戴望舒,(港)《俗文学》1941 年 3 月 10 日

海外所藏中国小说戏曲记,刘修业,《中国学报》1943 年第 2 期

日本所藏的中国旧刻小说戏曲,王古鲁,《华北作家月报》1943 年第 8 期

日本访书记,王古鲁,《风雨谈》1944 年第 9 期

中国书装源流,张铿夫,(港)《岭南学报》1950 年第 2 期

木刻插图与书籍装饰诸问题,王琦,《美术》1954 年第 6 期

徽州雕版印刷术的发展,蒋元卿,《安徽史学通讯》1958 年第 1 期

谈谈版刻中的刻工问题,冀叔英,《文物》1959 年第 3 期。

记最近所见几部珍本戏曲小说,王树伟,《文物》1961 年第 3 期

小说旁证三则,孙楷第,《文学评论》1961 年第 4 期

小说旁证二则,孙楷第,《文学评论》1961 年第 6 期

古典小说和戏曲作品的木刻插图,王达弗,《人民日报》1961 年 10 月 15 日

小说旁证二则,孙楷第,《文学评论》1962 年第 1 期

小说旁证五则,孙楷第,《文学评论》1962 年第 2 期

访麻沙书坊,萨兆寅,《福建日报》1962 年 4 月 22 日

明清时期安徽的雕版印刷工艺,陆凤台,《江淮学刊》1963 年第 1 期

论明清中国通俗小说之版本,〔澳〕柳存仁,(港)《联合书院学报》1963 年第 2 期

宋元白话小说:评近代系年法,〔美〕韩南(Hanan,Patrick);陈昭蓉,(台)《中外文学》1976 年第 8 期

怎样去寻觅研究中国旧小说的新资料,〔澳〕柳存仁,(港)《Journal of the Chinese University of Hong Kong》1977 年第 1 期

浅谈福建古代的刻书,方品光,《福建师范大学学报》1978 年第 1 期

漫谈明清时代的版画,谢刚主,《文献》1979 年第 2 期

关于麻沙本,林列,《图书馆学通讯》1980 年第 2 期

徽州黄姓刻工考略,蒋元卿,《江淮论坛》1980 年第 4 期

插图,黄裳,《读书》1980 年第 12 期

建阳坊肆刻书,卢迎春,《福建论坛》1981 年第 3 期

谈徽派版画,周芜,《美术研究》1981 年第 3 期

宋元的印工和装背工,张秀民,《文献》1981 年第 4 期

《明月》小窗：古小说的插画，佚名，（港）《明报月刊》1981 年第 5 期

建阳书坊刊刻的话本、历史通俗演义和公案小说，卢维春，《福建省图书馆学会通讯》1982 年第 1 期

元明建本通俗演义对我国小说发展的影响，方品光，《福建师范大学学报》1982 年第 1 期

谈套印本，曹之，《河南图书馆季刊》1982 年第 2 期

元明两代的杨家将戏曲和小说，徐朔方，《戏剧论丛》1982 年第 3 期

福州吴玉田刻书坊：福州雕板印书丛谈之一，谢水顺，《福建省图书馆学会通讯》1982 年第 4 期

绥中吴氏双棔书屋所藏子弟书目录，吴晓铃，《文学遗产》1982 年第 4 期

试论书坊刻书在中国书史上的地位，肖东发、陈慧杰，《青海图书馆》1983 年第 1 期

美国哈佛大学燕京图书馆访书志，李致忠，《文献》1983 年第 2 期

南行记闻，肖东发，《图书馆学刊》1983 年第 2 期

《中国通俗小说书目》补遗，谢伏琛，《文献》1983 年第 2 期

小议闽刻“京本”，萧东发，《图书馆杂志》1983 年第 3 期

石印术道光时即已传入我国说，张秀民，《文献》1983 年第 4 期

“麻沙本”的雕版印刷，许道和，《福建论坛》1983 年第 5 期

中国古代文学书籍插图，鲁五莲，《版画艺术》1983 年第 10 期

家刻初探，曹之，《山东图书馆季刊》1984 年第 1 期

我国雕版印刷术与活字印刷术的比较研究，丁瑜，《图书馆学研

究》1984 年第 2 期

古代出版史概略，魏隐儒，《编创之友》1984 年第 3 期

建阳余氏刻书考略（上、中、下），肖东发，《文献》1984 第 3、4 期、1985 年第 1 期

古籍版画插图本，郭松本，《世界图书》1984 年第 6 期

访宋元明刻书中心地之：建阳，路工，收入《访书见闻录》，上海古籍出版社 1985 年版

《中国通俗小说书目》版本辑补，吴敢，《重庆师院学报》1985 年第 2 期

通俗小说书目补遗及其他，张颖、陈速，《明清小说论丛》1985 年第 3 期

未见著录之中国小说十种提要，吴敢、邓瑞琼，《明清小说论丛》1985 年第 3 期

明清金陵坊刻概述，叶树声，《山东图书馆季刊》1985 年第 4 期

苏州的藏书与刻书，许培基，《文献》1985 年第 4 期

从续补《红楼梦》、改写《水浒》说到《金瓶梅》的出版，胡明，《文学评论》1985 年第 5 期

略谈苏州古代的出版事业，甘兰经，《苏州教育学院学报》1986 年第 3 期

《中国通俗小说书目》补，胡士莹，《明清小说论丛》1986 年第 4 期

福建建安派木刻版画，李之檀，《中国历史博物馆馆刊》1986 年总第 8 期

古书封面的演变与"本衙藏板"问题，郑炳纯，《社会科学战线》1987 年第 2 期

明清时期江苏私家刻书初探，韩建新，《江苏图书馆学报》1987年第3期

中国古代通俗小说有关书目、论著若干补订，程亚林，《武汉大学学报》1987年第4期

古籍插图本，曹之，《黑龙江图书馆》1987年第5期

我国古代版权观念述略(上、下)，韩锡铎，《出版工作》1987年第7、8期

闽学人物对建刻发展的影响，方彦寿，《福建论坛》1988年第2期

浅谈坊刻本在中国文化史上的地位，茆意宏，《图书馆学研究》1988年第2期

建阳刘氏刻书考(上、下)，方彦寿，《文献》1988年第2、3期

关于小说史研究中若干问题的考辨，萧相恺，《明清小说研究》1988年第4期

论隋唐系统小说的演化，齐裕焜，《明清小说研究》1988年第4期

明清时期徽州刻书简述，翟屯建，《文献》1988年第4期

"虞初"续志四种述略，蔡国梁，《明清小说研究》1988年第4期

东瀛访稗录：中国小说史料的新发现(一、二、三)，胡从经，(港)《明报月刊》1988年第6、7、8期

传统小说的版画插图，胡万川，(台)《中外文学》1988年第12期

明清时期的徽州刻书，翟屯建，《图书馆学通讯》1989年第1期

《中国通俗小说书目》补编，欧阳健、萧相恺，《文献》1989年第1期

《魏忠贤小说斥奸书》·《幻影》·《章台柳》:中国小说史研究中若干问题的考辨之二,萧相恺,《明清小说研究》1989 年第 2 期

漫谈写刻工:雕版工艺流变(一、二),朱太岩,《古籍整理研究学刊》1989 年第 3 期、1990 年第 5 期

闽北詹余熊蔡黄五姓十三位刻书家生平考略,方彦寿,《文献》1989 年第 3 期

我国古代图书发行事业的起源,吴柏龄,《出版发行研究》1989 年第 3 期

吴门刻书纵横谈,何忠林,《出版发行研究》1989 年第 5 期

漫话我国古代书肆的起源,杨希义,《文史知识》1989 年第 8 期

明清徽商的藏书与刻书,刘尚恒,《安徽师大学报》1990 年第 1 期

版刻絮语,方彦寿,《古籍整理研究学刊》1990 年第 2 期

加拿大多伦多大学东亚图书馆所藏蓬莱慕氏书库述概,吴晓铃,《文献》1990 年第 3 期

我国古代图书发行事业的发展(五代至鸦片战争),吴柏龄,《出版发行研究》1990 年第 3 期

民间坊刻与我国早期出版印刷业:中国古代出版印刷史专论之三,肖东发,《编辑之友》1990 年第 4 期

吴门袁氏刻书考,叶瑞宝,《江苏出版史志》1990 年第 4 期

坊刻的特点及贡献:中国古代出版印刷史专论之四,肖东发,《编辑之友》1990 年第 5 期

公案侠义小说简论,齐裕焜,《明清小说研究》1991 年第 1 期

闽北刘氏等十四位刻书家生平考略,方彦寿,《文献》1991 年第 1 期

建本论略,杨起予,《文献》1991 年第 2 期

漫谈小说“识语”,陈大康,《明清小说研究》1991 年第 2 期

浅议旌德刻工,卢茂村,《东南文化》1991 年第 2 期

“梓行”辨,曹之,《图书情报知识》1991 年第 2 期

源远流长的安徽古代出版业,徐学林,《东南文化》1991 年第 2 期

论通俗小说的双重品格,陈大康,《上海文论》1991 年第 4 期

明清小说创作动机论,吴波、夏菁,《锦州师院学报》1991 年第 4 期

孰优孰高 · 后人评说:谈我国古典小说五大名著的原本、改本问题,陈辽,《海南大学学报》1991 年第 4 期

私家刻书的源流及特点:中国古代出版印刷史专论之八,肖东发,《编辑之友》1991 年第 6 期

私家刻书在中国文化史上的贡献:中国古代出版印刷史专论之九,肖东发,《编辑之友》1992 年第 1 期

奥地利国家图书馆所藏汉文珍本书目,〔俄〕李福清(Riftin, Boris L.),《文献》1992 年第 2 期

江西最大的刻书作坊:浒湾书铺街,王咨臣,《江西图书馆学刊》1992 年第 2 期

明清时期的徽州刻书业,徐学林,《安徽师范大学学报》1992 年第 2 期

中国书坊与市民文化,刘东海,《出版与印刷》1992 年第 2 期

苏州书坊刻书考,叶瑞宝,《江苏出版史志》1992 年第 3 期

侠义公案小说的演化及其在晚清繁盛的原因,王俊年,《文学评论》1992 年第 4 期

试论书坊书目在传统目录学中的地位:建阳书坊书目初探,詹冠群,《福建师范大学学报》1992年第4期

超前于史籍编纂的小说创作:明清时事小说新论,欧阳健,《文学遗产》1992年第5期

徽州仇姓刻工刻书考录,李国庆,《江淮论坛》1992年第5期

源远流长的中国出版事业,王子野,《中国出版》1992年第12期

明清稀见小说经眼录(一、二、三),刘辉、薛亮,《文学遗产》1993年第1期、《明清小说研究》1993年第3期,1994年第1期

中国古代的书业广告,袁逸,《编辑之友》1993年第1期

中国古代禁毁小说泛论:"中国小说与中国文化"谈片之一,李时人,《北方论丛》1993年第1期

试论坊刻图书的牌记及其广告特色,阚宁辉,《出版与印刷》1993年第2期

四堡雕版印刷琐议(正、续),邱荣洲,《龙岩师专学报》1993年第2期,1994年第1、2期合刊

中国章回小说及俗文学书目补遗:根据俄罗斯所藏资料著录,〔俄〕李福清(Riftin, Boris L.),(台)《汉学研究》1993年第2期

《中国通俗小说总目提要》补遗,李梦生,《明清小说研究》1993年第3期

古代雕版刻工称谓考录:《书林清话》条目增补,李国庆,《北京图书馆馆刊》1993年第1期

我国古代书坊刻书史略,丁宏宣,《图书馆学刊》1993年第2期,又见于《贵图学刊》2002年第1期

中国古代的刻书中心:北京(正、续),肖东发,《北京高校图书馆》1993年第3、4期

明清时期的私人刻书、贩书及藏书活动,张民服,《郑州大学学报》1993年第5期

中国古代长篇小说类型的演变,齐裕焜,《福建学刊》1993年第5期

江西明清刻书事业初探,漆身起、王书红,《江西社会科学》1993年第12期

谈谈话本小说的几个问题,吴小如,《北京日报》1993年12月29日

谈通俗小说的出版,何日辉,《广州日报》1994年1月1日

从姚卞吊诸葛诗谈小说家话本的断代问题,程毅中,《文学遗产》1994年第1期

俄罗斯所藏广东俗文学刊本书录,〔俄〕李福清(Riftin, Boris L.),(台)《汉学研究》1994年第1期

简论徽派版画黄氏家族等主要刻工,张国标,《东南文化》1994年第1期

闽北十八位刻书家生平考略,方彦寿,《文献》1994年第1、2期

明清及民国时期江苏刻书概述,杜信孚,《江苏图书馆学报》1994年第1期

名著续书探因,李忠昌,《中国典籍与文化》1994年第1期

中国古代小说续书研究,邱奇,《通俗文学评论》1994年第1期

《中国通俗小说总目提要》补遗,李梦生,《明清小说研究》1994年第1期

中国古典通俗小说与商品经济:兼论商品经济对雅文学的冲击,张虹,《明清小说研究》1994年第2期

安徽古代印刷史述略,徐学林,《中国印刷》1994年第3期

德国所藏广东俗文学刊本书录,〔俄〕李福清(Riftin, Boris L.),(台)《汉学研究》1995年第1期

关于古代小说评点,周汝昌,《名作欣赏》1995年第1期

明清私家书目著录的通俗小说戏曲,刘勇强,《中国典籍与文化》1995年第1期

明清时期徽州的刻书和版画,居蜜、叶显恩,《江淮论坛》1995年第2期

我国古代刻书出版事业概述,丁宏宣,《图书情报论坛》1995年第2期

简论古代图书市场对文献传存的影响,于宝华,《津图学刊》1995年第3期

《中国通俗小说总目提要》补遗,刘怀玉,《明清小说研究》1995年第3期

福建建阳书坊对我国白话小说发展的贡献,兰寿春,《龙岩师专学报》1995年第4期

建阳麻沙书坊,向生榕,《文史知识》1995年第4期

略谈宋至明代的建阳书市,张茜,《福建学刊》1995年第4期

试论徽州地区的古代刻书业,徐学林,《文献》1995年第4期

论坊刻的历史地位和文献价值:兼论文献的综合评价问题,崔慕岳、王国强,《郑州大学学报》1995年第6期

明清印刷出版状况窥视(正、续),马东明,《印刷杂志》1995年第6期、1996年第1期

中国古代早期长篇小说的综合考察,徐朔方,(台)《中外文学》1995年第8期

三槐堂,王业镇,《三槐堂文史研究》1996年第1期

试谈“牌记”产生的年代,王若,《文献》1996 年第 1 期

麻沙、书坊:中国古代刻书中心,郑衡泌,《福建地理》1996 年第 2 期

《中国通俗小说总目提要》补遗,刘德隆,《明清小说研究》1996 年第 2 期

徽州历代私人刻书概述,叶树声,《徽州师专学报》1996 年第 3 期

建阳书坊的衰落与四堡书坊的崛起,吴世灯,《福建学刊》1996 年第 3 期,又见于《第十一届国际出版学研讨会论文集》2004 年 10 月

明清时期的小说消费与市场,东有,《新闻出版天地》1996 年第 3 期

落魄文人的白日梦:明清才子佳人小说论略,卢琳,《古典文学知识》1996 年第 4 期

印刷术发明后的古代书坊,陆根发,《广东印刷》1996 年第 4 期

古代书坊的经营销售,韩淑举,《图书馆研究与工作》1997 年第 1 期

徽州经商习俗与明清小说,赵兴勤,《徐州师范大学学报》1997 年第 1 期

试论辛亥革命前中国历代政府对出版事业的管理和控制,周棉,《徐州师范大学学报》1997 年第 1 期

巴黎读书录,吴敢,《明清小说研究》1997 年第 2 期

宋元明清家训禁毁小说戏曲史料辑补,陆林,《明清小说研究》1997 年第 2 期

《中国通俗小说总目提要》补遗,陈益源,《明清小说研究》1997 年第 2 期

邵阳木版书史，陈新宪，《湖南出版史料》1997年第3期

“宋本”与“建本”，刘国珺，《中国典籍与文化》1997年第3期

谈有关杨家将小说、戏曲的一则史料，张志江，《明清小说研究》1997年第3期

福建古代刻书的编辑工作，方品光，《出版史研究》1997年第5期

福建历代刻书述略，吴世灯，《出版史研究》1997年第5期

概论宋明时期的南京书文化史，徐雁、谭华军，《江苏图书馆学报》1997年第5期

《中国通俗小说总目提要》补订，苗怀明，《文教资料》1998年第1期

广东马冈女子刻书考索，黄国声，《文献》1998年第2期

论元明中篇传奇小说，陈大康，《文学遗产》1998年第3期

明清两代潮汕出版业述略，谢惠如，《韩山师范学院学报》1998年第3期

中国古代神怪小说的地域特征及成因，赵辉，《中南民族学院学报》1998年第3期

中国古代图书的广告与促销术，苗怀明，《华夏文化》1998年第3期

中国古代著作权考略，曹之，《图书与情报》1998年第3期

《神女传》《杜兰香传》《曹著传》考论，李剑国，《明清小说研究》1998年第4期

中国古代版画溯源（上、下），白化文，《中国典籍与文化》1998年第4期、1999年第1期

元明清小说戏剧传播方式研究，李玉莲，《社会科学辑刊》1998

年第 5 期

建阳古代刻书通考,方彦寿,《出版史研究》1998 年第 6 期

论明清江南流动图书市场,陈学文,《浙江学刊》1998 年第 6 期

明清徽州黄姓刻工及其刻书考录,刘尚恒、李国庆,《出版史研究》1998 年第 6 期

中国小说与民间文学的关系,〔俄〕李福清(Riftin, Boris L.),(港)《岭南学报》1999 年新第 1 期

元明的文学传播与文学接受,郭英德,《求是学刊》1999 年第 2 期

中国古代遇仙小说的历史演变,孙逊、柳岳梅,《文学评论》1999 年第 2 期

八仙小说的渊源暨嬗变,王汉民,《明清小说研究》1999 年第 3 期

明清小说与明清江苏经济,冯保善,《江苏社会科学》1999 年第 3 期

源流千载,领航百业:中国古代出版业的商标演进,袁逸,《中华商标》1999 年第 3 期

方言与明清小说及其传播,宋莉华,《明清小说研究》1999 年第 4 期

试论徽商经济对明清徽派版画的影响,王琳,《美术研究》1999 年第 4 期

苏州古版画概述,华人德,《江苏图书馆学报》1999 年第 4 期

《虬川黄氏宗谱》与虬村黄姓刻工,刘尚恒,《江淮论坛》1999 年第 5 期

试谈中国禁毁小说的概况及禁毁因由,冷成金,《中国人民大学

学报》1999年第5期

漫说“麻沙本”与“建本”，憨斋，《阅读与写作》1999年第12期

试论图绘印刷的开端与发展，方晓阳、李蕾，《中国印刷》1999年第12期

宋元话本与明清小说，金达凯，（港）《树仁学报》2000年创刊号

试论侠义公案小说的形成和演变，武润婷，《山东大学学报》2000年第1期

明清小说评点的广告意识及其传播功能，宋莉华，《北方论丛》2000年第2期

通俗小说与雕版印刷，石昌渝，《文史知识》2000年第2期

周绍良藏古代小说版刻插图并识语汇录（一、二、三、四），周绍良，《中国典籍与文化》2000年第2、3、4期，2003年第4期

中国古籍插图研究（上、下），赵达雄，《图书馆杂志》2000年第3、4期

插图与明清小说的阅读及传播，宋莉华，《文学遗产》2000年第4期

明清新安商人与刻书，陈修英，《淮北煤师院学报》2000年第4期

广西刻书考略（上、下），陈相因、刘汉忠，《广西地方志》2000年第4、5期

广东古代刻工述略，林子雄，《图书馆论坛》2000年第5期

中国古代通俗小说的商业运作与文本形态，苗怀明，《求是学刊》2000年第5期

中国印刷术起源与发展史略（连载），张树栋，《中国印刷》2000年第5至第12期，2001年第1、2、5、6、7、10期，2002年第1期

古代通俗小说目录学论略,潘建国,《文学遗产》2000 年第 6 期

中国版权问题探源,郭孟良,《齐鲁学刊》2000 年第 6 期

中国书肆发展述论,陈昌文,《中国出版》2000 年第 6 期

南北书肆与古代通俗小说,潘建国,《国学研究》2000 年第 7 期

中国印刷图书文化的源与流,肖东发,《图书情报工作》2000 年第 7 期

中国古代通俗小说出版中的伪盗之风,苗怀明,《社会科学》2000 年第 8 期

古书牌记的演变及类型,施勇勤,《出版发行研究》2000 年第 12 期

从插画书至画画书:从古至今,从通俗到艺术,原昌、任世雍,《小说与戏剧》2000 年第 12 期、2001 年第 13 期

明清时期通俗小说的读者与传播方式,潘建国,《复旦学报》2001 年第 1 期

书刊插图小识,李兴骏,《编辑之友》2001 年第 1 期

谈谈中国古籍插图的几种类型,徐洁,《图书馆建设》2001 年第 1 期

古代书坊对图书编排技术发展的贡献,施勇勤,《出版与印刷》2001 年第 2 期

金元时期平水刻版印刷考述(上、下),李晋林,《文献》2001 年第 2、3 期

对雕版印刷源于山东的管见,张秀民,《中国印刷》2001 年第 3 期

明清江南的出版印刷业,李伯重,《中国经济史研究》2001 年第 3 期

明清通俗小说的发展特质与发展倾向：从印刷出版的技术与市场谈起，王佩琴，（台）《书目季刊》2001年第3期

福建刻书业与区域文化格局关系的研究，林拓，《华东师范大学学报》2001年第4期

关于宋元刊平话中的阴文，王旭川，《齐鲁学刊》2001年第5期

渊源流长的扬州雕版印刷，向昌庆，《江苏地方志》2001年第5期

浙江图书馆的版本庋藏与雕版印刷，赵达雄，《图书馆杂志》2001年第5期

古代出版商的读者服务意识，施勇勤，《编辑学刊》2001年第6期

古代小说租赁业漫话，潘建国，《文史知识》2001年第6期

从《商调蝶恋花》到《刎颈鸳鸯会》：《宋元小说研究》补订之一，程毅中，《文学遗产》2002年第1期

中国古籍的广告，刘曼丽，《华夏文化》2002年第2期

建阳书坊接受官私方委托刊印之书，方彦寿，《文献》2002年第3期

明清时期说部书价述略，宋莉华，《复旦学报》2002年第3期

《禹会涂山记》考索（外三种），陈桂声，《明清小说研究》2002年第3期

建本与建安版画，许建平，《文史知识》2002年第4期

从"历史"向"传奇"倾斜：关于嘉靖万历初书商系列小说演进的考察，李舜华，《学术研究》2002年第6期

明清小说评点的商业价值，肖巧朋，《郴州师范高等专科学校学报》2002年第6期，又见于《怀化学院学报》2003年第1期

中国古籍插图版式源流考，王致军，《图书馆工作与研究》2002年第6期

中国古代文言小说总集的兴衰及其原因初探，秦川，《上海师范大学学报》2002年第8期

中国印刷术的拓展，〔日〕蜂尾邦夫；丁一，《中国印刷》2002年第11期

赣版古籍金溪刻书初考，黄根妹，《江西图书馆学刊》2002年增刊

《书林余氏族谱》与《余氏总谱志》，方彦寿，《福建省图书馆学会2002年学术年会会议论文集》2002年12月

编辑出版角度的小说文献学研究，张次第，《保定师范专科学校学报》2003年第1期

明清通俗小说评本署名考辨，秦川，《江西社会科学》2003年第1期

明清小说评点与科举文化，金晓民，《明清小说研究》2003年第2期

《夷坚志》的版本研究，张祝平，《古籍整理研究学刊》2003年第2期

白话小说的编撰出版，缪咏禾，《出版发行研究》2003年第3期

重温读图时代：古籍雕版插图发展述略，李永华，《图书与情报》2003年第3期

中国古代小说“语-图”互文现象及其叙事功能，于德山，《明清小说研究》2003年第3期

类书编纂与章回小说的标目，刘天振，《浙江师范大学学报》2003年第4期

书籍禁毁:一种文化现象的观照:兼论俗文学范畴的戏曲小说禁毁,赵维国,《中国文学研究》2003 年第 4 期

浙江书局刻书考,陈邦祥,(台)《书目季刊》2003 年第 4 期

中国古代小说选本形态论,任明华,《文艺理论研究》2003 年第 4 期

"按鉴"与历史演义小说文体之生成,纪德君,《文学遗产》2003 年第 5 期

论明清时期小说传播的基本特征,王平,《文史哲》2003 年第 6 期

明清时期福建小说刊行的盛况,王枫,《出版广场》2003 年第 6 期

"演义"辨略,黄霖、杨绪容,《文学评论》2003 年第 6 期

才子佳人小说流行现象分析,文革红,《明清小说研究》2004 年第 1 期

古代苏州藏书家以抄书、刻书保存流传典籍的功绩,钱万里、陆汉荣,《苏州市职业大学学报》2004 年第 2 期

古代绍兴的雕版印刷事业,高学安,《图书馆研究与工作》2004 年第 2 期

关于历史演义序跋评点研究的几点思考,纪德君,《南京大学学报》2004 年第 2 期

论明清历史演义作家的创作动机,纪德君,《社会科学辑刊》2004 年第 2 期

《中国通俗小说总目提要》补遗(三则),苗怀明、林坚、杜鱼,《明清小说研究》2004 年第 3 期

百本张与子弟书书坊,崔蕴华,《民族文学研究》2004 年第 4 期

略论古代小说序跋中的出版史料，范军，《出版史料》2004年第4期，又见于《华中师范大学学报》2004年第6期

中国古籍的插图，赵达雄，《中国典籍与文化》2004年第4期

古代出版人怎样策划选题，肖东发，《中国编辑》2004年第5期

徽州刻书业论略，李忠林，《晋图学刊》2004年第5期

讲史平话的体制与款式，楼含松，《浙江大学学报》2004年第5期

浅谈坊刻本的文化影响，李艳华，《阴山学刊》2004年第5期

佣书业的兴衰和雕版印刷术的发明，陈德弟，《出版科学》2004年第5期

图像传播：经典文学向大众文化的辐射，孙逊，《光明日报》2004年5月26日

山西平水刻书业与中国古代出版，齐峰、李晋林，《山西大学学报》2004年第6期

苏州古代藏书家的刻书特点及其贡献，曹晓帆，《四川图书馆学报》2004年第6期

建阳书坊的衰落与四堡书坊的崛起，吴世灯，《第十一届国际出版学研讨会论文集》2004年10月

地域、经济、文化与中国古代白话短篇小说的发展：以白话短篇小说若干重镇的变迁轨迹为例，文娟，《内蒙古社会科学》2005年第1期

陕西雕版印刷源流及历代版刻图书述略，郎菁，《图书与情报》2005年第1期

大连图书馆藏日本刊本抄本中国小说研究，苗壮、王若，《中国典籍与文化》2005年第2期

论明清时期商业活动对文学的影响,胡军利,《湖南商学院学报》2005年第2期

中国古代通俗小说版本研究刍议,郭英德,《文学遗产》2005年第2期

论明末清初才子佳人小说兴盛的原因,彭龙健,《湖南人文科技学院学报》2005年第3期

明清徽州刻书事业简述,李源,《大学图书情报学刊》2005年第3期

《中国古代小说总目》(文言卷)补正,任明华,《明清小说研究》2005年第3期

雕版印刷术发明前我国书籍版权保护的相关问题,冯念华,《图书情报工作》2005年第4期

中国古代制止图书盗印的性质,丁海俊,《中国出版》2005年第4期

古代书院的藏书与刻书,曾建华,《出版科学》2005年第5期

古代小说的文本与版本,欧阳健,《内江师范学院学报》2005年第5期

略论中国坊刻的发展与特点,张喆,《武警工程学院学报》2005年第5期

历史上的南京书籍业,叶建萍,《档案与建设》2005年第6期

社会经济变迁与通俗文学的发展:明嘉靖后文学的变异与发展,陈东有,《江西社会科学》2005年第6期

天京刻书述略,丁鼎,《江苏大学学报》2005年第6期

线装历史,古籍故园:中国古代雕版印刷基地四堡探寻,涵林,《中国出版》2005年第9期

"文人小说"与"奇书文体",〔美〕浦安迪(Plaks, Andrew H.),(港)《人文中国学报》2005年第11期

传播海外的建本图书,方彦寿,《福州大学学报》2006年第2期

关于小说版本和古今贯通的随感,刘世德,《文学遗产》2006年第2期

明清广东刻书质量考述,罗志欢,《文献》2006年第2期

"按鉴"考,刘晓军,《明清小说研究》2006年第3期

古代广东雕版印刷刻书风格述略,沈娜,《广东印刷》2006年第3期

古代图书出版营销术举隅,李鹏,《文史杂志》2006年第3期

苏州藏书家的刻书功绩,黄艳凤,《恩施职业技术学院学报》2006年第3期

刻书的商品属性向文化属性的回归:明清私家刻书比较论之一,杨艳琪,《北京印刷学院学报》2006年第4期

明清小说插图艺术特征浅析,姜夏旺,《贵州大学学报》(艺术版)2006年第4期

书坊概念的界定、历史分歧及其他,戚福康,《苏州市职业大学学报》2006年第4期

中国古代小说、戏曲版本之比较研究,沈新林,《扬州大学学报》2006年第4期

明清英雄传奇小说生成的商业经济基础,林刚,《湖南商学院学报》2006年第5期

多姿多彩的元明清图书,大江,《古典文学知识》2006年第6期

书坊的研究价值论,戚福康,《江苏大学学报》2006年第6期

从建安版画看中国古代图书插图风格的多样性,陈铎,《美术大

观》2006 年第 9 期

朝鲜时代中国古典小说之出版情况，〔韩〕闵宽东，《明清小说研究》2007 年第 1 期

话本的本与文言话本，鲁德才，《明清小说研究》2007 年第 1 期

《唐话辞书类集》中的稀见小说史料，顾鸣塘，《文学遗产》2007 年第 1 期

古代版画的图式转换及文化意义，陈铎，《新美术》2007 年第 2 期

古代小说传播手段论，杨立民，《山东图书馆季刊》2007 年第 2 期

文人话本的衰微过程与原因，傅承洲，《东南大学学报》2007 年第 2 期

论建安版画与金陵版画的关系及影响，陈铎，《南京艺术学院学报》2007 年第 3 期

民间说书与通俗小说文体兼容之关系初探，纪德君，《文艺理论研究》2007 年第 3 期

明清小说中的凡例研究，沈梅丽，《哈尔滨学院学报》2007 年第 3 期

中国古典小说传播方式研究，刘崙，《黑龙江教育学院学报》2007 年第 3 期

版权制度缺失与明清小说繁荣，桂天寅，《新学术》2007 年第 4 期

尺寸之间见筹谋：明清小说刊本封面、内封与牌记设计的促销策略及价值，张天星，《明清小说研究》2007 年第 4 期

中国古代小说图像研究说略，李芬兰、孙逊，《明清小说研究》

2007 年第 4 期

包公故事的传播模式及特征,李永平,《西北大学学报》2007 年第 5 期

古代小说的插图,汪燕岗,《文史知识》2007 年第 5 期,

“世代累积型集体创作”说商兑,沈伯俊,《内江师范学院学报》2007 年第 5 期

小说在明清时期的接受历程,王冉冉,《中文自学指导》2007 年第 5 期

无书不图的“建安版画”:古代民间大众的“读图方式”,陈铎,《装饰》2007 年第 6 期

元明清时期我国书籍的版权保护,冯念华,《大学图书馆学报》2007 年第 6 期

民间说书与中国古代通俗小说的传播,纪德君,《学术研究》2007 年第 7 期

古代小说插图方式之演变及意义,汪燕岗,《学术研究》2007 年第 10 期

古代小说珍稀史料知见录,潘建国,(台)《中正大学中文学术年刊》2007 年第 10 期

明清徽州的私家刻书(一、二),汪超国,《徽州社会科学》2007 年第 10、11 期

评点与小说之传播,谭帆,《中国文学研究》(辑刊)2007 年第 10 期

刍议麻沙本,梁芳,《图书馆学刊》2008 年第 1 期

关于“建本”与“建安版画”研究中几个地名的误解,陈铎,《武夷学院学报》2008 年第 1 期

明清插图版本独特的形式美探微，柳林、董蕾，《艺术探索》2008年第1期，

明清小说文献资料探释七则，郑志良，《明清小说研究》2008年第1期

中国古今长篇通俗小说版本，赵敏，《河北理工大学学报》2008年第1期

古籍牌记的特点，门凤超，《新世纪图书馆》2008年第2期

徽州刻书业的衰落及其与徽商的关系，秦宗财，《安徽师范大学学报》2008年第2期

建阳本小说研究发微，缪小云，《兰州学刊》2008年第2期

明清徽商的壮大与文学的变化，朱万曙，《文学遗产》2008年第2期

披沙拣金可得宝：评"麻沙本"，庄琳芳，《图书馆理论与实践》2008年第2期

方言与古代白话小说，潘建国，《北京大学学报》2008年第2期

中国古代版画的复制性观念，姥海永，《江南大学学报》2008年第2期

论中国图文互补的演变及其对书籍艺术发展的意义，李瑛，《时代文学》(上半月)2008年第3期

明清小说与运河文化，赵维平，《江海学刊》2008年第3期

试论中国古代雕版印刷版权形态的基本特征，何朝晖，《图书与情报》2008年第3期

中国古代书籍的装帧形式与形制，李致忠，《文献》2008年第3期

商业视野下的才子佳人小说，胡军利，《湖南商学院学报》2008

年第4期

探寻福建四堡刻书业,沈得濠,《图书馆界》2008年第4期

话本插图的渊源,于向东,《南京艺术学院学报》2008年第5期

古代建安版画木刻家考略,陈铎,《武夷学院学报》2008年第6期

明清历史演义小说的编创方式及其演变,纪德君,《社会科学》2008年第7期

明清通俗小说评者参改现象之原因探析,何晓苇,《学术交流》2008年第9期

论古代小说戏曲中的艺术插图,胡秀娟,《大众文艺》2008年第12期

徘徊于文学与艺术之间:论插图的二重性特征,郭威,《科技信息》2008年第16期

“四堡坊刻”小议,吴晓雯,《文教资料》2008年第28期

明清时期读者对通俗小说编创之影响,纪德君,《明清小说研究》2009年第1期

谈商业对古代图书出版业的影响,莫军昌,《新世纪图书馆》2009年第1期

书船略说:明清江南图书贸易的个案分析,郭孟良,《中国出版》2009年9月下、10月下合刊,总第227、229期

福建古代刻书业繁荣的科技因素,李晓花,《新世纪图书馆》2009年第2期

明清通俗小说编创方式的多维考察,纪德君,《江海学刊》2009年第2期

印刷技术变迁与古代图书市场组织形态的演变,陈婧、熊建,《四

川文化产业职业学院学报》2009 年第 2 期，又见于《中国商界》（下半月）2009 年第 7 期

中国古代书业广告述略，王海刚，《图书情报知识》2009 年第 2 期

试析明清时期江西金溪部分儒生向刻书业的身份转型，博玫、文革红，《南昌航空大学学报》2009 年第 3 期

一棹烟波贩图史：谈湖州书船，郑颖，《图书馆杂志》2009 年第 3 期

明清小说与运河，宋益乔、苗菁，《光明日报》2009 年 3 月 31 日

古籍版本中的“机器板”问题，刘淑萍，《图书馆论坛》2009 年第 4 期

金溪刻书，吴定安，《中国文物科学研究》2009 年第 4 期

略论话本小说版本问题的特殊性，刘勇强，《明清小说研究》2009 年第 4 期

论中国古代书籍中的广告，李晓源，《陕西广播电视大学学报》2009 年第 4 期

明清通俗小说读者研究的世纪考察，蔡亚平、程国赋，《明清小说研究》2009 年第 4 期

明清通俗小说识语研究，程国赋，《文艺研究》2009 年第 4 期

晚明、晚清商业运作与小说刊印形态之变迁：以晚明建阳书坊和晚清上海书局为中心，傅湘龙，《中国文学研究》2009 年第 4 期

从识语、凡例考察读者对明清通俗小说创作的影响，蔡亚平、程国赋，《暨南学报》2009 年第 6 期

明清广东书坊述略，林子雄，《图书馆论坛》2009 年第 6 期

明清神魔小说编创方式及其演变，纪德君，《学术研究》2009 年

第 6 期

以图叙事:从《中国古代小说版画集成》题书名探讨插图本通俗小说之图文关系,李玉珍,(台)《中华技术学院学报》2009 年第 6 期

试论徽州"图书经济",〔法〕米盖拉(Michela, Bussotti);孙琢,《2009 印刷与市场国际会议论文集》2009 年 7 月

宋元建本版画略论,方彦寿,《文艺报》2009 年 7 月 7 日

论明清的小说刊本插图,元鹏飞,《广东技术师范学院学报》2009 年第 8 期

明清通俗小说与京杭大运河,苗菁、宋益乔,《东岳论丛》2009 年第 8 期

试论中国传统雕版书籍的印数及相关问题,何朝晖,《浙江大学学报》2009 年第 8 期

明清印刷书籍成本、价格及其商品价值的研究,周启荣,《浙江大学学报》2009 年第 9 期

古代刻书费用几何,刘法绥,《博览群书》2009 年第 9 期

古籍版本类型之一:连城四堡雕版印刷发展概况,黄青松,《福建省图书馆学会 2009 年学术年会论文集》2009 年 10 月

上图下文:建阳刊小说的标志性版式,涂秀虹,《福建论坛》2009 年第 12 期

江西小说刊刻地:"云林"考,文革红,《明清小说研究》2010 年第 1 期

论明清小说插图中的"语-图"互文现象,张玉勤,《明清小说研究》2010 年第 1 期

论明清小说读者与通俗小说传播的关系:以识语、凡例作为考察中心,程国赋、蔡亚平,《南开学报》2010 年第 1 期

书坊业与明清通俗小说评点，谢君，《湖南人文科技学院学报》2010年第1期

宋元图书的刻印、销售价与市场，周生春、孔祥来，《浙江大学学报》2010年第1期

"左图右史"的小说呈现，程国赋，《中国社会科学报》2010年1月26日

明清小说评点者的多重身份刍议，郝威、胡滢颖，《安徽农业大学学报》2010年第2期

古代通俗小说情节衍变及其研究视角，潘建国，《北京大学学报》2010年第3期

论话本小说的消费功能及其艺术特征，王运涛、杜军，《十堰职业技术学院学报》2010年第3期

出版商：经典诞生的"助产医生"：以中国古典小说传播中的书坊主为例，翁再红，《周口师范学院学报》2010年第4期

论"故事集缀"型章回体小说，张蕾，《文学评论》2010年第4期

明清通俗小说的变迁与禁毁，李沂秋、孙绍龙，《广西社会科学》2010年第4期

从创作主体看中国古代白话小说的嬗变，傅承洲，《河北学刊》2010年第5期

传播学视角下的古代书坊广告，胡发强，《广告大观》2010年第5期

论独创话本小说的编创方式，梁冬丽，《百色学院学报》2010年第5期

明清讲史演义小说编创与评点的互动，纪德君，《文艺理论研究》2010年第5期

明清神魔小说评点与编创之关系探析,纪德君,《求是学刊》2010年第5期

明清时期商品经济发展对编辑出版的影响,孟丽娟,《安徽文学》(下半月)2010年第6期

明清时期"世情书"的创作方式及其变异,纪德君,《四川大学学报》2010年第6期

明清时期通俗小说创作历程探绎,纪德君,《学术研究》2010年第6期

明清通俗小说凡例研究,程国赋,《文学评论》2010年第6期

试论中国古典小说回目与图题之关系,李小龙,《文学遗产》2010年第6期

套印与评点关系之再检讨,陈正宏,《文学遗产》2010年第6期

粤板宝卷与粤地善书坊初探,关瑾华,《图书馆论坛》2010年第6期

明清小说文本中的小说读者论略,纪德君,《广东技术师范学院学报》2010年第8期

明清艳情小说的编创方式及其成因,纪德君,《社会科学》(上海)2010年第9期

谈谈古代线装书的印数,沈津,《收藏》2010年第9期

从琉璃厂书坊业行业神信仰中看书商的竞争与联合,王成,《人文北京与世界城市建设2010年北京学国际学术研讨会论文集》2010年10月

明清小说编创与评点的互动及其影响:以明清时期世情小说为例,纪德君,《文艺研究》2010年10期

明清江南文化世族刻书活动研究,姚蓉,《思想战线》2011年第

1期

明清小说插图叙事的时空表现图式,颜彦,《中国文化研究》2011年第1期

小说插图叙事的停顿与凝视,陆涛,《文学评论丛刊》2011年第1期

明清江南出版业与明清话本小说的兴衰,冯保善,《明清小说研究》2011年第2期

明清禁毁小说政策对小说发展的影响研究,王红,《广东培正学院学报》2011年第2期

明清小说类书序跋与小说类书之编刻,温庆新,《广东技术师范学院学报》2011年第2期

浅述建本的源流与特点,朱翠翠,《文学界》2011年第2期

雕版渊源、麻沙板及藏书家们:对张舜徽先生《中国文献学》的几点思辩,王铁兰,《武夷学院学报》2011年第3期

明清时期出版行业的出版权益保护,余晓宏,《编辑之友》2011年第3期

明清小说中的社会风尚影响:小说文本中插图形象的演变解读,颜彦,《北京科技大学学报》2011年第3期

才子佳人小说创作模式及其演变,纪德君,《南京师大学报》2011年第4期

传播学视阈中的明清善书研究,颜湘君,《湘潭大学学报》2011年第4期

略论徽派版画的题材及其艺术特色,胡发强,《皖西学院学报》2011年第4期

明清时期图书广告与促销术,王海刚,《编辑之友》2011年第

4 期

万卷图书一叶舟，相逢小市且邀留：活动于江南古书旧籍市场上的“书船”，徐雁，《图书馆研究与工作》2011 年第 4 期

浙江坊刻本的脉络及其特点，董强、隗静秋，《宁波教育学院学报》2011 年第 4 期

徽商与明清时期徽州地区的出版业，余晓宏、周晓光，《科技与出版》2011 年第 5 期

徽州刻书与徽派版画艺术探议，张忠平，《中南林业科技大学学报》2011 年第 5 期

浙江出版业的历史考察，董强、隗静秋，《郑州轻工业学院学报》2011 年第 5 期

明清江南坊刻小说插图叙事的审美表征及其文化意义，张伟，《深圳大学学报》2011 年第 6 期

图像与叙事：关于古代小说插图的叙事学考察，陆涛，《内蒙古社会科学》2011 年第 6 期

中国古代书目广告述略，王海刚，《图书馆学刊》2011 年第 8 期

绣像小说：图文之间的历史，陈正宏，《图书馆杂志》2011 年第 9 期

千年书香话麻沙本，黄秋梨，《福建省图书馆学会 2011 年学术年会论文集》2011 年 10 月

古代书坊渊源考略，袁红军，《兰台世界》2011 年第 11 期

论小说的雅化与绣像艺术的繁荣之间的关系，郭珂，《时代文学》（下半月）2011 年第 11 期

明清戏剧小说与插图的互动传播模式，曹院生，《江西社会科学》2011 年第 11 期

图像与传播:关于古代小说插图的传播学考察,陆涛,《江西社会科学》2011年第11期

中国古代图书书名页上的营销广告,李鹏,《文史知识》2011年第12期

明清图书版权问题探微:以徽州书坊为中心,秦宗财,《中国出版》2011年第22期

《汉籍解题》的小说目录学价值,王燕,《文学遗产》2012年第1期

琉球本与福建本:以《二十四孝》、《童子摭谈》为例,陈正宏,《中国典籍与文化》2012年第1期

论中国古代的"图像批评",张玉勤,《中国文学研究》2012年第1期

明清佛山木版印刷初探,程宜,《佛山科学技术学院学报》2012年第1期

我国古代版画之历史探源,潘擎,《兰台世界》2012年第1期

大运河与明清通俗小说刊刻中心的转移,谢君,《湖南人文科技学院学报》2012年第2期

古代书籍广告的营销艺术探微,葛涛、李艳勤,《出版广角》2012年第2期

宝卷印本形制流变考述,张灵、孙逊,《中华文史论丛》2012年第2期

古代小说传播与小说序跋关系脞论,王猛,《文艺评论》2012年第2期

明清刻书业与江南城市的文化生产,李正爱,《浙江科技学院学报》2012年第2期

从古典小说内部寻求中国出版史的轨迹:以《金瓶梅词话》、《儒林外史》为例,李振聚,《明清小说研究》2012 年第 3 期

从创作主体看古代白话小说的演变,傅承洲,《九江学院学报》2012 年第 3 期

佛山坊刻出版商的商业活动探析,刘淑萍,《佛山科学技术学院学报》2012 年第 4 期

韩国所藏中国文言小说版本研究,〔韩〕刘僖俊,《九江学院学报》2012 年第 4 期

书坊主编创与明清通俗小说类型的生成,纪德君,《明清小说研究》2012 年第 4 期

四堡雕版印刷的原生态文化丛研究,陈其端,《集美大学学报》2012 年第 4 期

徽派版画的题材的研究,李富莉,《文学界》2012 年第 5 期

论明清小说评点的三重影响,亓群,《齐齐哈尔大学学报》2012 年第 5 期

试论明清时期文学名著的"集评"现象,曾绍皇,《复旦学报》2012 年第 5 期

论明清小说插图的"从属性"与"独立性",王逊,《中南大学学报》2012 年第 6 期

中国古代文学编辑活动的特点,刘达科,《长治学院学报》2012 年第 6 期

中国古代小说名著"双出"现象谫论,伍大福,《文艺评论》2012 年第 6 期

明清版刻戏曲小说插图中佛教版画的世俗取向探析,周举,《艺术评论》2012 年第 8 期

宋元时期图书广告设计探微，王海刚，《装饰》2012 年第 8 期

论明清小说戏曲繁荣与出版印刷业发展之间的关系，刘畅，《戏剧文学》2012 年第 9 期

浅谈徽派插图与徽州戏曲小说文本传播，李秋芳，《出版发行研究》2012 年第 10 期

析徽派古人物版画审美特色，赵文坦、汪荣强，《宿州学院学报》2012 年第 10 期

明清时期山东文化世家刻书述略，唐桂艳，《齐鲁文化研究》2012 年第 12 期

书肆、书佣、书坊关系辨考，车凯龙、铁茜，《图书馆学刊》2012 年第 12 期

明清运河城市杭州书坊与通俗小说研究，赵洋，《青年文学家》2012 年第 18 期

明清通俗小说出版热现象探析，张玉梅、王红，《兰台世界》2012 年第 36 期

明清时期四堡书坊经营研究，吴伟珍，《福建论坛》2012 年专刊

插图本中的图像叙事与语言叙事：文学与图像的融合与分离，邹广胜，《江海学刊》2013 年第 1 期

浒湾雕版印书业盛衰原因新探，程明，《江西社会科学》2013 年第 1 期

互文性视阈下小说评点文本的画学叙事，张伟、周群，《东疆学刊》2013 年第 1 期

明清书坊业与通俗小说销售，谢君，《江汉大学学报》2013 年第 1 期

明清小说插图的现代阐释：基于语图互文的视角，陆涛、张丽，

《集美大学学报》2013 年第 1 期

图像时代下的中国古代小说插图研究，刘文玉、陆涛，《廊坊师范学院学报》2013 年第 1 期

文学与图像：兼论图像时代的文学命运，陆涛，《东方论坛》2013 年第 1 期

印刷版刻技术创造的印刷字体，陆锡兴，《中国典籍与文化》2013 年第 1 期

《中国通俗小说总目提要》"未见"条目之补遗，陈大康，《明清小说研究》2013 年第 1 期

论明清时期读者与通俗小说评点的关系，蔡亚平、程国赋，《南京师大学报》2013 年第 2 期

论书籍刊刻序跋文的特点与价值，王玥琳、张昊，《励耘学刊》2013 年第 2 期

论中国古籍插图的版式，任蓓，《大众文艺》2013 年第 2 期

明清小说插图中的语-图关系，陆涛，《阜阳师范学院学报》2013 年第 3 期

中国画意境视域下的明清小说插画构图设计摭谈，沈涛，《美苑》2013 年第 2 期

中国古代书业中心考略，曹之，《图书馆》2013 年第 2 期

古代书肆发展考略，袁红军，《山西档案》2013 年第 3 期

论福建古代三大雕版印刷中心的转移，丁春，《福建中医药大学学报》2013 年第 3 期

论俗文学之"商品"品格：以中国古代戏曲小说广告为例，张勇敢，《五邑大学学报》2013 年第 3 期

中国画意境中的明清小说插图构图表现刍议，沈涛，《小说评论》

2013 年第 3 期增刊

明清江南运河城市坊刊通俗小说的特点,谢君,《唐都学刊》2013 年第 4 期

明清江南小说文化论,冯保善,《明清小说研究》2013 年第 4 期

从苏州到上海:吴地小说中心的历史性移位,张袁月、陈洪,《苏州大学学报》2013 年第 5 期

建阳本小说插图述评,缪小云,《临沂大学学报》2013 年第 5 期

艺人小说、书贾小说与文人小说:中国古代通俗小说的不同类型及其编创特征,纪德君,《社会科学》2013 年第 6 期

明清两代福建官刻本的统计与分析,肖书铭,《图书馆学刊》2013 年第 7 期

明清徽州坊刻图书促销形式及特点,秦宗财,《中国出版》2013 年第 10 期

插图本小说“阅读”中的文学与图像关系,赵敬鹏,《中国社会科学报》2013 年 11 月 29 日

论中国古代图书出版的热门选题,李鹏,《广西社会科学》2013 年第 11 期

赏析明清文学插图版画的构图,李婉丽,《大众文艺》2013 年第 16 期

论我国古代版画的历史演变,杨保玉,《兰台世界》2013 年第 19 期

有关明清时期出版业相关权益保护的研究,王蓝,《出版广角》2013 年第 23 期

小说评点者的三种角色对于中国古典通俗小说文本开放性的意义,杜文平,《鲁东大学学报》2014 年第 1 期

湖南刻书概述,寻霖,《图书馆》2014年第2期

论才子佳人小说的产生原因,胡明玉,《延安职业技术学院学报》2014年第2期

媒介变革推动小说叙事转变,纪德君,《中国社会科学报》2014年2月28日

明清四堡书坊刻书的销售研究,吴伟珍,《历史教学问题》2014年第2期

中国古代图书中的启事式征稿广告,李鹏,《文史杂志》2014年第2期

徽派版画形成的自然条件与社会因素,王雅欣,《赤峰学院学报》2014年第3期

刻书:连城四堡书坊,黄大笑,《海峡教育研究》2014年第3期

作为“副文本”的明清小说插图研究,陈才训,《明清文学与文献》2014年第3期

古籍市场价格变迁考述,车凯龙,《大学图书情报学刊》2014年第4期

连城四堡雕版印刷业崛起的原因:基于经济学的视角,张胆,《龙岩学院学报》2014年第4期

论明清江南通俗小说中心圈的形成,冯保善,《明清小说研究》2014年第4期

论明清苏州的坊刻,戚福康,《南昌师范学院学报》2014年第4期

明清徽州刻工的生存考察,张秀玉,《出版科学》2014年第4期

唐五代时期河南雕版印刷的崛起及其影响,王兴亚,《黄河科技大学学报》2014年第4期

中国古代图书贸易活动体系探析，黄萃，《阜阳师范学院学报》2014年第4期

徽州：书业、社会史和地域文化，李啸非，《美术观察》2014年第5期

论明清时期的小说插图意识及其功能，金秀玹，《温州大学学报》2014年第5期

从《何典》到《玄空经》：我国吴语讽刺小说的重要一脉，孙逊，《文学评论》2014年第6期

明清家将小说商业化成书方式及其弊端，黄宇新，《学术交流》2014年第6期

试论媒介嬗递与古代小说文体的演进，纪德君，《学术研究》2014年第6期

略论四堡坊刻的源起与发展，傅阿循，《赤峰学院学报》2014年第7期

明清小说插图形态的演进，牛漫青，《美术》2014年第7期

徽派版画的艺术特色，王雅欣，《赤峰学院学报》2014年第8期

发现雕版之美，何朝晖，《世界遗产》2014年第10期

明清徽州刻书装帧摭谈，刘澜汀、高春妍，《出版发行研究》2014年第10期

明清时期坊刻图书业经营之道探析：以运河区域为考察中心，张弘、韩帅，《东岳论丛》2014年第11期

明清时期中国未能最早形成出版产业化的原因：与同期欧洲出版的产业化相对比，王昭启，《开封教育学院学报》2014年第11期

中国古代小说绣像的叙事功能，毛杰，《求索》2014年第11期

刍议我国古代文学的传播方式，于向辉、张艳存，《文学教育》(下)2014年第12期

宋元时期图书广告与促销术，王海刚，《出版广角》2014年第14期

中国版画演绎溯源，宋应秋，《长春教育学院学报》2014年第16期

明清图书出版特征及促销艺术，黎泽潮、温娟，《中国出版》2014年第22期

明清时期“贾客书船”经营一瞥，王宇，《大众文艺》2014年第23期

古代小说的改编问题，侯忠义，《明清小说研究》2015年第1期

论明清江南世情小说出版的小说史意义，冯保善，《明清小说研究》2015年第1期

论《夷坚志》在明清的文本传播，孙世家，《浙江万里学院学报》2015年第1期

明清小说插图意义的再思考：基于读者及其接受视角，王逊，《福州大学厦门工艺美术学院学报》2015年第1期

试论中国古代小说插图的批评功能，毛杰，《文学遗产》2015年第1期

福建古代的营销大师怎么炒书，林梅琴，《福建人》2015年第2期

“平水本”刊刻范围与名称由来考辨，王娟，《中北大学学报》2015年第2期

伦敦大学亚非学院图书馆藏中国唱本述略，崔蕴华，《图书馆论坛》2015年第3期

试论古籍封面页的源流和作用,袁静、王美英,《高校图书馆工作》2015 年第 3 期

江南大众娱乐文化与明清通俗小说的崛起:兼论明代通俗小说史“近两百年空白”一说,冯保善,《江苏社会科学》2015 年第 4 期

曼彻斯特大学 the John Rylands Library 所藏明清珍稀小说知见录,张宪荣,《明清小说研究》2015 年第 4 期

明清徽州出版与徽商的文化自觉,秦宗财,《出版发行研究》2015 年第 4 期

书籍的版式,石永强,《新疆新闻出版》2015 年第 5 期

古籍中的“版权页”:牌记解析,付娆,《科教文汇》(下旬刊)2015 年第 6 期

印刷时代中国古代小说的抄传及其影响,纪德君,《学术研究》2015 年第 10 期

被遗忘的雕版印刷,〔美〕包筠雅(Cynthia J.Brokaw),《商界(评论)》2015 年第 11 期

明清时期歙县本地私家刻书考,吴松松、陈虹羽、张守卫,《内蒙古科技与经济》2015 年第 18 期

牌记及其现实功用,付娆,《学理论》2015 年第 27 期

巾箱本小考,袁红军,《兰台世界》2015 年第 33 期

明清时期江南书船浅析,张舰戈,《图书情报工作》2015 年增刊第 2 期

江南席氏的藏书与刻书,李雅,《山东图书馆学刊》2016 年第 1 期

明清小说插图设计中构图的视觉隐喻研究,徐一茗,《明清小说

研究》2016 年第 1 期

“文-图”视域中的关羽形象分析，朱湘铭，《明清小说研究》2016 年第 1 期

2. 明代以前

《京本通俗小说》与《清平山堂》,东生,《小说月报》1929 年第 6 期

关于“唐三藏取经诗话”,鲁迅,《中学生》1931 年第 12 期

元至治本全相武王伐纣平话明刊本列国志传卷:与封神演义之关系,〔澳〕柳存仁,(港)《新亚学报》1959 年第 1 期

南宋的雕版印刷,宿白,《文物》1962 年第 1 期

关于《搜神记》,范宁,《文学评论》1964 年第 1 期

《京本通俗小说》各篇的年代及其真伪问题,〔美〕马幼垣、马泰来,(台)《清华学报》1965 年第 1 期

宋人小说《碾玉观音》,孙述宇,(港)《新亚书院学术年刊》1966 年第 8 期

《京本通俗小说》辨疑,苏兴,《文物》1978 年第 3 期

《明皇杂录》的作者与板本问题,王国良,(台)《书目季刊》1979 年第 4 期

再谈京本通俗小说,胡万川,(台)《中华文化复兴月刊》1979 年第 9 期

元代刻书述略,李致忠,《文献》1981 年第 4 期

记元刻《新编红白蜘蛛小说》残页,黄永年,《中华文史论丛》1982 年第 1 期

宋代的印刷禁令,赵胜,《河北师范大学学报》1982 年第 4 期

宋人笔记中的宋刻珍本:《甲申杂记》和《闻见近录》,丁瑜,《文献》1984 年第 4 期

从俗字看《京本通俗小说》是否伪作,那宗训,(台)《大陆杂志》1984 年第 6 期

辽代刻书事业管窥,王巍,《图书馆学研究》1986 年第 1 期

《夷坚志》辑佚九则,康保成,《文献》1986 年第 3 期

关于《夷坚志》佚文及《东窗事犯》,程弘,《文献》1987 年第 2 期

论南宋杭州的印刷业及其兴盛的原因,徐吉军,《东南文化》1987 年第 2 期

我国宋代的图书发行事业,高信成,《出版发行研究》1988 年第 3 期

《五代史平话》为金人所作考,宁希元,《文献》1989 年第 1 期

宋代江西刻书知见录,曹之,《江西图书馆学刊》1990 年第 1 期

《李师师外传》应是明末作品,薛洪勣,《明清小说研究》1990 年第 3 期

《夷坚志》补遗三十则,李裕民,《文献》1990 年第 4 期

《稽古堂群书秘简》与《玄怪录》十一卷本,程有庆,《文献》1991 年第 1 期

《三国志平话》成书于金代考,宁希元,《文献》1991 年第 2 期

《宣和遗事》解题,王利器,《文学评论》1991 年第 2 期

《三国志平话成书于金代考》质疑,卿三祥,《文献》1992 年第 2 期

略论宋代的刻工,张秀民,《中国印刷》1994 年第 2 期

《穆天子传》知见版本述要,郑杰文,《文献》1994 年第 2 期

试论《太平广记》的版本演变,张国风,《文献》1994 年第 4 期

元代图书出版事业述略,莎日娜,《内蒙古大学学报》1995 年第 2 期

唐代长安东市的民间印刷业,〔日〕妹尾达彦,《中国古都学会第十三届年会论文集》1995 年 9 月

关于现存的所谓“宋话本”,章培恒,《上海大学学报》1996 年第 1 期

宋代严禁盗版书的官方文件,周士琦,《文史知识》1996 年第 2 期

略论南宋两浙地区的出版业,陈国灿、陶立方,《宁波师院学报》1996 年第 5 期

关于《京本通俗小说》,徐朔方,《文学遗产》1997 年第 4 期

蓬勃发展的宋代民营出版业,方厚枢,《中国出版》1997 年第 4 期

试论宋代图书出版的审查制度,祝尚书,《传统文化与现代化》1997 年第 6 期

宋代四川刻书知见录,曹之,《四川图书馆学报》1998 年第 1 期

陈宅书籍铺考略,曹之,《图书情报论坛》1998 年第 3 期

《青楼集》成书年代小考,周维培,《文学遗产》1999 年第 3 期

宋代刻书与藏书述略,曾建华,《出版发行研究》1999 年第 5 期

论宋代的图书盗版与版权保护,祝尚书,《文献》2000 年第 1 期

洪迈著作系年考证,凌郁之,《文献》2000 年第 2 期

宋代的图书印刷业,黎世英,《南昌大学学报》2000 年第 3 期

宋代建本编辑考述,方彦寿,《编辑学刊》2000 年第 3 期

二十卷本《搜神记》考,李剑国,《文献》2000 年第 4 期

话本《柳耆卿诗酒玩江楼记》的写定年代,乔光辉,《文学遗产》2000 年第 5 期

论宋代的出版管理,郭孟良,《中州学刊》2000 年第 6 期

元刻《新编红白蜘蛛小说》残页浅探,夏慧勤,《上海师范大学学报》2001 年第 3 期

《永乐大典》所存宋人刘斧小说集佚文辑考,赵维国,(台)《书目季刊》2001 年第 4 期

《夷坚志》版本研究,胡绍文,《大理学院学报》2002 年第 2 期

关于五卷本《东坡志林》的真伪问题:兼谈十二卷本《东坡先生志林》的可信性,章培恒、徐艳,《南京师范大学文学院学报》2002 年第 4 期

《太平广记》在两宋的流传,张国风,《文献》2002 年第 4 期

宋代图书市场初探,谢彦卯,《河南图书馆学刊》2003 年第 2 期

《太平广记》在北宋流传的两则记载,姜光斗,《文献》2003 年第 2 期

宋代图书编纂出版纪事:禁约编,李致忠,《文献》2003 年第 3 期

《太平广记》在南宋流传的三则记载,姜光斗,《文献》2003 年第 3 期

两宋时期的书业广告,范军,《出版科学》2004 年第 1 期

元代的书业广告,范军,《出版史料》2004 年第 2 期

略论南宋浙东刻书业的地域特征及其类型,徐鸿钧、唐燮军,《宁波大学学报》2004 年第 6 期

五代雕版印刷图书述考,耿相新,《编辑之友》2004 年第 5 期

元代出版史概述,陈高华,《历史教学》2004 年第 11 期

关于北宋"建邑王氏世翰堂",张丽娟,《中国典籍与文化》2005 年第 1 期

宋代九江刻书简论,吴怿,《江西图书馆学刊》2005 年第 1 期

宋雕版印书工艺技术要素考,杨玲,《图书与情报》2005 年第

1期

宋代书籍文章出版和传播禁令述论,孔学,《河南大学学报》2005年第6期

论元刊平话之“全相”的表述功用,卢世华,《华中师范大学学报》2006年第3期

宋代刻书产业对文学的影响,朱迎平,《上海财经大学学报》2006年第3期

《云斋广录》版本源流考,冯一,《苏州大学学报》2006年第3期

《东京梦华录》版本发微,伊永文,《古典文学知识》2006年第4期

宋代官府对坊肆刻书的管制,林剑华,《闽江学院学报》2006年第4期

北宋出版文化特色考述,吴哲夫,(台)《书目季刊》2007年第1期

南宋临安睦亲坊陈宅书籍铺考略,李传军,《青岛大学师范学院学报》2007年第2期

南宋泉州官私刻书考述,方彦寿,《泉州师范学院学报》2007年第3期

论日本内阁文库藏清平山堂所刊小说:以版式与刻字特点为视角,〔日〕中里见敬,《明清小说研究》2007年第4期

《游仙窟》古钞本、古刊本勘误与质疑,李时人、詹绪左,《徐州师范大学学报》2007年第6期

五代时期南唐校勘人才及其印刷传统,苏勇强,《社会科学》(上海)2007年第12期

《青琐高议》版本源流考,李小龙,《文献》2008年第1期

宋代刻书禁例与流传，黄建国、罗秉利，《图书馆研究与工作》2008年第1期

宋代图书出版体系探析，陈奕、王海刚，《编辑之友》2008年第2期

两宋莆田官私刻书考述，方彦寿，《文献》2008年第3期

《世说新语》董弅刻本近真面貌的文献价值再认识，李笑野，《社会科学辑刊》2008年第3期

两宋《太平广记》流传与接受补证，成明明，《文学遗产》2009年第2期

唐代图书市场探究，胡发强，《内蒙古社会科学》2009年第2期

南宋出版业的经营策略与文化传播：以南宋临安棚北大街睦亲坊陈宅书籍铺为中心，李传军，《山东师范大学学报》2009年第4期

《世说新语》元刻本考：兼论"刘辰翁"评点实系元代坊肆伪托，潘建国，《文学遗产》2009年第6期

《琅嬛记》考证，沈梅，《合肥学院学报》2009年第6期

论北宋汴梁民间刻书的繁荣，于兆军，《图书情报工作》2009年第21期

论宋代书籍多元化的发行方式，田建平，《哈尔滨师范大学社会科学学报》2010年第1期

宋代雕版印刷浅论，胡予琪，《开封教育学院学报》2010年第1期

金代刻书地点考，李西亚，《北方文物》2010年第2期

论宋代图书出版的版权保护，田建平，《河北大学学报》2010年第2期

浅谈宋代的出版政策，侯佳，《河南商业高等专科学校学报》2010

年第2期

北宋委托书坊刻书的出版方式创新及其相关问题，刘方，《湖州师范学院学报》2010年第4期

金代各地刻书的差异性探析，李西亚，《兰台世界》2010年第5期

宋代刊印业发展初探，葛彦，《河南图书馆学刊》2010年第6期

论《武王伐纣平话》成书的方式、时间及地域，李亦辉，《学术交流》2011年第1期

《世说新语》明正德四年赵俊刻本考：兼论袁寒云旧藏本非为元刻本，潘建国，《中国典籍与文化》2011年第1期

《世说新语》佚文考，黄东阳，(台)《书目季刊》2011年第4期

宋代雕版印刷与传媒效应，张高评，《陕西师范大学学报》2011年第4期

唐代广东雕版印刷事业初探，林子雄，《图书馆论坛》2011年第6期

元刻本《世说新语》补刻刘辰翁评点真伪考，周兴陆，《文艺研究》2011年第11期

《明皇杂录》成书时间考，陈洁，《现代交际》2011年第12期

宋代以后的雕版印刷图书，王璐，《兰台世界》2011年第23期

两宋《列女传》版本的"还原"与"新变"，陈丽平，《齐鲁学刊》2012年第3期

论宋代的出版管制，方宝璋、高月梅，《江西社会科学》2012年第3期

《朝野佥载》之"节略本"考略，赵毓龙、胡胜，《文献》2012年第4期

试论北宋汴梁的刻书业，张凤霞、孙业超，《东岳论丛》2012 年第 4 期

论元代政府对印书业的促动，方晓阳、吴丹彤，《北京印刷学院学报》2012 年第 6 期

《新编五代史平话》成书探源，罗筱玉，《文学遗产》2012 年第 6 期

简论宋代出版政策的双重倾向，强琛，《长江大学学报》2012 年第 12 期

图书版权保护始于宋代，袁红军，《中国科技信息》2012 年第 16 期

元代浙江出版业述略，隗静秋、吴如功，《学理论》2012 年第 18 期

南宋出版业考述，章宏伟，《古代文明》2013 年第 2 期

国家图书馆藏元本述略，陈红彦，《文献》2013 年第 3 期

对建阳坊刻兴盛于宋代的思考，苏丹霞，《皖西学院学报》2013 年第 4 期

《穆天子传》宋元版本考，王华礼，《文献》2013 年第 4 期

宋代的书业贸易与文学的商品价值，谭新红，《福州大学学报》2013 年第 4 期

书价革命：宋代书籍价格新考，田建平，《河北大学学报》2013 年第 5 期

唐代书肆略窥，李丹，《唐山学院学报》2013 年第 5 期

新发现元刻本《包公出身除妖传》说唱词话考论，李雪梅、李豫，《民族文学研究》2013 年第 6 期

南宋临安府尹家书籍铺所刻书及其流传考，侯印国，（台）《“国

家图书馆"馆刊》2014 年第 1 期

南宋刻书业的书价、成本及利润考察，方健，《国际社会科学杂志》2014 年第 2 期

小说类书《姬侍类偶》考述，何春根，《文献》2014 年第 2 期

两宋时期福州刻书考略，方彦寿，《闽江学院学报》2014 年第 3 期

宋代出版文明新论，田建平，《河北大学学报》2014 年第 5 期

辽代的图书出版与书籍传播诸问题论析，施国新，《理论月刊》2014 年第 6 期

南宋鼎盛时期的麻沙雕版印刷业，李加林，《炎黄纵横》2014 年第 7 期

《太平广记》流传考，林耀琳，《河北北方学院学报》2015 年第 1 期

《江淮异人录》版本源流考，刘洪婧，《九江学院学报》2015 年第 3 期

南宋婺州图书刊刻与社会互动初探，张迪，《浙江万里学院学报》2015 年第 4 期

《世说新语》在宋代的流播及其书籍史意义，潘建国，《文学评论》2015 年第 4 期

宋代版印与图书传媒革命，于兆军，《郑州航空工业管理学院学报》2015 年第 4 期

宋代出版书籍交易和法律管制，胡兴东，《人民法院报》2015 年 6 月 26 日

论宋代民间出版的特色及其影响：以福建建阳民间出版为例，金雷磊，《武夷学院学报》2015 年第 7 期

宋代出版业繁荣之表现、原因及影响，强琛，《长江大学学报》2015年第12期

宋代福建刻书及兴盛原因，袁庚申、赵智岗，《中国出版》2015年第14期

“平话”释义：兼论《新编五代史平话》为元编、元刻本，武迪、聂芸，《重庆第二师范学院学报》2016年第2期

也谈《三分事略》与《三国志平话》的刊刻年代及版式异同，罗筱玉，《文献》2016年第3期

元刻本《事林广记》版画考，俞昕雯，《中国典籍与文化》2016年第4期

3. 明代

3. 1.《金瓶梅》及其续仿作品

《清明上河图》与《金瓶梅》的故事及其衍变,辰伯(吴晗),《清华周刊》1931 年第 4、5 期

《〈清明上河图〉与〈金瓶梅〉的故事及其衍变》补记,辰伯(吴晗),《清华周刊》1932 年第 9、10 期

《金瓶梅》的著作时代及其社会背景,吴晗,《文学季刊》1934 年创刊号

《金瓶梅》版本考,周越然,《新文学》1935 年第 1 期

金瓶梅词话随录,赵景深,《红茶》1938 年第 2 期

略评金瓶梅画宝,萧剑青,《红茶》1938 年第 3 期

金瓶梅版本之异同,痴云,收入《瓶外卮言》,天津书局 1940 年版

《金瓶梅》与《水浒传》、《红楼梦》之衍变,痴云,收入《瓶外卮言》,天津书局 1940 年版

谈金瓶梅,大木,《茶话》1948 年第 29 期

论《金瓶梅》的版本及其他,魏子云,(台)《编译馆馆刊》1975 年第 2 期

金瓶梅研究,王孝廉,(台)《中外文学》1975 年第 8 期

论明代的《金瓶梅》史料,魏子云,(台)《中外文学》1977 年第 6 期

论《金瓶梅版本及其他》,魏子云,收入《金瓶梅探原》,(台)巨流图书公司 1979 年版

《研究金瓶梅的一条新资料》,〔美〕马幼垣,《中国古典小说研究专集》1979 年第 1 期

《金瓶梅》考证(一):《金瓶梅》的版本问题,朱星,《社会科学战线》1979 年第 2 期

《金瓶梅》考证(三):《金瓶梅》被窜伪的经过,朱星,《社会科学战线》1979 年第 4 期

补谈《金瓶梅》的上海版本,郑逸梅,《社会科学战线》1979 年第 4 期

《金瓶梅》原本无秽语说质疑:与朱星先生商榷,黄霖,《复旦学报》1979 年第 5 期

论谢肇渊《金瓶梅跋》,魏子云,(台)《中外文学》1979 年第 7 期

丁耀亢与《出劫纪略》,陈金陵,《文献》1980 年第 1 期

关于《金瓶梅》考证的一点声明,朱星,《社会科学战线》1980 年第 1 期

论《金瓶梅》谢跋书,〔美〕马幼垣,《中国古典小说研究专集》1980 年第 2 期

《金瓶梅》小考,陈诏,《上海师范学院学报》1980 年第 3 期

论谢肇淛的《金瓶梅跋》,〔美〕马泰来,《中华文史论丛》1980 年第 4 期

评朱星同志《〈金瓶梅〉三考》,赵景深,《上海师范学院学报》1980 年第 4 期

新发现的《金瓶梅》研究资料初探:兼与朱星先生商榷,张远芬,《徐州师范学院学报》1980 年第 4 期

《金瓶梅》初刻本年代商榷,〔法〕雷威安(André Lvév);周昭明,(台)《中外文学》1980 年第 11 期

《金瓶梅》成书补证，徐朔方，《杭州大学学报》1981 年第 1 期

论《金瓶梅》，徐朔方，《浙江学刊》1981 年第 1 期

谈谈《金瓶梅词话》成书及其他，杜维沫，《文献》1981 年第 1 期

《金瓶梅词话》的版本及其它，能捷，《贵州日报》1981 年 2 月 14 日

《金瓶梅》抄引他书琐述，蔡国梁，《社会科学辑刊》1981 年第 4 期

谢肇淛的《金瓶梅》"跋"，〔美〕马泰来，《中华文史论丛》1981 年第 4 期

《金瓶梅》小考（续），陈诏，《北方论丛》1981 年第 6 期

从《金瓶梅》到《红楼梦》，孙逊，《红楼梦研究集刊》1981 年第 7 期

《红楼梦》和《金瓶梅》，徐朔方，《红楼梦研究集刊》1981 年第 7 期

麻城刘家和《金瓶梅》，〔美〕马泰来，《中华文史论丛》1982 年第 1 期

《忠义水浒传》与《金瓶梅词话》，黄霖，《水浒争鸣》1982 年第 1 期

谢肇淛与《金瓶梅》，蔡国梁，《福建论坛》1982 年第 4 期

《新刻绣像批评金瓶梅》评点初探，黄霖，《成都大学学报》1983 年第 1 期

《金瓶梅》最早付刻人浅探：兼与张远芬同志商榷，李锦山，《徐州师院学报》1983 年第 3 期

论《金瓶梅词话》，章培恒，《复旦学报》1983 年第 4 期

论《续金瓶梅》及其删改本《隔帘花影》和《金屋梦》，朱眉叔，《明

清小说论丛》1984 年第 1 期

王三官 · 林太太 · 六黄太尉:金瓶梅原貌探索,魏子云,(台)《书目季刊》1984 年第 1 期

《新刻绣像批评金瓶梅》(内阁文库藏本)出版书肆之研探,〔日〕荒木猛;任世雍,(台)《中外文学》1984 年第 2 期

《金瓶梅》成书新探,徐朔方,《中华文史论丛》1984 年第 3 期

也谈《金瓶梅》中的一诗一文:与黄霖同志商榷,张远芬,《复旦学报》1984 年第 3 期

诸城丘家与《金瓶梅》,〔美〕马泰来,《中华文史论丛》1984 年第 3 期

谈《金瓶梅》,聂绀弩,《读书》1984 年第 4 期

贾廉、贾庆、西门庆:金瓶梅原貌探索,魏子云,(台)《中华文艺》1984 年 5 月号

《金瓶梅》简论,郭豫适,《华中师范大学学报》1984 年第 6 期

有关《金瓶梅》早期传播的一条资料,〔美〕马泰来,《光明日报》1984 年 8 月 14 日

词曰、四贪词、眼儿媚:《金瓶梅》原貌探索之一,魏子云,(台)《中外文学》1984 年第 12 期

《金瓶梅》的写作时代与作者,王达津,《文学评论丛刊》1984 年第 18 期

古本《金瓶梅》简介,胡文彬,《文化广场》1985 年第 1 期

张竹坡及其《金瓶梅》评本,黄霖,《中国古典文学丛考》1985 年第 1 期

张竹坡与《金瓶梅》评点考论,王汝梅,《吉林大学社会科学学报》1985 年第 1 期

北图馆藏《山林经济籍》与《金瓶梅》,刘辉,《文献》1985 年第 2 期

《金瓶梅》的重要版本,滋阳,《吉林大学社会科学学报》1985 年第 2 期

谈《金瓶梅》的初刻本,李时人,《文学遗产》1985 年第 2 期

从词话本到话散本:《金瓶梅》成书过程及作者问题研究之一,刘辉,《中国古典文学论丛》1985 年第 3 期

关于《金瓶梅》的创作成书问题:与徐朔方先生商榷,李时人,《上海师范大学学报》1985 年第 3 期

《金瓶梅》传世的第一个信息:袁中郎致董思白书考辨,周钧韬,《苏州大学学报》1985 年第 3 期

《金瓶梅》平议,袁世硕,《文史哲》1985 年第 3 期

《金瓶梅》小考(一、二),陈诏,《上海师范大学学报》1985 年第 3 期、1986 年第 4 期

屠本畯的金瓶梅跋,魏子云,(台)《书目季刊》1985 年第 3 期

北图藏《金瓶梅》文龙批本回评辑录(上、中、下),刘辉,《文献》1985 年第 4 期、1986 年第 1、2 期

《金瓶梅》版本小议,常德,《中国古典文学鉴赏》1985 年第 4 期

《金瓶梅》成书问题三考,黄霖,《复旦学报》1985 年第 4 期

《金瓶梅》删节本,滋阳,《吉林大学社会科学学报》1985 年第 4 期

谈文龙对《金瓶梅》的批评,刘辉,《文献》1985 年第 4 期

从续补《红楼梦》、改写《水浒》说到《金瓶梅》的出版,胡明,《文学评论》1985 年第 5 期

丁耀亢与《续金瓶梅》,余早,《青岛日报》1985 年 5 月 19 日

略谈文龙批评《金瓶梅》,刘辉,《光明日报》1985 年 5 月 21 日

《金瓶梅》的刻本与作者,秦树艺,《重庆日报》1985 年 6 月 22 日

关于《金瓶梅》初刻本的考证,周钧韬,《社会科学评论》1985 年第 7 期

因果、宿命、改写问题:《金瓶梅》原貌探索,魏子云,(台)《中外文学》1985 年第 9 期

现存《金瓶梅词话》是《金瓶梅》的最早刊本吗?与马泰来先生商榷,刘辉,《光明日报》1985 年 11 月 5 日

"词话本"头上的王冠,魏子云,收入《台港〈金瓶梅〉研究论文选》,江苏古籍出版社 1986 年版

崇祯本的改写,魏子云,收入《台港〈金瓶梅〉研究论文选》,江苏古籍出版社 1986 年版

《金瓶梅》版本考,刘辉,收入《金瓶梅论集》,人民文学出版社 1986 年版

《金瓶梅》的成书以及对它的评价,徐朔方,收入《金瓶梅论集》,人民文学出版社 1986 年版

《金瓶梅》写作时代初探,徐扶明,收入《金瓶梅论集》,人民文学出版社 1986 年版

《金瓶梅》之蓝本为《水浒传》,王利器,收入《金瓶梅论集》,人民文学出版社 1986 年版

谈《金瓶梅词话》,郑振铎,收入《金瓶梅论集》,人民文学出版社 1986 年版

《万历野获编》"金瓶梅"条写作时间考,李时人,《复旦学报》1986 年第 1 期

《万历野获编》与《金瓶梅》,刘辉,《徐州师范学院学报》1986 年

第1期

再论《水浒》和《金瓶梅》不是个人创作：兼及《平妖传》、《西游记》、《封神演义》成书的一个侧面，徐朔方，《徐州师范学院学报》1986年第1期

《金瓶梅》主要版本所见录，刘辉，《复旦学报》1986年第2期

袁小修何时见到半部《金瓶梅》，周钧韬，《学术月刊》1986年第2期

再谈《金瓶梅词话》的写作时代，章培恒，《复旦学报》1986年第2期

从"来保押送生辰纲"看《金瓶梅词话》的成书，吴敢、邓瑞琼，《明清小说论丛》1986年第4期

《金瓶梅》补作述评，郑庆山，《克山师专学报》1986年第4期

《谈〈金瓶梅〉的初刻本》补正，李时人，《文学遗产》1986年第4期

《金瓶梅》成书年代"万历说"商说，周钧韬，《江海学刊》1986年第6期

《金瓶梅》的版本及其他，〔美〕韩南（Hanan，Patrick）；丁婉贞，收入《〈金瓶梅〉的世界》，北方文艺出版社1987年版

《金瓶梅》初刻本问世年代，周钧韬，收入《金瓶梅新探》，百花文艺出版社1987年版

瑕中之瑜：论崇祯本《金瓶梅》的评注，〔美〕浦安迪（Plaks，Andrew H.），收入《金瓶梅西方论文集》，上海古籍出版社1987年版

论张竹坡批评《金瓶梅》康熙本，王汝梅，《吉林大学社会科学学报》1987年第1期

袁小修与《金瓶梅》，周钧韬，《徽州师范专科学校学报》1987年

第1期

张评本《金瓶梅》琐考,吴敢,《徐州师范专科学校学报》1987年第1期

《金瓶梅》探源,〔美〕韩南(Hanan, Patrick);顾希春,《温州师范学院学报》1987年第2期

也谈《金瓶梅》与《西厢记》:与蒋星煜先生商榷,周钧韬,《华东师范大学学报》1987年第2期

关于《金瓶梅》崇祯本的问题,魏子云,(台)《书目季刊》1987年第3期

《金瓶梅》与明代的两种"善书",周绍良,《文献》1987年第3期

论《新刻绣像批评金瓶梅》,刘辉,《文学遗产》1987年第3期

"丘诸诚"是谁? 兼与马泰来先生商榷,顾国瑞,《徐州师范学院学报》1987年第3期

《如意君传》的刊刻年代及其与《金瓶梅》之关系,刘辉,《徐州师范学院学报》1987年第3期

谈《新刻绣像批评金瓶梅》,薛亮,《徐州师范学院学报》1987年第3期

张竹坡《金瓶梅》评点概论,吴敢,《徐州师范学院学报》1987年第3期

关于《金瓶梅》的时代背景的再思考,周钧韬,《明清小说研究》1987年第5期

《林兰香》与《金瓶梅》,〔美〕陆大伟,《文学遗产》1987年第5期

张竹坡及其对《金瓶梅》的评点,李茂肃,《山东师大学报》1987年第5期

"陈四箴"辨正:与黄森先生商榷《金瓶梅》成书时代问题,卜键,

《北京师范大学学报》1987 年第 6 期

《金瓶梅续书三种》前言，黄霖，《金瓶梅续书三种》卷首，齐鲁书社 1988 年版

《金瓶梅词话》成书新证，王利器，收入《金瓶梅研究集》，齐鲁书社 1988 年版

《金瓶梅》中的三个明代人：探讨《金瓶梅》成书年代与作者问题的又一途径，顾国瑞，收入《金瓶梅研究集》，齐鲁书社 1988 年版

也谈《金瓶梅》的作者及其成书时间，赵兴勤，收入《金瓶梅研究集》，齐鲁书社 1988 年版

《金瓶梅》抄引话本小说考探，周钧韬，《苏州大学学报》1988 年第 1 期

《金瓶梅》原是评话再论，陈辽，《扬州师院学报》1988 年第 1 期

《金瓶梅》溯源与考证，周钧韬，《明清小说研究》1988 年第 2 期

《金瓶梅》抄本考，叶桂桐，《文学遗产》1988 年第 3 期

略论《水浒传》与《金瓶梅》的关系，鲁歌，《贵州师范大学学报》1988 年第 3 期

中日所藏《金瓶梅词话》应是同一刻本，鲁歌，《明清小说研究》1988 年第 3 期

《金瓶梅》的成书年代新线索，叶桂桐，《北京师范大学学报》1988 年第 4 期

袁氏兄弟知见《金瓶梅》的时间考辨，刘孔伏、潘良炽，《烟台师范学院学报》1988 年第 4 期

《金瓶梅》用字流俗：是俚人耳录而非文人创作，傅憎享，《学习与探索》1988 年第 6 期

《金瓶梅》成书问题管见，鲁歌，《江汉论坛》1988 年第 12 期

关于大安本《金瓶梅》的价值,〔日〕饭田吉郎,收入《日本研究〈金瓶梅〉论文集》,齐鲁书社 1989 年版

关于毛利本《金瓶梅词话》,〔日〕上村幸次,收入《日本研究〈金瓶梅〉论文集》,齐鲁书社 1989 年版

关于内阁文库本《新刻绣像批评金瓶梅》的出版书肆,〔日〕荒木猛,收入《日本研究金瓶梅论文集》,齐鲁书社 1989 年版

《金瓶梅》版本考再补,〔日〕鸟居久靖,收入《日本研究〈金瓶梅〉论文集》,齐鲁书社 1989 年版

《金瓶梅词话》版本考补说,〔日〕鸟居久靖,收入《日本研究〈金瓶梅〉论文集》,齐鲁书社 1989 年版

《金瓶梅》解说,〔日〕小野忍,收入《日本研究〈金瓶梅〉论文集》,齐鲁书社 1989 年版

《金瓶梅》是非之我见,宗德生,《江西社会科学》1989 年第 1 期

《金瓶梅》溯源与考证续,周钧韬,《明清小说研究》1989 年第 1 期

三百年来北京社会风俗的再现:《北京风俗图谱》与《金瓶梅》插图比较观,〔日〕寺田隆信;许总,《明清小说研究》1989 年第 1 期

从《续金瓶梅》看《金瓶梅》的版本及作者,叶桂桐,《吉林大学社会科学学报》1989 年第 2 期

《金瓶梅》与《百家公案全传》,周钧韬,《明清小说研究》1989 年第 2 期

《新刻绣像批评金瓶梅》初探(一),王汝梅,《吉林大学社会科学学报》1989 年第 2 期

《野获编》所记《金瓶梅》事辨误,刘孔伏、潘良炽,《齐鲁学刊》1989 年第 2 期

关于《金瓶梅》最早收藏者的补正，刘宏，《文学遗产》1989 年第 3 期

《金瓶梅》成书三阶段说：兼谈《金瓶梅》的作者问题，陈辽，《东岳论丛》1989 年第 4 期

《金瓶梅》被禁，高洪钧，《明清小说研究》1989 年第 3 期

《金瓶梅词话》考释，张涌泉，《杭州大学学报》1989 年第 4 期

《金瓶梅》研究四说，王辉斌，《荆门大学学报》1989 年第 4 期

《金瓶梅词话》最初刊本问题：《金瓶梅词话》研究之一，吴晓铃，(港)《明报月刊》1989 年第 4 期

《金瓶梅成书的上限》，梅节，(台)《台湾日报》1989 年 5 月 21、22 日，又收入《金瓶梅研究》1990 年第 1 期

关于崇祯本《金瓶梅》各回冒头的诗词，〔日〕荒木猛，《首届国际金瓶梅学术讨论会交流论文》1989 年 6 月，又发表于《长崎大学教养部纪要 · 人文科学》1992 年第 1 期

从两处更改看《金瓶梅》的成书时间，孙逊，《金瓶梅研究》1990 年第 1 期

关于《金瓶梅》崇祯本的若干问题，黄霖，《金瓶梅研究》1990 年第 1 期

《金瓶梅词话》中的宣卷：兼谈《金瓶梅词话》的成书过程，车锡伦，《明清小说研究》1990 年第 3 期

评《金瓶梅成书的上限》，徐朔方，《明清小说研究》1990 年第 3 期

严复曾批点过“明版”《金瓶梅》，官桂铨，《文献》1990 年第 3 期

再论《金瓶梅词话》的成书，邓瑞琼，《明清小说研究》1990 年第 3 期，又见于《金瓶梅研究》1991 年第 2 期

日本大安本《金瓶梅》的价值:关于其第五回及第五十二回,〔日〕饭田吉郎;孙东临,收入《日本学者中国文学研究译丛》1990 年第 5 期

京都大学所藏《金瓶梅词话》残本,孙立川,(港)《明报月刊》1990 年第 9 期

《金瓶梅》版本概说,于凤树,收入《金瓶梅艺术世界》,吉林大学出版社 1991 年版

《金瓶梅》词话本与说散本关系考校,梅节,收入《金瓶梅艺术世界》,吉林大学出版社 1991 年版

《金瓶梅》的作者、版本与写作背景,李时人,收入《金瓶梅新论》,学林出版社 1991 年版

《金瓶梅》的作者和版本,〔美〕浦安迪(Plaks, Andrew H.);沈亨寿,收入《金瓶梅艺术世界》,吉林大学出版社 1991 年版

《续金瓶梅》的刻本、抄本和改写本,孙言诚,收入《金瓶梅艺术世界》,吉林大学出版社 1991 年版

《金瓶梅》非"集体创作",〔美〕浦安迪(Plaks, Andrew H.),《金瓶梅研究》1991 年第 2 期

《金瓶梅》写作年代及其它:致陈诏,魏子云,《金瓶梅研究》1991 年第 2 期

《金瓶梅》与话本,程毅中,《金瓶梅研究》1991 年第 2 期

《金瓶梅》原为词话考,徐扶明,《金瓶梅研究》1991 年第 2 期

再论《金瓶梅》付刻问题,刘孔伏、潘良炽,《西南民族学院学报》1991 年第 2 期

《金瓶梅词话》刻本第九十一回错误辨正,张天堡,《淮北煤师院学报》1991 年第 3 期

廿公是谁？东吴弄珠客又是谁，王利器，《社会科学战线》1991年第3期

丁耀亢与《续金瓶梅》，周钧韬、于润琦，《明清小说研究》1992年第1期

关于《金瓶梅》全书构成问题，薛洪，《明清小说研究》1992年第1期

《金瓶梅》打秋千诗与解学士，程有庆，《文献》1992年第1期

《金瓶梅》全本早期收藏者"刘金吾"考，胡小伟，《文学遗产》1992年第1期

明万历以前无娶妓为妾说，郑平昆，《文献》1992年第1期

"词话"辨正：《金瓶梅》成书研究中一个谜团的析解，卜键，《金瓶梅研究》1992年第3期

《金瓶梅词话》与宝卷，王利器，《金瓶梅研究》1992年第3期

新发现的《新刻金瓶梅奇书》本残叶，朱恒夫，《金瓶梅研究》1992年第3期

词话本·崇祯本两个版本两种文化：《金瓶梅》词语俗与文的异向分化，傅憎享，《社会科学辑刊》1992年第3期

"李渔评改《金瓶梅》"考辨：兼谈崇祯本系统的某些版本特征，王汝梅，《吉林大学社会科学学报》1992年第5期

《金瓶梅》是"世代累积型"作品吗，孟昭连，《明清小说研究》1993年第1期

屠本畯所记《金瓶梅》事辩析，刘孔伏、潘良炽，《许昌师专学报》1993年第1期

李渔评点、改定《金瓶梅》考，童天虑，《浙江学刊》1993年第2期

"刘金吾"的疑案，胡小伟，《文学遗产》1993年第2期

谈《金瓶梅》崇祯本，顾青，《文献》1993年第3期

亡国之鉴：试论《金瓶梅》的思想及其插图的艺术，裘沙，《明清小说研究》1993年第3期

初刻《金瓶梅词话》系廿卷本考，丁朗，《金瓶梅研究》1993年第4期

关于崇祯本《金瓶梅》各回的篇头诗词，〔日〕荒木猛，《金瓶梅研究》1993年第4期

《金瓶梅》话本内证，傅憎享，《金瓶梅研究》1993年第4期

关于《金瓶梅》的漫谈，吴组缃，《文学遗产》1993年第5期

关于《金瓶梅》的几种版本，鲁歌、马征，《贵州文史丛刊》1993年第6期

《金瓶梅》的改定者是谁，王利器，《社会科学战线》1993年第6期

试谈《金瓶梅》序、跋，李凤仪，《求是学刊》1993年第6期

谈《金瓶梅词话》版本，于凤树，《图书馆学研究》1993年第6期

简说《金瓶梅》的几种版本，鲁歌，《枣庄师范专科学校学报》1994年第1期

《金瓶梅》“借用”中的新发现论其作者及成书方式，邵炌，《明清小说研究》1994年第3期

多伦多大学东亚图书馆藏《金瓶梅》版本考，王汝梅，《吉林大学社会科学学报》1994年第4期

关于《金瓶梅》考证问题的通讯，魏子云，《北方论丛》1994年4月

从安忱治河推断《金瓶梅》的成书与作者：兼与梅节先生商榷，卢兴基，《金瓶梅研究》1994年第5期

王世贞撰写世情小说和明刊《金瓶梅词话》的差别，叶玉华，《华东师范大学学报》1995年第1期

全凭人力补天工：清绘本《金瓶梅》图册鉴赏与研究引言，王树村，《装饰》1995年第2期

生动的历史社会生活画卷：清绘本《金瓶梅》图册的研究价值，孙建君，《装饰》1995年第2期

关于《金瓶梅》，萧相恺，《明清小说研究》1995年第3期

关于《金瓶梅》的版本，余野，《邵阳学院学报》1995年第4期

李渔评点《新刻绣像批评金瓶梅》考，沈新林，《明清小说研究》1995年第4期

陆云龙和《金瓶梅》，傅憎享，《中国图书评论》1995年第4期

《清宫珍宝美图》考辨：明《金瓶梅》画册探析，余岿，《济宁师专学报》1996年第1期

《金瓶梅》的构思：《金瓶梅》与《封神演义》《三国志演义》的关系，〔日〕大塚秀高；胡德友，《明清小说研究》1996年第4期

"第一奇书"序者考，种衍璋，《内蒙古电大学刊》1997年第1期

关于《金瓶梅》执笔时代的推定，〔日〕荒木猛；刘静，《徐州师范大学学报》1997年第1期

《金瓶梅》五十三至五十七回真伪论考（上、下），潘承玉，《绍兴文理学院学报》1997年第2、3期

关于《金瓶梅》张评本的新发现，王汝梅，《吉林大学社会科学学报》1997年第3期

《金瓶梅》，一部没有写完的书，薛洪，《社会科学战线》1997年第3期

《金瓶梅》五十三至五十七回真伪论考，潘承玉，（台）《中外文

学》1998 年第 4 期

佛、道教描写与《金瓶梅》的成书时代新探，潘承玉，(台)《中外文学》1998 年第 10 期，又见于《金瓶梅研究》1999 年第 6 期

《金瓶梅》成书上限新证，许志强，《枣庄师专学报》1999 年第 1 期

《金瓶梅》的这五回：潘作《〈金瓶梅〉五十三至五十七回真伪考》读后，魏子云，《明清小说研究》1999 年第 2 期，又见于(台)《中外文学》1999 年第 11 期

从京都大学所藏《金瓶梅词话》残本谈起，孙立川，《海南师院学报》1999 年第 4 期

《金瓶梅》卷帙与版本之谜，叶桂桐，《金瓶梅研究》1999 年第 6 期

《金瓶梅》版本拾遗，吴敢，《东南大学学报》2001 年第 1 期

《金瓶梅》苗青命案两回是补改之作，薛洪勣，《社会科学战线》2000 年第 1 期

《新刻金瓶梅词话》是初刻抑或三刻，许建平，《枣庄师专学报》2000 年第 1 期

《金瓶梅》成书新证，许建平，《河北师范大学学报》2001 年第 3 期

《金瓶梅》与《水浒传》：文字的比勘，刘世德，《上海师范大学学报》2001 年第 5 期

再论《金瓶梅》崇祯本系统各本之间的关系，黄霖，《上海师范大学学报》2001 年第 5 期，又收入《明代小说面面观：明代小说国际学术研讨会论文集》，学林出版社 2002 年版

《金瓶梅》版本关系新论，张杰，《人文杂志》2001 年第 6 期

从《金瓶梅》干支推论其成书年代，李锦山、冯传海，《枣庄师范专科学校学报》2002 年第 1 期

中国文学史上的大骗局、大闹剧、大悲剧：《金瓶梅》版本作者研究质疑，叶桂桐，《烟台师院学报》2002 年第 1 期

对《金瓶梅》版本的鉴定，李雪菲，《徐州教育学院学报》2002 年第 2 期

《金瓶梅》"词话"本与说散本开头艺术比较，汪芳启，《阜阳师范学院学报》2002 年第 2 期

再论《金瓶梅》，徐朔方，《明清小说研究》2002 年第 3 期，又见于《金瓶梅研究》2002 年第 7 期

《金瓶梅》三种版本系统，王汝梅，《古典文学知识》2002 年第 5 期

《金瓶梅》成书再探，梅节，《金瓶梅研究》2002 年第 7 期

上海图书馆藏崇祯本《金瓶梅》观后琐记，梅节，《上海师范大学学报》2003 年第 1 期

《金瓶梅》的两种成书过程，杜维沫，《古典文学知识》2003 年第 2 期

《金瓶梅词话》源流谈略，赵兴勤，《古典文学知识》2003 年第 4 期

《金瓶梅》五回赝作辨析，李保雄，《信阳师范学院学报》2003 年增刊

《金瓶梅词话》的版本与文本：《金瓶梅词话校读记》序，梅节，《明清小说研究》2004 年第 1 期

《金瓶梅》的早期传播及其成书时间与作者问题，王平，《东岳论丛》2004 年第 3 期

关于《金瓶梅》的版本与作者问题:兼致台湾魏子云先生,叶桂桐,《保定师范专科学校学报》2005 年第 3 期

略论崇祯本《金瓶梅》的评点特色,王书才,《青海师专学报》2005 年第 3 期

略论崇祯本《金瓶梅》的评点特色及其影响,王书才,《宝鸡文理学院学报》2005 年第 4 期

张竹坡批评《第一奇书金瓶梅》"康熙乙亥本"刊刻地点考,文革红,《江西财经大学学报》2005 年第 4 期

关于文龙的《金瓶梅》批评,程小青,《金瓶梅研究》2005 年第 8 期

从素材来源看《金瓶梅》的成书,杨绪容,《河南大学学报》2006 年第 1 期

《金瓶梅》词话本与崇祯本刊印的几个问题,黄霖,《河南大学学报》2006 年第 1 期

《金瓶梅》专论,黄霖,《河南大学学报》2006 年第 1 期

《金瓶梅》流通货币质态与成书年代补证,许建平,《文学遗产》2006 年第 5 期

《金瓶梅》版本研究商榷:兼致梅节先生,叶桂桐,《明清小说研究》2007 年第 3 期

《西游记》、《金瓶梅》有关资料蠡测,苏铁戈,《明清小说研究》2007 年第 4 期

《金瓶梅》绣像评改本:华夏小说美学史上的里程碑,王汝梅,《吉林大学社会科学学报》2007 年第 6 期

论《金瓶梅》成书的"集撰"式创作性质,张同胜、杜贵晨,《明清小说研究》2008 年第 1 期

论《金瓶梅》的集撰式创作特点，张同胜，《徐州工程学院学报》2008年第1期

《金瓶梅》和《续金瓶梅》，张国风，《文史知识》2008年第3期

崇祯本《金瓶梅》插图中的徽派图形艺术考，邢慧玲、邢琎，《徐州教育学院学报》2008年第3期

关于崇祯本《金瓶梅》的补笔，〔日〕荒木猛，《徐州师范大学学报》2008年第3期

论《金瓶梅》的"隐"累积：兼评"个人独创说"，范丽敏，《明清小说研究》2008年第3期

崇祯本《金瓶梅》的评改者为汤显祖考论，刘洪强，《徐州工程学院学报》2009年第1期

从《金瓶梅词话》与《水浒》版本的关系看其成书时间，谈蓓芳，《复旦学报》2009年第3期

关于《新刻金瓶梅词话》发现、购藏与影印，杜斌，《河南教育学院学报》2009年第4期

从眉批形态试论崇祯本《金瓶梅》各版本之间的关系，杨彬，《金瓶梅研究》2009年第9期

《金瓶梅》成书年代小考，刘铭，《阿坝师范高等专科学校学报》2010年第2期

《金瓶梅词话》征引诗词考辨，陈益源，《第七届国际（清河）〈金瓶梅〉研讨会论文集》2010年8月

《续金瓶梅》成书年代再讨论，欧阳健，《第七届国际（清河）〈金瓶梅〉研讨会论文集》2010年8月

《金瓶梅》崇祯本系统东大本研究：台版《金瓶梅》后记，周文业，（台）《书目季刊》2011年第1期

《金瓶梅》评点第四家赞:纪念《金瓶梅词话》发现八十周年,王汝梅,《明清小说研究》2011 年第 2 期

《金瓶梅奇书》版本考评,吴敢,《明清小说研究》2011 年第 2 期

《金瓶梅》所用底本究竟是哪种《水浒传》:与黄霖先生、刘世德先生商榷,张杰,《金瓶梅研究》2011 年第 10 期

《金瓶梅》续书《金屋梦》若干问题摭议,郭浩帆,《金瓶梅研究》2011 年第 10 期

论韩国梨花女子大学所藏的《皋鹤堂批评第一奇书金瓶梅》,〔韩〕宋真荣,《金瓶梅研究》2011 年第 10 期

重论《金瓶梅》初刻本问世年代"万历末年说",周钧韬,《内江师范学院学报》2012 年第 1 期

《金瓶梅词话》成书于万历年间新证:兼论《金瓶梅词话》借鉴《西游记》,刘洪强,《滨州学院学报》2011 年第 4 期

苹华堂刊《皋鹤堂批评第一奇书金瓶梅》版本考,李金泉,(台)《书目季刊》2012 年第 4 期

《金瓶梅词话》初刻者、初刻时代与主旨考,张炳森,《河北学刊》2012 年第 6 期

重论《金瓶梅》成书方式"过渡说",周钧韬,《内江师范学院学报》2012 年第 9 期

综论《金瓶梅》版本及作者,李胤霆,(台)《东吴中文研究集刊》2012 年第 18 期

崇祯本《金瓶梅》回前诗词来源补考,龚霞,《明清小说研究》2013 年第 1 期

《金瓶梅》"初刊"辨伪记略:从"大安本"说起,黄霖,《河南理工大学学报》2013 年第 2 期

明清时期读者与《金瓶梅》传播关系探析，蔡亚平、程国赋，《社会科学研究》2013 年第 2 期

《金瓶梅》评点综论，吴敢，《明清小说研究》2013 年第 3 期

天津图书馆藏《金瓶梅》崇祯本探微，王汝梅，《河南教育学院学报》2013 年第 6 期

《金瓶梅》杭州环境考，谭兰芳，《中国文学研究》（辑刊）2013 年第 21 辑

读天津图书馆藏《金瓶梅》崇祯本札记，王汝梅，《金瓶梅与五莲：第 9 届（五莲）国际金瓶梅学术研讨会论文集》2014 年

《金瓶梅》"初刊"辨伪略记：从"大安本"说起，黄霖，《金瓶梅与五莲：第 9 届（五莲）国际金瓶梅学术研讨会论文集》2014 年

新见《金瓶梅》抄引明文言小说素材考略：兼谈周礼《秉烛清谈》《湖海奇闻》的佚文，杨国玉，《金瓶梅与五莲：第 9 届（五莲）国际金瓶梅学术研讨会论文集》2014 年

诸城丁氏与江南文士的交游及《金瓶梅》的付梓问世，张清吉，《金瓶梅与五莲：第 9 届（五莲）国际金瓶梅学术研讨会论文集》2014 年

关于《金瓶梅》词话本的几个问题，黄霖，《文学遗产》2015 年第 3 期

《新刻绣像批评金瓶梅》插图研究，金宰民，《中国文学研究》（辑刊）2015 年第 26 辑

《金瓶梅》"欣欣子序"系杭州书商鲁重民所作，叶桂桐，《明清小说研究》2016 年第 1 期

论《金瓶梅词话》的原创性，宁宗一，《明清小说研究》2016 年第 2 期

第一奇书的一个重要版本:苹华堂藏版《彭城张竹坡批评金瓶梅第一奇书》评议,王军明、吴敢,《明清小说研究》2016 年第 4 期

论《金瓶梅词话》的“镶嵌”,黄霖,《文艺研究》2016 年第 4 期

3. 2.《三国演义》及其续仿作品

旧本《三国演义》板本的调查,马廉,《北平北海图书馆月刊》1929 年第 5 期,又见于《图书馆报》1929 年第 5 期

三国志演义的演化,郑振铎,《小说月报》1929 年第 10 号

《三国志平话》与《三国志传通俗演义》,孙楷第,《文史》1934 年第 2 期

新刻按鉴全像批评三国志传,刘修业,收入《古典小说戏曲丛考》,作家出版社 1958 年版

书元人所见罗贯中《水浒传》和王实甫《西厢记》,周邨,《江海学刊》1962 年第 7 期

罗贯中讲史小说之真伪性质,〔澳〕柳存仁,(港)《中国文化研究所学报》1976 年第 1 期

平话及三国演义的早期历史,〔美〕柯润璞(James, I. Crump);梁欣荣、王淑华,(台)《中外文学》1977 年第 2 期

《三国志通俗演义》前言,章培恒,《三国志通俗演义》卷首,上海古籍出版社 1980 年版

明嘉靖刊本《三国志通俗演义》乃元人罗贯中原作,袁世硕,《东岳论丛》1980 年第 3 期

《三国演义》非明清小说,周邨,《群众论丛》1980 年第 3 期

《三国演义》嘉靖本与毛本校读札记(上、下),刘敬圻,《求是学刊》1981 年第 1、2 期

小说史上又一部讲史平话《三分事略》,陈翔华,《文献》1982 年第 12 期

《宋太祖龙虎风云会》与《三国演义》,陈铁民,《文学评论丛刊》

1982 年第 16 辑

《三国志通俗演义》是元代作品，刘友竹，《三国演义研究集》，四川省社会科学院出版社 1983 年版

试论《三国志通俗演义》的成书年代，欧阳健，《三国演义研究集》，四川省社会科学院出版社 1983 年版

有关毛本《三国演义》的若干问题，黄霖，《三国演义研究集》，四川省社会科学院出版社 1983 年版

关于毛宗岗对《三国演义》的批改，熊笃，《重庆师院学报》1983 年第 1 期

不可等量齐观的两部“三国”：嘉靖本与毛本“拥刘反曹”之不同，徐中伟，《文学遗产》1983 年第 2 期

嘉靖本《三国志通俗演义》小字注是作者手笔吗？兼及《三国志通俗演义》的版本和成书时间，王长友，《武汉师范学院学报》1983 年第 2 期

说说“毛批本”《三国》，周尝棕，《读书》1983 年第 4 期

《三国志通俗演义》成书于明中叶辨：与王利器、周邨、章培恒等同志商榷：兼论此书小字注的问题，张国光，《社会科学研究》1983 年第 4 期，又收入《古典文学论争集》，武汉出版社 1987 年版

《三国演义》成书年代考，陈铁民，《文学遗产》（增刊）1983 年第 15 辑

谈《三国志玉玺传》：给赵景深先生的信，童吉永、张万钧、周树德，《文献》1984 年第 3 期

谈《三分事略》：它和《三国志平话》的异同和先后，刘世德，《文学遗产》1984 年第 4 期

罗贯中《三国演义》原本探考，夏梦菊，《社会科学研究》1984 年

第6期

从《三分事略》谈话本的繁简,程毅中,《三国演义学刊》1985年第1期

《三国演义》的演变,〔日〕小川环树;胡天民,《三国演义学刊》1985年第1期

关于嘉靖本《三国志通俗演义》小注的作者,章培恒,《复旦学报》1985年第3期

从兵器辨《三国志通俗演义》的成书年代,任昭坤,《贵州文史丛刊》1986年第1期

《三国》毛批考辨二则,陈洪,《明清小说研究》1986年第1期

论毛宗岗对《三国志演义》的评改,何满子,《文学遗产》1986年第4期

有关《三国演义》成书年代和版本演变问题的几点异议,张颖、陈速,《河北师院学报》1987年第1期

《火龙经·序》与《三国志通俗演义》,任昭坤,《明清小说研究》1988年第1期

《三国志通俗演义》与《三国志玉玺传》,弦声,《殷都学刊》1988年第1期

《三国志通俗演义》夹注及诗文论赞何人所加,李伟实,《社会科学战线》1989年第2期

毛宗岗的生平与《三国志演义》毛评本的金圣叹序问题,陈翔华,《文献》1989年第3期

旧本《三国演义》考,周兆新,收入《三国演义考评》,北京大学出版社1990年版

《三国志后传》考论,陈年希,《明清小说研究》1990年第3、4期

《三国》有余韵虚实相混成:《后三国石珠演义》考论,欧阳健,《海南大学学报》1990 年第 4 期

从《花关索传》和《义勇辞金》杂剧看《三国志通俗演义》的成书年代,张志合,《河南大学学报》1990 年第 5 期

《钟伯敬先生批评三国志》探考,王长友,《第六届〈三国演义〉学术讨论会会议论文》1990 年,又收入《〈三国演义〉与中国文化》,巴蜀书社 1991 年版

周曰校本十大增文考辨:明版《三国志演义》珍本探秘,王长友,(台)《小说与戏剧》1991 年第 3 期

《三国演义》版本二题,于朝贵,《牡丹江师院学报》1992 年第 1 期

《三国演义》版本试探:以建安诸本为中心(正、续),金文京;陈西中,《明清小说研究》1992 年第 2 期、第 3、4 期合刊

《李卓吾先生批评三国志》二题,沈伯俊,收入《诸葛亮与三国文化》,成都出版社 1993 年版

《三国演义》的毛声山批评本和李笠翁本,小川环树;孙玉明,《明清小说研究》1993 年第 2 期

论《李卓吾先生批评三国志》,沈伯俊,《内江师范学院学报》1993 年第 3 期

《李笠翁批阅三国志》简论,沈伯俊,《社会科学研究》1993 年第 5 期

《李笠翁批阅三国志》质疑,黄强,《晋阳学刊》1993 年第 5 期

比较:罗本《三国》和毛本《三国》,陈辽,《中州学刊》1993 年第 6 期

《三国》《水浒》的创作,龚维英,《合肥教院学报》1994 年第 1 期

黄正甫刊本《三国志传》乃今见《三国演义》最早刻本考:兼说嘉靖本非最早刻本亦非罗贯中原作,张志合,《北京师范大学学报》1994年第2期

《三国志通俗演义》成书于明中叶,李伟实,《零陵师专学报》1994年第3期

再说《三国志通俗演义》的"旧本"和小字注问题:答章培恒先生,王长友,《学海》1994年第3期

花关索故事非《三国志演义》原本所有,李伟实,《明清小说研究》1994年第4期

毛宗岗与《三国志演义》,陈翔华,《古典文学知识》1994年第6期

《三国演义》中的小字注非一人一时所加,张志合,《湖北大学学报》1994年第6期

周曰校本与闽建本:明版《三国志演义》珍本探秘(二),王长友,(台)《小说与戏剧》1994年第6期

《花关索说唱词话》与《三国志演义》版本演变探索,〔澳〕马兰安(McLaren, Anne),收入《三国演义丛考》,北京大学出版社1995年版

《三国志演义》成书于何时,周兆新,收入《三国演义丛考》,北京大学出版社1995年版

版本不同,实质未变:也谈罗、毛本中曹操形象的基本倾向,唐富龄,《武汉大学学报》1995年第1期

《三国演义》成书过程新论,陈辽,《内江师范学院学报》1995年第1期

两种明嘉靖《三国演义》刊本述考,〔澳〕马兰安(McLaren, Anne),(港)《Journal of Oriental Studies》1995年第2期

略论余象斗与其批评《三国志传》,陈翔华,《明清小说研究》1995 年第 3 期

《三国志通俗演义》成书于明中叶弘治初年,李伟实,《吉林大学社会科学学报》1995 年第 4 期

罗贯中原著书名非“三国演义”,陈翔华,《文史知识》1995 年第 5 期

钟批《三国志》补叶探考(二):《刘玄德匹马奔冀州》,王长友,《明清小说研究》1996 年第 3 期

明清文人心态与《三国演义》的修订,吴锦润,《明清小说研究》1996 年第 4 期

《三国演义》版本演变述略,厚艳芬,《北方论丛》1996 年第 4 期

简话《三国演义》的形成过程,高凯、高放,《南都学坛》1997 年第 2 期

“童年的魅力”:试比较毛本与嘉靖本的关公之死,李舜华,《零陵师专学报》1997 年第 2 期

《三国志演义》版本中若干问题探讨,李伟实,《零陵师专学报》1997 年第 4 期,又见于《明清小说研究》1998 年第 1 期

关于西班牙爱斯高里亚尔修道院所藏之嘉靖刻本《三国志通俗演义史传》,陈桂声,《明清小说研究》1998 年第 4 期

黄正甫刊本《三国志传》非今见《三国演义》最早刻本:与张志合先生商榷,张宗伟,《明清小说研究》1999 年第 1 期

《三国志通俗演义》成书及今本改定年代小考,杜贵晨,《中华文化论坛》1999 年第 2 期

毛氏父子所称《三国志演义》俗本与古本考,李伟实,《明清小说研究》2000 年第 1 期

世纪课题:关于《三国演义》的成书年代,沈伯俊,《中华文化论坛》2000 年第 2 期

关于《三国演义》叶逢春刊本的发现及其意义,〔日〕高桥乃子,《中国文学研究》(辑刊)2001 年第 4 期

《三国》三题,沈伯俊,《汉中师范学院学报》2001 年第 4 期

关于《三国演义》的黄正甫本,章培恒,《上海师范大学学报》2001 年第 5 期

《三国志通俗演义》的成书年代,邱岭,《文史知识》2001 年第 8 期

《三国演义》小字注研究回顾与前瞻,刘海燕,《中华文化论坛》2002 年第 1 期

叶逢春本《三国志传》题名“汉谱”说,杨绪容,《明清小说研究》2002 年第 2 期

《三国志演义》残叶试论,刘世德,《南京师范大学文学院学报》2002 年第 3 期

《三国志演义》周曰校刊本四种试论,刘世德,《文学遗产》2002 年第 5 期

《三国志演义》原编撰者及有关问题,陈翔华,《中华文化论坛》2003 年第 1 期

从传播角度看《三国志通俗演义》的成书年代,王平,《山东大学学报》2003 年第 4 期

关于《三国志演义》嘉靖刊本的几点思考,刘世德,《长江大学学报》2004 年第 1 期

《三国志演义》熊成冶刊本试论,刘世德,《文献》2004 年第 2 期

朱鼎臣本《三国志史传》探考,张志和,《明清小说研究》2004 年

第4期

论《三国演义》与《通鉴》、《通鉴纲目》之关系，纪德君，《学术研究》2004年第5期

论《三国演义》不同版本中的周静轩诗，郑铁生，《厦门教育学院学报》2005年第2期

《三国志演义》四郑刊本试论（上、下），刘世德，《文献》2005年第3、4期

数字化与《三国演义》版本研究论，欧阳健，《东南大学学报》2005年第3期

《三国志演义》嘉靖壬午本与叶逢春刊本比较谭（脞录八篇），刘世德，《明清小说研究》2005年第4期

周静轩诗在《三国演义》版本中的演变和意义，郑铁生，《明清小说研究》2005年第4期

尘故庵藏《三国演义》版本述略，宁稼雨，《明清小说研究》2006年第4期

建阳刻本《三国》小说传播衰退原因浅析，涂秀虹、陈旭东，《明清小说研究》2006年第4期

一字传世：浅议《三国演义》嘉靖本与毛评本中的一字之改，边翠芳，《现代语文》2006年第5期

《三国志演义》嘉庆七年刊本试论，刘世德，《文学遗产》2007年第1期

稀见明刻本《古本演义三国志》，西堂，《文学遗产》2007年第4期

何种明刊本最接近罗贯中原作，王前程，《湖北师范学院学报》2007年第5期

《三国演义》毛本与嘉靖本较读琐议，庞婧文，《晋中学院学报》2007年第5期

从“火烧藤甲军”及“郝昭烧云梯”两个情节看《三国演义》的成书年代、版本源流及作者问题，李定远，（港）《中国文化研究所学报》2007年第47期

元明三国故事中“五虎上将”形象的流变与传播：兼论《三国志平话》与早期《三国志演义》文本的关系，刘海燕，《明清小说研究》2008年第4期

明代南京万卷楼本《三国志通俗演义》评点本及其意义，韩春平，《华南师范大学学报》2008年第6期

清代的三国通俗文艺与《三国演义》，〔日〕中川谕，《中国文学研究》（辑刊）2008年第11期

论《三国演义》嘉靖壬午本：《三国志通俗演义》校注本前言，沈伯俊，《广东技术师范学院学报》2009年第1期

清代毛评《绣像第一才子书》（《三国演义》）之考证，王晓华，《山东档案》2009年第1期

由“元来”看《三国志通俗演义》当成书于明初，刘洪强，《明清小说研究》2009年第1期

毛本《三国志演义》回目研究，林盈翔，（台）《有凤初鸣年刊》2009年第5期

《三国志演义》朝鲜翻刻本试论：周曰校刊本研究之二，刘世德，《文学遗产》2010年第1期

成化《花关索传》与《三国志演义》版本研究，陈丽媛，《漳州师范学院学报》2010年第2期

关于新发现的朝鲜活字本《三国志通俗演义》，〔韩〕朴在渊，《南

京大学学报》2010 年第 3 期

有关新发现朝鲜铜活字本《三国志通俗演义》的几点看法,〔韩〕金文京,《第九届中国古代小说文献暨数字化国际研讨会 · 第 80 回韩国中国小说学会论文集》2010 年 8 月

《三国志演义》朝鲜铜活字残本试论,刘世德、夏薇,《文学遗产》2011 年第 1 期

上图下文式插图本《三国志演义》图文相异现象考论,颜彦,《中国典籍与文化》2011 年第 1 期,又见于《第十届中国古代小说、戏曲文献与数字化研讨会论文集》2011 年 8 月

《三国志演义》早期刻本的三个问题,刘海燕,《文献》2011 年第 2 期

飞挝、铜锤与《三国演义》成书的若干问题,孙勇进,《明清小说研究》2011 年第 4 期

明代《三国》版画对曹操的褒与贬,张玉梅、张祝平,《乐山师范学院学报》2011 年第 6 期

明代《三国》小说版画之美:以周曰校本、李卓吾本、英雄谱本为例,张玉梅、张祝平,《语文学刊》2011 年第 7 期

关于周曰校刊《三国志演义》,〔日〕中川谕,《第十届中国古代小说、戏曲文献与数字化研讨会论文集》2011 年 8 月

《李卓吾先生批评三国志》若干版本问题考辨补,李金泉,《第十届中国古代小说、戏曲文献与数字化研讨会论文集》2011 年 8 月

日本藏夏振宇刊本《三国志传通俗演义》纪略,陈翔华,《第十届中国古代小说戏曲文献与数字化研讨会论文集》2011 年 8 月

明刻《三国演义》的插图流变,张玉梅、张祝平,《淮海工学院学报》2011 年第 9 期

从“元来”的用法看《三国志演义》早期文本，闵庚旭，《中国文学研究》（辑刊）2011年第17期

《三国志演义》的夷白堂本与周曰校本，〔日〕中川谕，《中国明代文学学会（筹）第八届年会暨2011年明代文学与文化国际学术研讨会论文集》2011年

黄正甫本《三国志传》插图的明末本色，张玉梅、张祝平，《西华师范大学学报》2012年第1期

也谈邹梧冈参订《三国演义》毛评本的版本价值：与张志和、黎必信二先生商榷，谢江飞，《龙岩学院学报》2012年第1期

《三国志演义》魏氏刊本试论，刘世德、夏薇，《辽东学院学报》2012年第2期

《三国志演义》与宋元话本，程毅中，《文学遗产》2012年第2期

《三国演义》版本流传考证，黄晋，《学术论坛》2012年第3期

论《三国演义》笈邮斋本，石冬梅，《襄樊学院学报》2012年第4期

《朝鲜宣宗实录》中有关《三国志衍义》记载的诠释，〔韩〕金文京，（台）《第十一届中国古代小说文献暨数字化国际研讨会论文集》2012年8月

刘龙田本《三国志演义》刊刻时间考，刘军杰，《鸡西大学学报》2012年第8期

从关羽降曹至辞曹部份看《三国演义》的成书年代及版本演化（上、下），李定远，（港）《中国文化研究所学报》2012年第55期、2013年第56期

《三国志通俗演义》作者罗贯中为元人及原本管窥：试说庸愚子《序》的考据价值，杜贵晨，《河南教育学院学报》2013年第1期

周曰校刊《三国志通俗演义》的初刻年代问题，陈翔华，《南开学报》2013 年第 1 期

插图本《三国演义》的“语-图”互文现象研究，孟庆曼，《文学与图像》2013 年第 2 期

从《三国演义》朝鲜翻刻本和朝鲜活字本看《三国演义》早期版本演化，周文业，《罗学》2013 年第 2 期

论“罗贯中编次”系列，陈松柏，《罗学》2013 年第 2 期

署名罗贯中的三部小说及其源流刍议：兼及它们与《三国》《水浒》之关系，石麟，《罗学》2013 年第 2 期

《三国志演义》成书时间新探：兼论世代累积型作品成书时间的研究方法，王齐洲，《中山大学学报》2014 年第 1 期

论周曰校刊本《三国志演义》插图的情感倾向，胡小梅，《广西师范学院学报》2014 年第 3 期

《官板大字绣像批评三国志》图赞初探，李慧、张祝平，《盐城工学院学报》2015 年第 1 期

《三国志演义》“七擒孟获”故事的文本演变与文本批评，刘海燕，《明清小说研究》2015 年第 1 期

《三国志演义》嘉靖壬午本与武定本之关系管窥，刘璇，《中国典籍与文化》2015 年第 4 期

古代小说“语-图”互文现象初探：以插图本《三国演义》为例，王凌，《四川师范大学学报》2015 年第 5 期

《三国演义》成书与传播的接受史解读，张红波，《重庆工商大学学报》2015 年第 6 期

周邨先生所藏《三国演义》两种叙考兼及李渔序两种：为纪念中国《三国演义》研究会顾问周邨先生而作，萧相恺，《内江师范学院学

报》2016年第1期

《韩国所见中国古代小说史料》补遗·《三国演义》篇，孙勇进，《文学与文化》2016年第1期

《三国演义》在韩传播的若干问题，孙勇进，《陕西理工学院学报》2016年第1期

明清以来“三国”说唱文学编创经验综探，纪德君，《文艺理论研究》2016年第5期

3. 3.《水浒传》及其续仿作品

《水浒传》考证,胡适,见于《水浒传》前言,上海亚东图书馆 1920 年版

水浒故事的演变,李玄伯,《猛进》1925 年第 28、29 期

水浒传的续书,郑振铎,《文学周报》1925 年第 378 期

《水浒传》七十回古本问题,文华,《猛进》1925 年第 34 期

水浒传之研究,潘力山,《中国文学研究》1927 年第 17 期

论《水浒传》七十回古本之有无,俞平伯,《小说月报》1928 年第 3 期

水浒传的演化,郑振铎,《小说月报》1929 年第 9 期

水浒传新考:百二十回本《忠义水浒全书》序,胡适,《小说月报》1929 年第 9 期

关于水浒传及其他,程沙雁,《上海生活》1930 年第 7 期

《水浒传》诸本,〔日〕神山闰次;张梓生,《小说月报》1930 年第 5 期

在日本东京所见之明本《水浒传》,孙楷第,《学文》1932 年第 5 期

《水浒传》板本录,赵孝孟,《读书月刊》1932 年第 11 期

金圣叹与七十回本水浒传,周木斋,《文学》1934 年第 6 期

水浒传杂识,赵景深,《青年学生》1938 年第 4、5 期

《水浒传》旧本考,孙楷第,《图书季刊》1941 年新 3 卷第 3、4 期

水浒传的几点研究,史卫斯,《万象》1942 年第 3 期

李卓吾评本水浒传真伪考辨,戴望舒,《香岛月报》1945 年第 1 期

《水浒传》古本的演变，杨宪益，《新中华》（复刊）1946年第14期，又收入《零墨新笺》，中华书局1947年版

水浒传故事的演变，杨宪益，《新中华》（复刊）1946年第16期

记金圣叹刻本《水浒传》里避讳的谨严，胡适，天津《大公报》1947年11月14日

论《水浒传》，陈觉玄，《文讯》1948年第4期

《水浒传》简论，赵景深，《国文月刊》1948年第73期

一百二回十本水浒传之真伪，戴望舒，《学原》1949年第5期

施耐庵与"水浒传"，刘冬，《文艺报》1952年第21期

《水浒》是怎样写成的，聂绀弩，《人民文学》1953年第6期

关于《水浒全传》的后半部，穆垣，《光明日报》1954年10月10日

试论《水浒传》的著者及其创作时代，陈中凡，《南京大学学报》1955年创刊号

读《水浒全传本郑序》，王古鲁，《文史哲》1955年第9期

对宋云彬删节《水浒传》的意见，加叶，《北京日报》1956年8月7日

李玄伯所藏百回《忠义水浒传》，一丁，《新民报晚刊》1956年10月12日

谈"水浒全传"的木刻插图（兼述我国古代版画的几个特点），王伯敏，《版画》1957年第10期

谈《水浒志传评林》，王古鲁，《江海学刊》1958年第2期

水浒传对历代流寇影响之研究：兼论一个新版本的出现，包道彭，（台）《大陆杂志》1959年第8、9期

三槐堂刊本《水浒传》：《水浒》书录之一，马蹄疾，《文汇报》1961

年9月14日

关于西谛残藏嘉靖郭勋刻本《水浒》:《水浒》书录之二,马蹄疾,《文汇报》1961年10月12日

容与堂刻本《水浒传》:《水浒》书录之三,马蹄疾,《文汇报》1961年11月16日

唯一的钞本《水浒传》:《水浒》书录之四,马蹄疾,《文汇报》1961年11月26日

日本翻刻的《水浒》:《水浒》书录之五,马蹄疾,《文汇报》1961年12月26日

李宗侗重刊的《水浒》:《水浒》书录之六,马蹄疾,《文汇报》1962年1月4日

富沙刘兴我刻本《水浒传》:《水浒》书录之七,马蹄疾,《文汇报》1962年1月23日

谈陈老莲的《水浒叶子》,关以洁,《人民日报》1962年6月24日

二百年前的《水浒》注本,马蹄疾,《羊城晚报》1964年1月30日

水浒传杂谈,萨孟武,《明报月刊》1966年第8期

明版水浒传插图二种书后,〔美〕马泰来,(港)《中文学会年刊》1967年第66、67期

谈贯华堂金圣叹批本水浒传,陈锦钊,(台)《书目季刊》1972年第2期

水浒传版本考,李慧淳,(台)《中国学报》1973年第14期

李卓吾批点水浒传之研究,陈锦钊,(台)《书目季刊》1974年第4期

《水浒》版本简介,海雪,《湖北大学学报》1975年第3期

《水浒》的演变及版本简介,曲阜师范学院资料组,《齐鲁学刊》

1975年第4期

关于《水浒》的成书、作者及版本，赤文，《新教育》1975年第11期

《水浒》的版本和《水浒》的政治倾向，李滋，《文物》1975年第11期

关于新发现的《京本忠义传》残页，顾廷龙、沈津等，《学习与批判》1975年第12期

明嘉靖朝都察院和武定侯郭勋为什么刊刻《水浒》，陈美林，《文史哲》1976年第1期

评陈老莲的《水浒叶子》，李致忠，《文物》1976年第1期

是拆庙还是补天：李贽与《水浒》及其他，陈旭麓，《学习与批判》1976年第2期

金圣叹贯华堂本《水浒传》考评，郁沅，《湖北大学学报》1979年第1期

略谈《水浒传》的成书过程，齐裕焜，《兰州大学学报》1979年第1期

《水浒》李卓吾评本的真伪问题，王利器，《文学评论丛刊》1979年第2期

李卓吾评点小说的贡献，陈谦豫，《上海师范大学学报》1979年第3期

论《水浒》的繁本和简本，聂绀弩，《中华文史论丛》1980年第2期

论《水浒》繁本与简本的关系，王根林，《中华文史论丛》1980年第2期

袁无涯刊本《水浒》李贽评辨伪，崔文印，《中华文史论丛》1980

年第2期

一种值得注目的《水浒》古本，黄霖，《复旦学报》1980年第4期

牛津大学所藏明代简本水浒残叶书后，〔美〕马幼垣，《中华文史论丛》1981年

《水浒传》李卓吾评本真伪一辨，陈洪，《南开学报》1981年第3期

丰富多彩的明代《水浒》插图，薄松年，《美术》1981年第8期

从《水浒》成书的过程谈对《水浒》的评价，黄瑞云，《水浒争鸣》1982年第1期

《水浒全传》李贽评也属伪托，黄霖，《江汉论坛》1982年第1期

《水浒传》的藜光堂本与刘兴我本及其它，官桂铨，《文献》1982年第1期，又见于《文学遗产》1984年第2期

《水浒》祖本探考：兼论施耐庵为郭勋门客之托名，张国光，《江汉论坛》1982年第1期

《水浒传》版本考：中心是繁本和简本的关系，〔日〕大内田三郎；黄南山，《水浒争鸣》1982年第1期

《水浒传》的传日与文简本，〔日〕白木直也；程耀鎏，《水浒争鸣》1982年第1期

修绠山房梓《宣和遗事》跋，周绍良，《水浒争鸣》1982年第1期

平田虎、王庆部分与百回本《水浒》不一致，云告，《求索》1982年第3期

三种《水浒》版本三个宋江形象，易名，《江汉论坛》1982年第3期

《水浒全传》是怎样纂修的，王利器，《文学评论》l982年第3期

《水浒传》版本源流考，范宁，《中华文史论丛》1982年第4期

从宋元说话家数探索《水浒》繁简本渊源及其作者问题，何满子，《中华文史论丛》1982 年第 4 期

《〈水浒〉祖本探考》质疑：与张国光先生商榷，王根林，《中华文史论丛》1982 年第 4 期

水浒传的来源：《新亚龚氏到访学人》于一九八二年四月二十八日在本院作公开演讲之讲词，王利器，《新亚生活》1982 年第 1 期

从宋江起义到《水浒传》成书，徐朔方，收入《论汤显祖及其他》，上海古籍出版社 1983 年版

关于《钟伯敬先生批评水浒忠义传》，曦钟，《文献》1983 年第 1 期

从《水浒》百回本前优后劣看金圣叹腰斩《水浒》的功过，黄求保，《水浒争鸣》1983 年第 2 期

关于《京本忠义传》，刘冬、欧阳健，《文学遗产》1983 年第 2 期

论《水浒》繁本与简本的先后关系，周学禹，《信阳师院学报》1983 年第 2 期

《容本》李评为叶昼伪作说质疑，龚兆吉，《水浒争鸣》1983 年第 2 期

杨定见序本《水浒全传》对天都外臣序本的篡改，秦文兮，《水浒争鸣》1983 年第 2 期

郭刻本《水浒》非《水浒》祖本：兼谈《水浒》版本的演变，陈辽，《江汉论坛》1983 年第 3 期

关于张凤翼和天都外臣的《水浒传序》，徐朔方，《光明日报》1983 年 5 月 10 日

罗尔纲先生对《水浒传》原本的探索：介绍《水浒真义考》，吴树平，《读书》1983 年第 7 期

漫谈天都外臣序本《忠义水浒传》,吴晓铃,《光明日报》1983 年 8 月 2 日

《水浒》简本繁本递嬗过程新证,欧阳健,《文史》1983 年第 18 辑

郭勋与"水浒传",袁世硕,《柳泉》1984 年第 1 期,又见于《水浒争鸣》1985 年第 4 期

李贽评点的《水浒传》版本辨析,朱恩彬,《山东师范大学学报》1984 年第 1 期

评《忠义传》残页发现"意义非常重大"论:《关于〈京本忠义传〉》一文之商榷,张国光,《武汉师院学报》1984 年第 1 期

呼吁研究简本《水浒》意见书,〔美〕马幼垣,《水浒争鸣》1984 年第 3 期

《水浒传》版本考:关于《文杏堂批评水浒传三十卷本》,〔日〕大内田三郎,《水浒争鸣》1984 年第 3 期

《水浒传》的语言:关于《水浒志传评林》本的用语研究,〔日〕大内田三郎;佟金铭,《扬州师院学报》1984 年第 3 期

谈《水浒传》映雪草堂刊本的概况、序文和标目:《水浒传版本探索》之一,刘世德,《水浒争鸣》1984 年第 3 期

从明初的"水浒戏"看《水浒传》祖本的成书年代,王永健,《水浒争鸣》1984 年第 3 期

从《信牌档》中《水浒》残本的发现,看明末《水浒》的传入辽东及女真地区,铁玉钦,《水浒争鸣》1984 年第 3 期

论《水浒》的简本系统,高明阁,《水浒争鸣》1984 年第 3 期

《水浒传》流变四章,闻莺,《水浒争鸣》1984 年第 3 期

袁刊本《水浒》李评确出李贽之手辨:兼评《〈容本〉李评为叶昼伪作说质疑》,欧阳代发,《水浒争鸣》1984 年第 3 期

《忠义水浒传》序,孙述宇,《水浒争鸣》1984 年第 3 期

何者为《水浒传》李贽评本真迹:与朱恩彬同志商榷,欧阳代发,《山东师范大学学报》1984 年第 5 期

《水浒传》的成书年代和作者问题,周维衍,《学术月刊》1984 年第 7 期

从罗贯中《三遂平妖传》看《水浒传》著者和原本问题,罗尔纲,《学术月刊》1984 年第 10 期

东京所见两部《水浒传》,范宁,《明清小说研究》1985 年第 1 期

《京本忠义传》考释,李骞,《明清小说研究》1985 年第 1 期

《水浒》田、王二传新探,赵明政,《江汉论坛》1985 年第 1 期

埋没的珍珠:简介梅氏藏本《水浒》,蒋祖钢,《明清小说研究》1985 年第 2 期

谈《水浒传》映雪草堂刊本的底本:《水浒传版本探索》之一,刘世德,《明清小说研究》1985 年第 2 期

谈新发现之古本《水浒》的几个问题,王同书,《苏州大学学报》1985 年第 1 期

第一部写杨幺起义的小说:罕见孤本《后水浒传》,林辰,《明清小说研究》1985 年第 2 期

《京本忠义传》评价商兑,刘冬等,《贵州文史论丛》1985 年第 2 期

“两截《水浒》论”岂能成立,张国光,《湖北大学学报》1985 年第 3 期

《平妖传》和《水浒传》,欧阳健,《许昌学院学报》1985 年第 3 期

容与堂刻本与贯华堂刻本:兼论金圣叹为什么不满意李卓吾,王晓家,《甘肃社会科学》1985 年第 3 期

《水浒》释名,王利器,《社会科学研究》1985 年第 3 期

英雄忠义之气积于笔墨:浅谈陈洪绶《水浒叶子》,薄松年,《解放军艺术》1985 年第 3 期

关于陈洪绶的《水浒叶子》,裘沙,《新美术》1985 年第 4 期

论巴黎所藏《新刊京本全像插增田虎王庆忠义水浒传》,李国才,《水浒争鸣》1985 年第 4 期

《水浒》中的地名证明了什么?《水浒》成书"嘉靖说"质疑之一,李永祜,《水浒争鸣》1985 年第 4 期

《水浒传》映雪草堂刊本:简本和删节本:《水浒传》版本探索之一,刘世德,《水浒争鸣》1985 年第 4 期

谈《水浒》的"武定板",易名,《水浒争鸣》1985 年第 4 期

映雪草堂本《水浒全传》简介,陆树崙,《水浒争鸣》1985 年第 4 期

罗贯中《水浒传》原本无招安等部分,周维衍,《复旦学报》1985 年第 6 期

水浒札记三题,〔美〕马幼垣,《明报月刊》1985 年第 11 期

《古本水浒传》辨伪,吴小如,《读书》1986 年第 1 期

值得注意的《古本水浒传》,蒋祖钢,《读书》1986 年第 1 期

用《三遂平妖传》不能说明《水浒传》的著者和原本问题:与罗尔纲先生商榷,商韬、陈年希,《学术月刊》1986 年第 2 期

《古本水浒传》辨伪,徐耀明,《湖北大学学报》1986 年第 3 期

《古本水浒传》并非古本辨,陈辽,《湖北大学学报》1986 年第 3 期

《平妖传》的版本以及《水浒传》原本七十回说辨正,徐朔方,《浙江学刊》1986 年第 3 期

《水浒传》的语言:关于“容与堂本”的字句研究,大内田三郎;佟金铭,《扬州师院学报》1986 年第 3 期

鱼目岂能混珠:续辨所谓“新发现”的“古本”《水浒传》之伪,张国光,《湖北大学学报》1986 年第 3 期

评《古本水浒传》,吕致远,《郑州大学学报》1986 年第 4 期

《水浒》源流管窥,侯会,《文学遗产》1986 年第 4 期

斥《古本水浒传》,王利器,《光明日报》1986 年 10 月 7 日

《水浒传》的来源,王利器,《西南师范大学学报》1987 年第 1 期

容本《忠义水浒传》与袁本《忠义水浒全传》批语作者问题补考,严云受,《安徽师范大学学报》1987 年第 2 期

《水浒》版本知见目,陈兆南,(台)《书目季刊》1987 年第 2 期

从“评林本”看《水浒》简本与繁本的关系,傅隆基,《水浒争鸣》1987 年第 5 期

论金圣叹及其伪续的“惊噩梦”,盛瑞裕,《水浒争鸣》1987 年第 5 期

《水浒》成书“嘉靖说”质疑之二,李永祜,《水浒争鸣》1987 年第 5 期

《水浒》三传的比较,唐富龄,《水浒争鸣》1987 年第 5 期

现存最好的一部《水浒》续书:论青莲室主人的《后水浒传》,佘大平,《水浒争鸣》1987 年第 5 期

影印《评林》本缺叶补遗,〔美〕马幼垣,《水浒争鸣》1987 年第 5 期

再评聂绀弩等先生的《水浒》简本先于繁本说:兼辨《水浒》成书之前并无所谓“词话本”流传,张国光,《湖北大学学报》1987 年第 5 期

从梅本《水浒》引出的风波谈起，陈小华，《明清小说研究》1987年第6期

“草莽失身怜赤子”：对《古本水浒传》的一点看法，刘冬，《明清小说研究》1988年第1期

从水浒戏和水浒叶子看《水浒传》的成书年代，李伟实，《社会科学战线》1988年第1期

论《水浒传》的“征四寇”非罗贯中作，黄绍筠，《水浒研究与欣赏》1988年第1期

试论《水浒传》的成书及繁简两种版本系统的关系，刘操南，《水浒研究与欣赏》1988年第1期

试谈《水浒传》的扬道思想及其成书时代，苏小罗，《水浒研究与欣赏》1988年第1期

雄飞馆刊本《英雄谱》与《二刻英雄谱》的区别：《水浒传》版本探索之一，刘世德，《阴山学刊》1988年第1期

《古本水浒传》是伪赝品吗，蒋祖纲，《团结报》1988年1月16日

再论吴读本《水浒传》，侯会，《文学遗产》1988年第3期

从《忠义水浒传》与《忠义水浒全传》对勘看出续加者对罗贯中《水浒传》原本的盗改，罗尔纲，《学术论坛》1988年第6期

巴黎国家图书馆藏《新刊京本全像插增田虎王庆忠义水浒传》残本，《古典文献研究》(1988)，南京大学出版社1989年版

关于《新刊京本全像插增田虎王庆忠义水浒传》，李国才，《古典文献研究》(1988)，南京大学出版社1989年版

杭州与《水浒》，马成生，《水浒研究与欣赏》1989年第2期

钟批本《水浒传》的刊行年代和版本问题：《水浒传》版本探索之一，刘世德，《文献》1989年第2期

戏剧与袁、金评本《水浒传》,胡正强,《徐州师范学院学报》1990年第1期

鲁迅《中国小说史略》舛叙两种《水浒传》版本,刘清渭,《鲁迅研究月刊》1990年第2期

《水浒传原本》序,罗尔纲,《学术月刊》1990年第5期

鲁迅对《水浒传》作者及版本的研究:介绍两份未曾面世的手稿,赵英,《曲靖师专学报》1991年第1期

从杜堇的《水浒人物全图》看《水浒传》的成书年代,李伟实,《社会科学战线》1991年第3期

关于《水浒》的郭勋本与袁无涯本,章培恒,《复旦学报》1991年第3期

论"红巾"与《水浒》:兼论《水浒》的成书年代,苏小罗,《水浒研究与欣赏》1991年第3期

《水浒传》版本谈略,弈之,《学术界》1991年第6期

关于《水浒传》的原本和著者,罗尔纲,《文学报》1991年8月23日

伪中之伪的120回《古本水浒传》剖析,张国光,《湖北大学学报》1992年第1期

影印评林本缺叶再补,〔美〕马幼垣,《湖北大学学报》1992年第1期

冯梦龙与《忠义水浒全传》,傅承洲,《明清小说研究》1992年第3、4期合刊

中国小说艺术演进的一条线索:从明代《水浒传》的版本演变谈起,左东岭,《郑州大学学报》1992年第2期

《水浒》源流新探,侯会,《文学遗产》1992年第6期

论《京本忠义传》的时代、性质和地位,刘世德,《明清小说研究》1993 年第 2 期

《水浒传》七十一回本的形态,鲁德才,《明清小说研究》1993 年第 2 期,又见于《水浒争鸣》2001 年第 6 期

谈《水浒传》双峰堂刊本的引头诗问题,刘世德,《文献》1993 年第 3 期

从人物处理看《古本水浒传》及其真伪,池太宁,《台州师专学报》1993 年第 4 期

《水浒传》成书于元末明初之说不能成立:兼论《水浒传》的作者为罗贯中非施耐庵,李伟实,《社会科学战线》1993 年第 6 期

《水浒传》成书过程再论,〔美〕马幼垣,《湖北大学学报》1993 年第 6 期

金本《水浒》探正,潘承玉,《南京师范大学学报》1994 年第 3 期

李卓吾评郭勋本《忠义水浒传》之发现,王利器,《河北师院学报》1994 年第 3 期

梁山故事的流传和《水浒传》的成书,刘建国,《湘潭大学学报》1994 年第 3 期

《水浒》二题,王珏,《毕节师专学报》1994 年第 3 期

一条《水浒传》原本的新证,罗尔纲,《广西民族学院学报》1994 年第 3 期

《水浒传》成书元末明初及其"罗贯中编次"原本概貌新考,张颖、陈速,《水浒研究与欣赏》1995 年第 5 期

关于日本御茶之水图书馆藏金陵世德堂刊《水浒记》,〔日〕笠井直美,《明清小说研究》1996 年第 2 期

《水浒传》版本之谜,王珏,《固原师专学报》1996 年第 4 期

谈金圣叹对《水浒传》的修改，张载轩，《淮阴师专学报》1996 年第 4 期

《水浒传》“结末不振”问题新议：为纪念施耐庵诞生七百周年而作，欧阳健，《明清小说研究》1996 年第 4 期

《水浒传》祖本及“郭武定本”问题新议，竺青、李永祜，《文学遗产》1997 年第 5 期

论金圣叹对《水浒传》结局的修改，谭璟舜，《广东社会科学》1997 年第 6 期

初论《水浒传》繁本与简本的关系，张杰，《唐都学刊》1998 年第 1 期

金圣叹腰斩《水浒传》说质疑，周岭，《文学评论》1998 年第 1 期

容与堂刻百回本《水浒传》应为《水浒传》祖本，周继仲，《贵州师大学报》1998 年第 2 期

《水浒传》插图面面观，黄可，《书与人》1998 年第 2 期

柳荫成自无心间：《京本忠义传》残页的发现与研究，苗怀明，《古典文学知识》1998 年第 4 期

《水浒传》版本浅说，侯会，《古典文学知识》1998 年第 4 期

谈《水浒传》三种版本的结局，欧阳健，《古典文学知识》1998 年第 4 期

金圣叹腰斩《水浒传》无可怀疑：与周岭同志商榷，王齐洲，《江汉论坛》1998 年第 8 期

从朴刀杆棒到子母炮：《水浒传》成书研究之一，石昌渝，《文学遗产》1999 年第 2 期

《水浒传》祖本问题补说，崔茂新，《齐鲁学刊》1999 年第 2 期

《水浒传》成书元末明初新考，张颖、陈速，《黑龙江社会科学》

1999年第3期

试说龚开的《宋江三十六赞》及其史传之作，吕乃岩，《文学遗产》1999年第4期

《水浒传》无穷会藏本初论：《水浒传》版本探索之一，刘世德，《文学遗产》2000年第1期

朴刀、杆棒、子母炮辨疑，陈松柏，《中国文学研究》2000年第2期

也谈无穷会藏本《水浒传》：兼及《水浒传》版本中的其他问题，谈蓓芳，《中国文学研究》（辑刊）2000年第2期

从金评本《水浒传》看“腰斩”问题，崔茂新，《齐鲁学刊》2000年第5期

鲁迅等定谳的金圣叹“腰斩”《水浒》一案不能翻：兼批周岭袭据罗尔纲抄自周邨的误说之谬，张国光，《湖北大学学报》2001年第1期

《水浒》版本衍变考论，黄俶成，《扬州大学学报》2001年第1期

《水浒传》成书时间新证，王丽娟，《湖北大学学报》2001年第1期

郭勋“移置阎婆事”考辨：论《水浒传》版本嬗递过程中一处情节的移动，李金松，《中国典籍与文化》2001年第2期

《水浒传》大涤余人序本之刊刻年代辨，李金松，《文献》2001年第2期

评张国光《“两种〈水浒〉说”与“两截〈水浒〉说”》，罗文起，《中国社会科学院研究生院学报》2001年第3期

《金瓶梅》与《水浒传》：文字的比勘，刘世德，《上海师范大学学报》2001年第5期

《水浒传》成书于嘉靖初年考，石昌渝，《上海师范大学学报》2001 年第 5 期

空前绝后，独领风骚：金圣叹批点七十回本在《水浒传》版本史上之价值，落馥香，《新闻出版交流》2001 年第 6 期

《水浒》版本考略，姚楚材，《咬文嚼字》2001 年第 6 期

《水浒传》与张士诚起义：《水浒》杂考之一，皋古华、曹晋杰，《水浒争鸣》2001 年第 6 期

《古本水浒传》真伪优劣谈，刘明远，《河南图书馆学刊》2002 年第 1 期

虽非首刊也辉煌：建本《水浒传》说略，方彦寿，《出版广场》2002 年第 2 期

容与堂本《水浒传》的评点在接受链条上的地位，高日晖，《中州学刊》2002 年第 3 期

百回本《忠义水浒传》后三十回应为续书，左汉林，《唐山师范学院学报》2002 年第 4 期

试谈海内外汉籍善本的缀合研究：以李贽评本《忠义水浒传》为中心，谈蓓芳，《中国典籍与文化论丛》2002 年第 7 期

嘉靖残本《水浒传》非郭武定刻本辨，〔美〕马幼垣，收入《明代小说面面观：明代小说国际学术研讨会论文集》2002 年

《水浒传》的三种版本，顾关元，《中国出版》2003 年第 3 期

《水浒》简本与张骥，侯会，《文艺研究》2003 年第 3 期

林冲与高俅：《水浒传》成书研究，石昌渝，《文学评论》2003 年第 4 期

周亮工参与刊刻金圣叹批评《水浒》、古文考论，陆林，《社会科学战线》2003 年第 4 期

《忠义传》与《水浒传》,程毅中,《文史知识》2003 年第 10 期

关于《水浒传》成书时间的几个“内证”考辨,张培锋,《贵州大学学报》2004 年第 2 期

读陈洪绶《水浒叶子》走笔,李永华,《图书与情报》2005 年第 1 期

《水浒传》成书于嘉靖初年续考:答张培锋先生,石昌渝,《文学遗产》2005 年第 1 期

疑《水浒传》前半部撰于明宣德初年:试从小说中的货币信息加以推断,侯会,《文学遗产》2005 年第 5 期

再论元代至明初小说戏曲中货币的使用,沈伯俊,《内江师范学院学报》2005 年第 5 期

《水浒传》的创作与传播问题,张虹、佘大平,《水浒争鸣》2005 年第 8 期

清代的七十回本《水浒传》与征四寇故事,〔日〕马场昭佳,《水浒争鸣》2005 年第 8 期

从梁山的建寨过程看《水浒传》的成书问题,黄海星,(港)《中国文化研究所学报》2005 年第 45 期

《水浒传》的早期接受,王丽娟,《海南大学学报》2006 年第 2 期

从淡薄的斯文气息看《水浒》的作者与成书年代,周腊生,《明清小说研究》2006 年第 4 期

《水浒传》的版本研究与田王二传的作者:与孟繁仁诸先生商榷,李永祜,《广西师范学院学报》2006 年第 4 期,又见于《水浒争鸣》2006 年第 9 期

袁无涯本《水浒传》辨伪,陈玉东,《哈尔滨学院学报》2006 年第 6 期

中国古代水浒木刻画研究,浦玉生,《水浒争鸣》2006 年第 9 期

梁山好汉与刀及酒之关系:兼谈《水浒传》之成书年代,郭万金,《明清小说研究》2007 年第 1 期

从货币信息看《水浒传》成书的两个阶段,张宁,《文学遗产》2007 年第 5 期

《水浒传》成书年代问题再答客难,石昌渝,《文学遗产》2007 年第 5 期

《水浒传》成书于嘉靖说辨证:与石昌渝先生商榷,萧相恺、苗怀明,《文学遗产》2007 年第 5 期

新资料《稗家粹编》的研究价值,向志柱,《文学遗产》2007 年第 6 期

国家图书馆藏《水浒传》残卷出版时期考证及相关问题探讨,〔日〕佐藤晴彦,《中国文学研究》(辑刊)2007 年第 10 期

从唐伯虎一句诗看《水浒传》的成书年代:《水浒传》成书上限小考,刘洪强,《明清小说研究》2008 年第 1 期

简本《水浒传》王庆部分探幽,黄海星,《清华学报》2008 年第 1 期

刍议《水浒》成书、作者及其他,团之,《水浒研究与欣赏》2008 年第 6 期

"浪子"与"一丈青"辨:从燕青赞语看《水浒传》成书的一些问题,张云娟,《水浒争鸣》2008 年第 6 期

《水浒传》成书于嘉靖说再辨证:石昌渝先生《答客难》评议,萧相恺、苗怀明,《文学遗产》2008 年第 6 期

《水浒传》成书时间再探讨,侯会,《文学遗产》2008 年第 6 期

《水浒传》续书面面观,高玉海,《水浒争鸣》2008 年第 10 期

从林冲的“折叠纸西川扇子”看《水浒传》的成书年代,刘铭,《明清小说研究》2009年第4期

从元曲语词的使用看《水浒》的作者与成书年代,周腊生,《明清小说研究》2009年第4期,又见于《水浒争鸣》2009年第11期

明初朱有燉二种“偷儿传奇”与《水浒传》成书,石昌渝,《文学遗产》2009年第5期

《京本忠义传》的断代断性与版本研究,李永祜,《水浒争鸣》2009年第11期

论“《水浒传》成书于嘉靖初年”说之不成立:就教于石昌渝先生,崔茂新,《水浒争鸣》2009年第11期

浅论余象斗《水浒志传评林》评点的价值,林毓莎,《水浒争鸣》2009年第11期

《水浒传》“灵官殿”小考:兼及《水浒传》成书时间问题,王平,《辽东学院学报》2010年第1期

从《金瓶梅》袭用部分推测《水浒》原本面貌,张石川、刘玉,《南京师范大学文学院学报》2010年第3期

论《水浒传》的早期传播:以张丑著录文征明小楷古本《水浒传》为中心,王齐洲,《社会科学研究》2010年第3期

浅谈《水浒》的成书与流传,刘蓓萱,《湖北函授大学学报》2010年第5期

《水浒传》在明清时期的禁毁与传播,樊庆彦,《水浒争鸣》2010年第12期

杜堇版画《水浒人物全图》评析,倪龙娇,《淮南师范学院学报》2011年第1期

《水浒传》牛津残叶试论,刘世德,《菏泽学院学报》2011年第

1 期

《水浒传》不同繁本系统之比较，齐裕焜，《中国典籍与文化》2011 年第 1 期

从《菽园杂记》、《叶子谱》所记“叶子戏”看《水浒传》成书时间，王齐洲、王丽娟，《南开学报》2011 年第 3 期

《忠义水浒全传》修订者考略，傅承洲，《文献》2011 年第 4 期

“不驰于空想，不骛于虚声，而惟以求真”：重提两种《水浒传》版本，俞世芬、丁戊生，《〈三国〉〈水浒〉研究与欣赏》2011 年第 8 期

试论建阳版《水浒传》木刻插图与传播，乔光辉、胡秀娟，《艺术百家》2012 年第 2 期

《水浒传》与说唱词话之关系新证，纪德君，《广州大学学报》2012 年第 3 期

《水浒传》早期传播史料考辨：以杜堇《水浒全图》为中心，王丽娟，《明清小说研究》2012 年第 3 期

古籍中图像空间叙事的表现方式和意义：《水浒传》插图“酒肆空间”的多向度解读，颜彦，《北京科技大学学报》2012 年第 4 期

陈洪绶《水浒叶子》与文本增殖，乔光辉，《南京艺术学院学报》2012 年第 5 期

杜堇《水浒人物全图》伪托考，乔光辉，《艺苑》2012 年第 6 期

评林本《水浒传》插图对小说人物性格的阐释，陆敏、张祝平，《现代语文》2012 年第 9 期

二刻《英雄谱》中《水浒传》插图摹刻钟惺批本插图考，陆敏，《文教资料》2012 年第 10 期

《古本水浒》若干细节小考：以“二阮误走金乡县”为例，任小行，《水浒争鸣》2012 年第 13 期

金本《水浒》的历史地位,石麟,《水浒争鸣》2012 年第 13 期

金圣叹对《水浒传》传播的重要贡献,陈松柏,《水浒争鸣》2012 年第 13 期

明清序跋视野中的《水浒传》接受,王猛,《水浒争鸣》2012 年第 13 期

《水浒传》成书时间“新说”,朱仰东,《水浒争鸣》2012 年第 13 期

《水浒传》简本异同考(上):藜光堂刊本、双峰堂刊本异同考,刘世德,《文学遗产》2013 年第 1 期

《水浒》“古本”与容与堂本之关系,曾晓娟,《文献》2013 年第 2 期

从插图看《水浒》建阳刊本的读者定位,胡小梅,《福建论坛》2013 年第 3 期

论明清时期的“水浒传序”,王辉斌,《聊城大学学报》2013 年第 3 期

《水浒传》简本异同考(下):刘兴我刊本、藜光堂刊本异同考,刘世德,《文学遗产》2013 年第 3 期

论《水浒传》不同版本的文学价值:以评林本和贯华堂本为中心,涂秀虹,《文史哲》2013 年第 4 期

“无知子”像赞与《水浒传》钟评、李评关系探微,乔光辉、何平,《明清小说研究》2013 年第 4 期

《水浒传》林九兵卫刊本批语初探,邓雷、许勇强,《宜宾学院学报》2013 年第 8 期

《水浒传》刘兴我本和藜光堂本数字化研究,周文业,《第四届中国古籍数字化国际学术研讨会论文集》2013 年 8 月

遗香堂本《水浒传》批语初探,邓雷,《牡丹江大学学报》2013 年

第9期

评林本《水浒传》插图对“女祸”思想的阐释，陆敏、张祝平，《现代语文》2013年第11期

《水浒传》原本无征辽故事考：兼说《水浒传》原本的回数，张锦池，《明清小说研究》2014年第1期

明刻《水浒传》插图对梁山受招安事件的诠释，陆敏、张祝平，《现代语文》2014年第2期

《水浒志传评林》版本价值论：以容与堂本为参照，涂秀虹，《明清小说研究》2014年第2期

《水浒传》田虎王庆故事与《平妖传》关系考论，林嵩，《明清小说研究》2014年第2期

重估《水浒传》袁无涯本的价值：以袁无涯本与容与堂本的比勘为中心，刘相雨，《文献》2014年第3期

评点的“再生”功能与《水浒传》的经典化，刘玄，《河北北方学院学报》2014年第3期

重评“袁无涯本”《水浒传》之文本价值，曾晓娟，《明清小说研究》2014年第4期

明刊《水浒》版画插图衍变，胡小梅，《菏泽学院学报》2014年第4期

《水浒后传》的两大版本系统及其差异分析，唐海宏，《长江师范学院学报》2014年第4期

从《白描水浒叶子》看陈洪绶早期插图的绘画特征，温巍山，《兰州大学学报》2014年第5期

象征与变形：建本《水浒传》插图之于文本的接受，乔光辉，《东南大学学报》2014年第5期

中国明代《水浒传》插图与日本江户《水浒传》插图比较研究，时准，《美术教育研究》2014年第7期

明清刊本《水浒传》插图的形态演变及其文学批评价值，王岩，《文艺评论》2014年第8期

论《水浒叶子》插图的商业特征与高古风格的形成，温巍山，《美术观察》2014年第11期

署名李贽批评的几种《忠义水浒传》刊本之真伪略述，李云涛，《大理学院学报》2014年第11期

金本《水浒》缘何成三百年定本，周传授，《水浒争鸣》2014年第14期

《水浒传》天都外臣序言考辨，邓雷，《临沂大学学报》2015年第1期

英雄谱本《水浒传》批语初探，邓雷，《乐山师范学院学报》2015年第1期

实证主义的困窘：《水浒传》的版本、作者与成书，张国风，《文艺研究》2015年第2期

艾氏珍藏插增甲本《水浒》残本新探，〔日〕氏冈真士，《明清小说研究》2015年第3期

从金圣叹批"俗本"看贯华堂本《水浒传》的底本及其他问题，邓雷，《宜宾学院学报》2015年第3期

南、北支水浒故事与《水浒传》成书，胡以存，《明清小说研究》2015年第3期

容与堂《水浒传》评点所见"佛"字浅析，王强，《内江师范学院学报》2015年第3期

《水浒传》三题，李永祜，《明清小说研究》2015年第3期

余象斗和金圣叹的文化选择辨异：基于对《水浒传》评改的比较，

曾凡盛,《苏州教育学院学报》2015 年第 3 期

再论雄飞馆刊本《英雄谱》与《二刻英雄谱》的区别,邓雷,《中国典籍与文化》2015 年第 3 期

从《点将录》看《水浒传》版本的流传,邓雷,《聊城大学学报》2015 年第 4 期

钟伯敬本《水浒传》批语略论,邓雷,《文艺评论》2015 年第 4 期

《水浒传》林九兵卫本与袁无涯本比较研究:以评语为考察视阈,许勇强、邓雷,《山西师大学报》2015 年第 5 期

无穷会本《水浒传》研究:以批语、插图、回目为中心,邓雷,《东方论坛》2015 年第 5 期

《水浒传》的版本和演化,周文业,《水浒争鸣》2015 年第 15 期

袁无涯刊本与大涤余人序本《水浒传》关系考辨,邓雷,《水浒争鸣》2015 年第 15 期

试论水浒故事的重写过程与庶民接受,陈依萱,(台)《东吴中文研究集刊》2015 年第 21 期

《水浒传》两种伪李评本考辨,李永祜,《中国文学研究》2015 年第 25 期

从货币信息看《水浒传》研究中的问题,杨大忠,《明清小说研究》2016 年第 1 期

两种《水浒传》为何“再造”一百回本:加州大学伯克莱校藏本与东京大学文学部藏本,〔日〕荒木达雄,《河北学刊》2016 年第 1 期

小说序跋与《水浒传》在清代的接受,王军明、张军辉,《齐鲁学刊》2016 年第 1 期

金圣叹评《水浒传》底本探析及再思考,邓雷,《集美大学学报》2016 年第 2 期

《宣和遗事》与《宋江三十六赞》中水浒故事时间先后考论:兼论“梁山泊聚义本末”的产生时间,许勇强、李蕊芹,《明清小说研究》2016年第2期

关于国图藏全本容与堂刊《水浒传》的几个问题,邓雷,《明清小说研究》2016年第4期

从水浒故事政治心态的变迁看《水浒传》的成书时间,许勇强、邓雷,《内江师范学院学报》2016年第5期

谈谈郭武定本和繁本系统的两个支系,张杰,《水浒争鸣》2016年第16期

3.4.《西游记》及其续仿作品

《西游记》考证,胡适,《读书杂志》1922 年第 6 期

读《西游记考证》,董作宾,《读书杂志》1922 年第 7 期

古本《西游记》校读后记,汪原放,《亚东图书馆馆刊》1921 年

《西游记》考证,胡适,《努力周报·读书杂志》1923 年第 6 期

四游记杂识,赵景深,《文学周报》1929 年第 8 期,又收入《小说闲话》,北新书局 1937 年版

《西游记》玄奘弟子故事之演变,陈寅恪,《国立中央研究院历史语言研究所集刊》1930 年第 2 期

跋四游记本的西游记传,胡适,《国立北平图书馆馆刊》1931 年第 3 期

驳《跋销释真空宝卷》,俞平伯,《文学》1933 年创刊号

西游记的演化,郑振铎,《文学》1933 年第 4 期

《西游记》杂谈,赵景深,1937 年

西游记的再认识(上、下),李辰冬,《学生之友》1941 年第 1、2 期

关于西游记江流僧本事,台静农,《文史杂志》1941 年第 6 期

"西游记"研究,袁圣时,(台)《台湾文化》1948 年第 1 期

关于《西游记》的版本,张左,《文学书刊介绍》1954 年第 8 期

论《西游记》的第九回问题,黄肃秋,《文学书刊介绍》1954 年第 8 期

论"西游记",李祜,《湖南师院学报》1957 年第 2 期

谈《西游记平话》残文,赵景深,《文汇报》1961 年 7 月 8 日

关于《西游记》的几个问题,苏兴,《文学遗产》(增刊)1962 年第 10 期

西游记的明刻本:伦敦所见中国小说书目提要之一,〔澳〕柳存仁,(港)《新亚学报》1963 年第 2 期

西游记的版本的源流及其异同,赵聪,收入《中国四大小说之研究》,(港)友联出版社 1964 年版

西游记祖本考的再商榷,〔英〕杜德桥(Dudbridge, Glen),(港)《新亚学报》1964 年第 2 期

再谈西游记的版本,赵聪,《华侨日报》1964 年 10 月 14 日

韩国流传之西游记平话遗本,罗锦堂,(港)《Journal of Oriental Studies》1969 年第 2 期

四游记有无明刻本,〔澳〕柳存仁,收入《论今人研究中国小说之得失》,(港)孟氏出版公司 1972 年版

跋唐三藏西游释厄传,〔澳〕柳存仁,收入《伦敦所见中国小说书目》,(台)凤凰出版社 1974 年版

百回本西游记及其早期版本(上、下),〔英〕杜德桥(Dudbridge, Glen),(台)《中外文学》1977 年第 9、10 期

读《四游记》,赵景深,收入《中国小说丛考》,齐鲁书社 1980 年版

国内发现明刊李卓吾评《西游记》,蓼南,《文学遗产》1980 年第 2 期

谈谈《西游记》的一些问题:一九五五年三月二十七日在北京图书馆的讲演(提纲),严敦易,《文献》1981 年第 2 期

大唐三藏取经诗话成书时代考辨,李时人、蔡镜浩,《徐州师院学报》1982 年第 3 期

《大唐三藏取经诗话》写作时代蠡测,刘坚,《中国语文》1982 年第 5 期

《西游记》祖本考的再商榷,〔英〕杜德桥(Dudbridge, Glen),《中国古代小说研究:台湾香港论文选辑》,上海古籍出版社 1983 年版

重评朱鼎臣《唐三藏西游释厄传》的地位和价值,陈新,《江海学刊》1983 年第 1 期

略论吴承恩《西游记》中的唐僧出世故事,李时人,《文学遗产》1983 年第 1 期

失而复得倍觉亲:李卓吾评本《西游记》简介,邓平、式宁,《江海学刊》1983 年第 1 期

杨志和《西游记》摭谈,苏兴,《文学遗产》1983 年第 2 期

西游记若干情节的本源五探,曹仕邦,(台)《书目季刊》1983 年第 4 期

有关《西游记》的几个问题(上、下),张静二,(台)《中外文学》1983 年第 5、6 期

《西游记》的接纳与流传:以明代正德到崇祯年间为中心,〔日〕矶部彰;王孝廉,《中国古典小说研究专集》1983 年第 6 期

论西游记三版本间之关系,郑明俐,《中国古典小说研究专集》1983 年第 6 期

两部《西游记》比较谈,李忠昌,《社会科学辑刊》1984 年第 1 期

西游记若干情节的本源七探,曹仕邦,(台)《书目季刊》1985 年第 1 期

《西游记》的原本及其改作,〔日〕小川环树;胡天民,《明清小说研究》1985 年第 1 期

《西游记》的原本及其改作,〔日〕小川环树;赵博源,《中国古典文学丛考》1985 年第 1 期

《西游记》校者"华阳洞天主人"新考,陈澉,《明清小说研究》

1985 年第 2 期

明刊朱鼎臣《唐三藏西游释厄传》,李时人,《明清小说论丛》1985 年第 3 期

后西游记略论,林保淳,(台)《中外文学》1985 年第 5 期

全真教和小说《西游记》(一至五),〔澳〕柳存仁,(港)《明报月刊》1985 年第 5 至 9 期

略谈《唐三藏西游释厄传》,程弘,《光明日报》1985 年 6 月 4 日

谈《李卓吾先生批评西游记》的板刻,苏兴,《文献》1986 年第 1 期

“四游记”版本考,李时人,《徐州师范学院学报》1986 年第 2 期

《鼎镌全相唐三藏西游释厄传》自身所揭示的几个问题,姚政,《明清小说研究》1986 年第 3 期

再论《西游记》的版本源流,陈新,《明清小说研究》1986 年第 3 期

百回本《西游记》的前驱:评朱鼎臣《西游释厄传》,陈君谋,《上海师大学报》1986 年第 4 期

由重出诗探讨西游记与封神演义的关系,〔美〕康士林(Nicholas-Koss);吕健忠,(台)《中外文学》1986 年第 11 期

《西游记》祖本问题新论,方胜,《贵州文史丛刊》1987 年第 1 期

《西游记》与元明清宝卷,刘荫柏,《文献》1987 年第 4 期

西游记简本阳、朱二本之先后及简繁本之先后,〔澳〕柳存仁,(台)《汉学研究》1988 年第 1 期

善取善创,别开生面:《西游记》续书略论,陈惠琴,《明清小说研究》1988 年第 3 期

熊云滨与世德堂本《西游记》,方彦寿,《文献》1988 年第 4 期

《西游记》版本源流探幽,陈澉,《北方论丛》1988 年第 6 期

《西游记》祖本新探,邢治平等,《新疆社会科学》1988 年第 6 期

《西游记》的源流、版本、史诗与寓言(上、下),〔美〕余国藩(Yu, Anthony C.)、李奭学,(台)《中外文学》1988 年第 6、7 期

《西游记》祖本新探,古月,《甘肃社会科学》1989 年第 2 期

《取经诗话》的成书及故事系统:孙悟空形象探源,蔡铁鹰,《明清小说研究》1989 年第 3 期

关于《西游记》的祖本和主旨问题,金有景,《南都学坛》1989 年第 4 期

关于《西游记》祖本问题的思考,熊秉尧,《内江师专学报》1990 年第 1 期

现存世德堂本《西游记》是否即熊云滨重刻本的探讨,苏兴,《文献》1990 年第 1 期

略论《西游记》续书三种:《续西游记》《西游补》《后西游记》考略,石麟,《明清小说研究》1990 年第 2 期

评《关于〈西游记〉的祖本和主旨问题》,吴圣昔,《南都学坛》1991 年第 1 期

回目对读的发现和启示:《西游记》版本研究之一,吴圣昔,《明清小说研究》1991 年第 2 期

《西游记》阳本是吴本"雏形"吗,吴圣昔,《盐城师专学报》1991 年第 2 期

《西游证道书》"原序"是虞集所撰吗:虞集《西游记序》真伪探考,吴圣昔,《明清小说研究》1991 年第 3 期

论《西游记》的成书,徐朔方,《社会科学战线》1992 年第 2 期

《西游记》第七回研究,苏兴,《社会科学战线》1992 年第 2 期

“大略堂《释厄传》古本”之谜试解，吴圣昔，《明清小说研究》1992 年第 3、4 期合刊

世德堂本《西游记》的夹批及其版本意义，吴圣昔，《淮阴师专学报》1992 年第 4 期

《西游记》研究，江津，收入《社会科学争鸣大系（1949—1989）：文学·艺术·语言卷》，上海人民出版社 1993 年版

从须菩提看《西游记》的创作思路，陈洪，《文学遗产》1993 年第 1 期

论《西游记》的原本和原作者，〔美〕余国藩（Yu，Anthony C.）；赵鑫虎，《伊犁师范学院学报》1993 年第 3 期

董说《西游补》考述，徐江，《中国社会科学院研究生院学报》1993 年第 4 期

西游记考证（三题），马旷源，《楚雄师专学报》1993 年第 4 期

《西游记》四题，竺洪波，《宁波师院学报》1993 年第 4 期

《西游记》祖本新探，王辉斌，《宁夏大学学报》1993 年第 4 期

关于《西游记》研究的几个问题，杨俊，《社科信息》1993 年第 6 期

《西游记》成书于蕲春，童德彦，《新华文摘》1993 年第 8 期

《西游记》质疑，张静二，（台）《中外文学》1993 年第 12 期

记味潜斋石印本《新说西游记图像》：附记《古本小说集成》本《新说西游记》，苏兴、苏铁戈、苏壮歌，《社会科学战线》1994 年第 4 期

两部神魔小说成书先后考：《西游记》成书过程新探之二，刘振农，《中国人民警官大学学报》1995 年第 1 期

李评本二探，吴圣昔，《明清小说研究》1995 年第 2 期

《西游证道书》杂考二题，吴圣昔，《文教资料》1995 年第 2 期

《证道书》白文是《西游记》祖本吗：与王辉斌《〈西游记〉祖本新探》商榷，吴圣昔，《宁夏大学学报》1995 年第 2 期

关于《二郎搜山图》，黄永年，《中国典籍与文化论丛》1995 年第 3 期

“华阳洞天主人”与《西游记》，杨俊，《明清小说研究》1995 年第 3 期

世本陈《序》的信息价值和疑歧透视：《西游记》版本研究之一，吴圣昔，《明清小说研究》1995 年第 3 期

《西游记》世本三题，吴圣昔，《古籍整理研究学刊》1995 年第 5 期

黄周星与《西游证道书》的新资料，（美）魏爱莲（Widmer, Ellen），收入《’93 中国古代小说国际研讨会论文集》，开明出版社 1996 年版

《朴通事谚解》与《西游记》平话，李伟实，《文史知识》1996 年第 2 期

《西游记》札丛（一、二），吴圣昔，《文教资料》1996 年第 3、5 期

从“乌鸡国”的增插看《西游记》早期刊本的演变，侯会，《文学遗产》1996 年第 4 期

宗教光环下的尘俗治平求索：论世本《西游记》的文化价值，张锦池，《文学评论》1996 年第 6 期

关于《西游记》祖本的再探讨：吴圣昔评文驳论，王辉斌，《宁夏大学学报》1997 年第 1 期

论《西游记》续书，郭明志，《学习与探索》1997 年第 1 期

说朱本是晚于世本和杨本的三缀本：《西游记》版本源流考论之

二,张锦池,《北方论丛》1997 年第 1 期

《西游记》的宗教文字版本问题,陈洪,《运城高专学报》1997 年第 1 期

《西游释厄传》综考辨证录:兼谈王辉斌的"西游释厄传"论,吴圣昔,《宁夏大学学报》1997 年第 1 期

《西游记》"世补本"补说,侯会,《文学遗产》1997 年第 2 期

《西游记》版本探索,程毅中、程有庆,《文学遗产》1997 年第 3 期

关于《西游记平话》的几点考辨,李正民、宋俊玲,《晋阳学刊》1997 年第 3 期

《西游记》西海龙王大名之失(外一题),吴圣昔,《明清小说研究》1997 年第 4 期

论《西游记》的前世本,吴圣昔,《临沂师范学院学报》1997 年第 5 期

《西游记》小话,吴圣昔,《明清小说研究》1998 年第 2 期

评李安纲《西游记》论的版本基础,吴圣昔,《山西大学学报》1999 年第 2 期

《西游记》乌鸡国故事"增插"说辨证,吴圣昔,《明清小说研究》1999 年第 2 期

关于吴承恩《西游记》祖本问题:兼与吴圣昔先生商榷,陈新,《文教资料》1999 年第 4 期

谈《西游记》故事的演变,陈辽,《古典文学知识》1999 年第 4 期

《西游记》版本浅说,吴圣昔,《古典文学知识》1999 年第 4 期

原本不迷,解而益迷:与李安纲商榷,郑文,《第二届全国西游记文化学术研讨会论文集》1999 年 8 月

知其一不知其二则迷:与郑文先生商榷,潘慎,《第二届全国西游

记文化学术研讨会论文集》1999 年 8 月

论《西游记》鲁本和周本信息的异同性，吴圣昔，《上海大学学报》2000 年第 2 期

《西游记》鲁府本揭秘：兼谈登州府本之真相，吴圣昔，《明清小说研究》2000 年第 2 期

《西游记》源流版本问题之我见：致陈新先生，吴圣昔，《文教资料》2000 年第 2 期

《西游记》元批评发微，龚际平，《明清小说研究》2000 年第 2 期

《西游记》成书过程探讨：从福建顺昌宝山的"双圣神位"谈起，齐裕焜，《福州大学学报》2000 年第 3 期

《大唐三藏取经诗话》的成书时代与方言基础，袁宾，《中国语文》2000 年第 6 期

也谈《西游记》的版本次第：评沈承庆先生《话说吴承恩》中的版本论述，李安纲，《山西大学学报》2001 年第 4 期

《西游记》版本研究的共同坐标：试以"词话本→前世本→世本"三者关系为基点，吴圣昔、吴惟，《南京师大文学院学报》2002 年第 2 期

《西游记》佚本知多少，吴圣昔，《古典文学知识》2003 年第 2 期

论《西游记》与全真教之缘，陈洪、陈宏，《文学遗产》2003 年第 6 期

从《至元辨伪录》到《西游记》，胡小伟，《河南大学学报》2004 年第 1 期

《心经》与"心猿"，程毅中，《文学遗产》2004 年第 1 期

《西游记》朱、杨二本关系论，曹炳建、张彩丽，《明清小说研究》2004 年第 1 期

《二郎宝卷》与小说《西游记》关系考,陈宏,《甘肃社会科学》2004 年第 2 期

《二郎搜山图歌》与《西游记》,钟扬,《明清小说研究》2004 年第 2 期

《西游证道书》成书年代考,王裕明,《明清小说研究》2004 年第 4 期

杨闽斋《新镌全像西游记传》版本研考(上、下),吴圣燮,《明清小说研究》2004 年第 4 期、2005 年第 4 期

辨别《西游记》版本源流的语言依据,暴拯群,《中共郑州市委党校学报》2005 年第 2 期

《西游补》所附“杂记”考辨,高玉海,《古籍整理研究学刊》2005 年第 2 期

民国石印本《西游真诠》的变异:《西游记》版本中的一个案例分析,胡淳艳,《水浒争鸣》2005 年第 8 期

董斯张《西游补》原本十五回考,傅承洲,《文献》2006 年第 1 期

两套西游故事的扭结:对《西游记》成书过程的一个侧面考察,苗怀明,《明清小说研究》2007 年第 1 期

尘故庵藏《西游记》版本述略,宁稼雨,《淮海工学院学报》2007 年第 2 期

关于《西游记》世德堂百回本的创新意义,胡胜,《北京师范大学学报》2007 年第 2 期

《朴通事谚解》与《西游记》形成史问题,石昌渝,《山西大学学报》2007 年第 3 期

清刻《西游真诠》版本研考:《西游记》版本史之一,吴圣燮,《明清小说研究》2007 年第 4 期

探寻迷失的古道荒径:金元新道教与《西游记》成书之关系,王增斌,《明清小说研究》2007年第4期

《西游记》、《金瓶梅》有关资料蠡测,苏铁戈,《明清小说研究》2007年第4期

虞集《〈西游记〉序》考证,石钟扬,《明清小说研究》2007年第4期

论《西游记》传播源流的南北系统:兼答蔡铁鹰先生,徐晓望,《东南学术》2007年第5期

明朝后期《西游记》的集大成及其传播,〔日〕矶部彰;黄毅,《中国文学研究》(辑刊)2007年第8期

以明清民间宗教宝卷考察《西游记》的版本演变,万晴川,《中国文学研究》(辑刊)2007年第8期

从"己巳"纪年错误看《西游记》唐传的删落与版本流变,曹炳建,《明清小说研究》2008年第2期

闽斋堂本《西游记》渊源初探,胡胜,《文学遗产》2008年第2期

神性、物性与人性的结合:《西游记》小说版画的发展,胡淳艳,《艺苑》2008年第3期

女儿国的变迁:《西游记》成书一个"切面"的个案考察,胡胜,《明清小说研究》2008年第4期

《西游记》在明代的文本传播,李蕊芹,《社会科学辑刊》2008年第5期

《唐僧取经图册》探考,曹炳建、黄霖,《上海师范大学学报》2008年第6期

《西游记》在清代的文本传播,许勇强,《社会科学家》2008年第10期

明清时期《西游记》世德堂本及简本的传播，苏静，《明代文学与科举文化国际学术研讨会论文集》2008 年 11 月

从回目的比勘试探《西游记》版本问题，李小龙，《明清小说研究》2009 年第 1 期

金陵插图与《西游记》传播：兼谈金陵、徽州、建阳插图异同，乔光辉、郭威，《淮海工学院学报》2009 年第 2 期

《西游记》世德堂本研究二题，曹炳建，《东南大学学报》2009 年第 2 期

从明清金陵、苏州版画的演变观其风格的同异，周亮，《江南大学学报》2009 年第 3 期

《西游记》李评本成书考，黄玲贵，（台）《有凤初鸣年刊》2009 年第 4 期

论《西游记》故事的图像传播，孔庆茂，《江西社会科学》2009 年第 10 期

论《西游记》校改者唐鹤征：读陈元之序（一），胡令毅，《昆明学院学报》2010 年第 1 期

《西游记》的传播与经典化的形成，陈宏，《文学与文化》2010 年第 3 期

世德堂刊本《西游记》传本考述，〔日〕上原究一，《文学遗产》2010 年第 4 期

坊刻的传播方略：以《西游记》为中心，朱燕、徐宝丰，《河北学刊》2010 年第 5 期

《西游记》的成书与俗讲、说话，张同胜，《中国古代小说戏剧研究》2010 年第 7 期

《西游记》现存版本系统叙录，曹炳建，《淮海工学院学报》2010

年第10期

《西游记》佚本探考，曹炳建，《明清小说研究》2011年第2期

多源与多义：从成书过程看世本《西游记》文本的多义性，冯大建，《明清小说研究》2011年第4期

《西游证道大奇书》及其相关问题，赵红娟，《文献》2011年第4期

《李卓吾先生批评西游记》插图对版本考订的价值，杨森，《艺术探索》2011年第5期

世德堂本《西游记》与《目连救母劝善戏文》的互文研究，杨森，《徐州师范大学学报》2011年第6期

丹青妙手镌图像幽艳恢奇演"西游"：论"杨评本"在"西游"故事演进中的地位，杨森，《明清小说研究》2012年第1期

明清时期《西游记》评点本的传播，苏静，《长江学术》2012年第3期

金陵世德堂本《西游记》插图之于文本接受，乔光辉，《中国美术研究》2012年第4期

沉情于文本之内，化境于图像之外：《李卓吾先生批评西游记》插图文人画特点，杨森，《艺术探索》2012年第5期

抽象与世俗：建本《西游记》插图的文本接受，乔光辉，《东南大学学报》2013年第1期

明代古本《西游记》与《目连戏》"图-文"互文性研究，杨森，《文学与图像》2013年第2期

世德堂本《西游记》与《西洋记》"语-图"互文研究，陈晓，《明清小说研究》2013年第3期

世德堂本《西游记》插图艺术特点，陈晓、杨森，《文艺评论》2013

年第 10 期

“图-文”互文视野下的《李卓吾先生批评西游记》插图“顷间”研究，杨森，《明清小说研究》2014 年第 1 期

浅析《西游记》明代插图本对孙悟空性格的阐释：以孙悟空的“跪拜”为例，张鹏、张祝平，《现代语文》2014 年第 1 期

新见巴黎藏明刊《新刻全像批评西游记》考，潘建国，《文学遗产》2014 年第 1 期

《西游记》古今刊本中唐僧家世的比勘，李洪甫，（台）《书目季刊》2014 年第 3 期

《西游记》“前世本”臆探，许振东，《河北学刊》2014 年第 3 期

《西游记》世德堂与李评本插图阐释的不同，张鹏、张祝平，《衡水学院学报》2014 年第 3 期

董说《西游补》的版本、序跋考辩，韩洪举，《浙江师范大学学报》2014 年第 5 期

“李贽批评本”《西游记》的几个问题，王辉斌，《南阳师范学院学报》2014 年第 7 期

《西游真诠》翠筠山房本与书业堂本图赞比较研究，李慧、张祝平，《现代语文》2014 年第 11 期

《西游原旨》成书考，张莹、郭健，《图书馆杂志》2015 年第 3 期

重新整理《西游记》补录唐僧家世的三个问题，沈海玲、李洪甫，《淮海工学院学报》2015 年第 12 期

甘肃地区“唐僧取经图”与《西游记》，霍志军，《明清小说研究》2016 年第 2 期

《朴通事谚解》及其所引《西游记》新探，潘建国，（港）《岭南学报》（复刊）2016 年第 6 期

3.5. 明代其他小说作品及相关研究

岳传的演化,郑振铎,《文学周报》1925 年第 376 期

建文逊国传说的演变,胡适,《国立中央研究院历史语言研究所集刊》1928 年第 1 期

跋陈眉公《列国志传》,孙楷第,《北平图书馆馆刊》1930 年第 5 期

三言二拍源流考,孙楷第,《国立北平图书馆馆刊》1931 年第 2 期

拍案惊奇的来源,赵景深,《文学期刊》1934 年第 1 期

《清平山堂话本》与《雨窗欹枕集》,马廉,《大公报图书副刊》1934 年 4 月 14 日,又见于《北平图书馆刊》1934 年第 2 期

雨窗欹枕集,赵景深,《大公报文艺副刊》1935 年 6 月 16 日

三宝太监西洋记,赵景深,《青年界》1936 年第 1 期

残唐五代史演传,赵景深,《复旦学报》1936 年第 3 期

英烈传,赵景深,《青年界》1936 年第 3 期

醒世恒言的来源和影响,赵景深,《文学》1937 年第 6 期

警世通言的来源和影响,赵景深,《红茶》1938 年第 1－3 期

喻世明言的来源和影响,赵景深,《东南风》1939 年第 4 期,又收入《学术》1940 年第 1 期

封神演义与武王伐纣平话,赵景深,《万象》1941 年第 3 期

明代的彩色印刷:插图 · 评点 · 画谱 · 图籍的衍变(续完),〔澳〕柳存仁,(港)《大风》1941 年第 91 期

《杨家将》考证,卫聚贤,《说文月刊》1944 年第 4 期

《杨家将》故事考信录,余嘉锡,《辅仁学志》1945 年第 1、2 期

《杨家将》故事与杨业父子,翦伯赞,《中原月刊》1945 年第 1 期

武王伐纣平话与列国志传,周贻白,《文艺春秋》1945 年第 5 期

二刻拍案惊奇的来源和影响(上、下),赵景深,《文章》1946 年第 1、2 期

漫步书林:余象斗《列国志传》,西谛,《人民日报》1956 年 9 月 3 日

拍案惊奇的原刊本,李田意,(台)《清华学报》1958 年第 3 期

坊刊本《列国志传》,刘修业,收入《古典小说戏曲丛考》,作家出版社 1958 年版

记嘉靖本翡翠轩及梅杏争春:新发现的清平山堂话本二种,阿英,收入《小说闲谈》,上海古典文学出版社 1958 年版

拍案惊奇最后四卷的原文,李田意,(台)《清华学报》1961 年第 2 期、1962 年第 1 期

明代南京的木刻插图艺术,王达弗,《雨花》1962 年第 9 期

“三言”的版本及其他,陆树崙,《复旦大学学报》1963 年第 1 期

明代的活字印书(上、下),梁子涵,(台)《大陆杂志》1966 年第 6、7 期

熊龙峰所刊短篇小说四种考释,〔美〕马幼垣,(台)《清华学报》1968 年第 1 期,收入《中国古代小说研究:台湾香港论文选辑》,上海古籍出版社 1983 年版

谈明成化刊本“说唱词话”,赵景深,《文物》1972 年第 11 期

《平妖传》著作问题之研究,〔美〕韩南(Hanan, Patrick);梁晓莺,(台)《中外文学》1975 年第 2 期

《古今小说》中某些故事的作者问题,〔美〕韩南(Hanan, Patrick);陈淑英,(台)《中外文学》1975 年第 6 期

《蒋兴哥重会珍珠衫》与《杜十娘怒沈百宝箱》撰述考,〔美〕韩南(Hanan, Patrick);吴璧婉,(台)《中外文学》1976 年第 1 期

冯梦龙所编“三言”的版本与流传,胡万川,(台)《中华文化复兴月刊》1976 年第 6 期

凌濛初的初、二刻拍案惊奇,〔美〕韩南(Hanan, Patrick);姜台芬,(台)《中外文学》1977 年第 8 期

明代北京的刻书,张秀民,《文献》1979 年第 1 期

凌濛初之生平和其二刻拍案惊奇,徐文助,(台)《中华文化复兴月刊》1979 年第 2 期,又收入《中国古典小说论谈》,书目文献出版社 1987 年版

明成化说唱词话十六种:近年新发现最古的诗赞系说唱文学刊本,曾永义,(台)《中外文学》1979 年第 5 期

明代印书最多的建宁书坊,张秀民,《文物》1979 年第 6 期

清平山堂话本,赵景深,收入《中国小说丛考》,齐鲁书社 1980 年版

杨家将故事的演变,赵景深,收入《中国小说丛考》,齐鲁书社 1980 年版

《杨家将》与《宋传续集》,赵景深,收入《中国小说丛考》,齐鲁书社 1980 年版

冯梦龙“三言”新证:记明刊《小说》(五种)残本,袁行云,《社会科学战线》1980 年第 1 期

明成化刊本说唱词话述考,谭正璧、谭寻,《文献》1980 年第 3、4 期

《杨家将》杂议,顾全芳,《文汇报》1980 年 9 月 1 日

明代南京的印书,张秀民,《文物》1980 年第 11 期

三言叙及眉批的作者问题,胡万川,《中国古典小说研究专集》1980年第2集

谈谈明刻本及刻工:附明代中期苏州地区刻工表,冀叔英,《文献》1981年第2期

列国志考,钱静方,收入《小说丛考》(卷上),(台)新文丰出版公司1982年版

西汉演义考,钱静方,收入《小说丛考》(卷上),(台)新文丰出版公司1982年版

杨家将演义考,钱静方,收入《小说丛考》(卷上),(台)新文丰出版公司1982年版

《三言》中的冯梦龙作品考辨,徐朔方,《杭州大学学报》1982年第1期

谈明成化刊本"说唱词话",周启付,《文学遗产》1982年第2期

冯梦龙著述考补,谢巍,《文献》1982年第4期

试论明代版刻的成就,曹之,《图书情报知识》1982年第4期

关于三桂堂刊本警世通言第四十卷,胡万川,《中国古典小说研究专集》1982年第5集

《宋太祖龙虎风云会》与《三国演义》,陈铁民,《文学评论丛刊》1982年第16辑

《杜十娘怒沉百宝箱》的由来,徐朔方,《社会科学战线》1983年第1期

谈谈明代的活字印刷,曹之,《图书情报知识》1983年第1期

谈谈明代的版画,曹之,《图书馆》1983年第5期

明小说家余象斗及余氏刻小说戏曲,官桂铨,《文学遗产》(增刊)1983年第15期

读《明刊古本宣和遗事》,陈兆南,(台)《书目季刊》1984 年第 3 期

明代刻书述略,李致忠,《文史》1984 年第 23 辑

明刊《包公传》内容述略,阿英,收入《小说三谈》,上海古籍出版社 1985 年版

《平妖传》版本初探,陆树仑,收入《中国古典文学丛考》1985 年第 1 集

冯梦龙社籍考,金德门,《中华文史论丛》1985 年第 1 期

明代国子监刻书,张琏,(台)《"中央图书馆"馆刊》1985 年第 1 期

明代后期文言小说刊行概况(上、下),〔日〕大塚秀高;谢碧霞,(台)《书目季刊》1985 年第 1、3 期

《三刻拍案惊奇》考,郭松年,《山东图书馆季刊》1985 年第 1 期

隆庆刻本《剑侠传》叙录,刘荫柏,《文学遗产》1985 年第 2 期

明末金陵版画,周芜,《美术》1985 年第 2 期

关于《冯梦龙著述考补》:《冯梦龙著述考补》补正,易名,《文献》1985 年第 2 期

《平妖传》和《水浒传》,欧阳健,《许昌学院学报》1985 年第 3 期

三遂平妖传原本考辨,欧阳健,《中华文史论丛》1985 年第 3 期

中世纪文坛巨星冯梦龙,缪咏禾,《苏州大学学报》1985 年第 4 期

《娇红记》成书经纬:其变迁及流传过程,〔日〕伊藤漱平;谢碧霞,(台)《中外文学》1985 年第 12 期

关于《警世通言》的版本:以佐伯文库本和都立中央图书馆本为中心,〔日〕大塚秀高,收入《中国:社会和文化》1986 年第 1 辑、《明清

小说研究》1989 年第 1 期

试谈明代版刻,李德山,《古籍整理研究学刊》1986 年第 1 期

论明代徽州刻书,严佐之,《社会科学战线》1986 年第 3 期

谈北图所藏明版《牛郎织女传》,程有庆,《文献》1986 年第 3 期

《平妖传》的版本以及《水浒传》原本七十回说辨正,徐朔方,《浙江学刊》1986 年第 3 期

明代小说家、刻书家余象斗,肖东发,《明清小说论丛》1986 年第 4 期

一部流落在东瀛的,旧小说《隋史遗文》,杨启樵,(港)《读者良友》1986 年第 5 期

明代刻书家熊宗立述考,方彦寿,《文献》1987 年第 1 期

明代南直隶江南地区私人刻书概述,叶树声,《文献》1987 年第 2 期

明刻《牛郎织女传》是建阳麻沙本,官桂铨,《文献》1987 年第 2 期

明福建刻本《宣和遗事》,官桂铨,《文献》1987 年第 3 期

《如意君传》的刊刻年代及其与《金瓶梅》之关系,刘辉,《徐州师院学报》1987 年第 3 期

试论明代戏曲小说插图的兴盛原因,廖以厚,《东华理工学院学报》1987 年第 3 期,又见于《抚州师专学报》1987 年第 3 期

明代出版家:余象斗传奇,朱传誉,(台)《中外文学》1987 年第 4 期

谈《菽园杂记》十五卷本,伍跃,《文献》1987 年第 4 期

明代古籍插图本的创新与发展,郭松年,《黑龙江图书馆》1987 年第 5 期,又见于《图书馆建设》1987 年第 5 期

关于邓志谟的道教小说,〔日〕小野四平;陈桂声、刘红军,《明清小说研究》1988 年第 1 期

论明代通俗小说的发展,陈大康,《明清小说研究》1989 年第 1 期

唐解元一笑姻缘研究,郑阿财,(台)《汉学研究》1988 年第 1 期

《西洋记》发微,冯汉镛,《明清小说研究》1988 年第 1 期

《古今笑》与《古今谭概》,金苏,《明清小说研究》1988 年第 2 期

关于明末白话小说的作者和读者,〔日〕大木康;吴悦,《明清小说研究》1988 年第 2 期

论《二刻醒世恒言》,侯忠义,《明清小说研究》1988 年第 2 期

论明代徽刻,叶树声,《淮北煤师院学报》1988 年第 2、3 期合刊

明末清初时事小说述评,齐裕焜,《福建师范大学学报》1989 年第 2 期

《清夜钟》初探,李汉秋,《明清小说研究》1988 年第 2 期

《隋唐演义》"缀集成帙"考,欧阳健,《文献》1988 年第 2 期

《虞初志》的编者和版本,程毅中,《文献》1988 年第 2 期

《钟馗降妖传》述略,程毅中,《明清小说研究》1988 年第 2 期

冯梦龙与东林、复社:兼与胡万川先生等商榷,胡小伟,《文学遗产》1989 年第 3 期

明代中后期雕版印刷的成就,华人德,《苏州大学学报》1988 年第 3 期

新发现的一则小说资料,欧阳见拙,《明清小说研究》1988 年第 3 期

明后期我国私人刻书业资本主义因素的活跃与表现,袁逸,《浙江学刊》1989 年第 3 期

《拍案惊奇》的刊行、删改与流传,戚建农、商秀坤,《徐州教育学院学报》1988 年第 3 期

谈谈明代短篇韵文小说《会仙女志》,陈飞,《明清小说研究》1988 年第 3 期

《熊龙峰四种小说》是建阳刻本,官桂铨,《文献》1989 年第 3 期

《钟馗全传》札记,刘世德,《文学遗产》1989 年第 3 期

冯梦龙丛考,姚政,《明清小说研究》1989 年第 4 期

冯梦龙《如面谈》与《中兴伟略》补正,刘汉忠,《文献》1988 年第 4 期

关于《中山狼传》的两个问题,范志新,《明清小说研究》1988 年第 4 期

《欢喜冤家》考论,萧相恺,《明清小说研究》1989 年第 4 期

陆云龙考略,夏咸淳,《明清小说研究》1988 年第 4 期

明代的两部传记小说:谈《孔圣宗师出身全传》和《王阳明先生出身靖乱录》,赵明政,《明清小说研究》1989 年第 4 期

谈谈《二十四尊得道罗汉传》,方胜,《明清小说研究》1988 年第 4 期

《天妃娘妈传》校点前言,黄永年,《古籍整理研究学刊》1989 年第 4 期

晚明新闻小说试论,欧阳见拙,《明清小说研究》1988 年第 4 期

“三言”二题,缪咏禾,《文学评论》1988 年第 5 期

汤显祖、虞淳熙序《西湖一集》考,陈大康,《华东师范大学学报》1989 年第 5 期

《轮回醒世》:从未见诸著录的明代小说总集,胡从经,(港)《明报月刊》1988 年第 11 期

天理图书馆藏本《龙图公案》跋，王三庆，(台)《木铎》1988 年第 12 期

冯梦龙交游探微，杨晓东，《文学遗产》1989 年第 5 期

瞿佑和剪灯新话，陈庆浩，(台)《汉学研究》1989 年第 6 期

《韩湘子全传》探源，王若、韩锡铎，《明清小说研究》1990 年第 2 期

评道教小说《韩湘子全传》，方胜，《明清小说研究》1990 年第 2 期

十二卷本《剪灯丛话》补考，程毅中，《文献》1990 年第 2 期

凌濛初晚年二事考，贾三强，《西北大学学报》1990 年第 3 期

吴本《西游记》的又一借镜：《四游记》中《北游记》述评，赵伯英，《盐城师专学报》1990 年第 4 期

《韩湘子全传》疑非明刊，王若，《读书》1990 年第 5 期

论小说史上的两百年空白，陈大康，《华东师范大学学报》1990 年第 5 期

论凌濛初的思想及其形成的土壤，冯保善，《中国文学研究》1991 年第 1 期

明代坊刻小说兴盛探因，卢明纯，《四川图书馆学报》1991 年第 1 期

《国色天香》周文炜刻本补考，刘奉文，《明清小说研究》1991 年第 1 期

《韩湘子全传》漫议，皋于厚，《明清小说研究》1991 年第 1 期

略论明代小说出版业，陈辽，《盐城师专学报》1991 年第 1 期

明代苏常私人刻书谈，叶树声，《淮北煤师院学报》1991 年第 1 期

《负情侬传》"懊恨曲"的出处,郑平昆,《文献》1991 年第 2 期

许自昌家世生平著述刻书考,刘致中,《文献》1991 年第 2 期

《古今小说》序作者考辨,杨晓东,《文学遗产》1991 年第 2 期

明代藩府刻书考,曹之,《图书与情报》1991 年第 2 期

邓志谟乡里、字号、生年探考:邓志谟考论之一,吴圣昔,《明清小说研究》1991 年第 2 期

关于熊大木字、名的辨正及其他,陈大康,《明清小说研究》1991 年第 3 期

明代的图书告白,桑杰,《山东图书馆季刊》1991 年第 3 期

《女开科传》回后评语补校,〔新〕辜美高,《文献》1991 年第 3 期

新发现刻石堂版《玉娇梨》,李晓非、王若,《明清小说研究》1991 年第 3 期

论明清之际的时事小说,陈大康,《华东师范大学学报》1991 年第 4 期

《剪灯新话》简说,程毅中,《古典文学知识》1992 年第 2 期

明代苏州营利出版事业及其社会效应,邱澎生,(台)《九州学刊》1992 年第 2 期

明代专制文化政策下的图书出版情形,张琏,(台)《汉学研究》1992 年第 2 期

《三言》的序、评者"可一居士"是谁,官桂铨,《文献》1992 年第 2 期

试谈《东游记》刊行年代,刘绍智,《宁夏大学学报》1992 年第 1 期

宋评封神演义解题,王利器,《徐州师范学院学报》1992 年第 2 期

《三教开迷归正演义》提要，李梦生，《明清小说研究》1992年第3、4期合刊

《今古奇闻》和《娱目醒心编》之关系研究，王三庆，(台)《戏曲小说专号》1992年第4期，又见于(台)《成大中文学报》1992年第1期

闽西四堡坊刻的兴衰及其原因，马例文，《福建学刊》1992年第4期

冯梦龙年谱引论，徐朔方，《浙江学刊》1992年第6期

《万锦情林》初探，王三庆，《明史研究专刊》1992年第10集

关于《后西游记》，郑智勇，《韩山师专学报》1993年第1期

关于《如意君传》(明清艳情小说书目钞补之二)，悠悠，《上海师范大学学报》1993年第1期

关于《绣榻野史》(明清艳情小说书目钞补之三)，悠悠，《上海师范大学学报》1993年第1期

闽北十四位刻书家生平考略，方彦寿，《文献》1993年第1期

明末私人出版业的伪盗之风，袁逸，《出版史研究》1993年第1期

冯梦龙身世新探，杨晓东，《文史杂志》1993年第2期

关于《群书类编故事》，冯惠民，《文献》1993年第2期

《国色天香》成书年限，何长江，《明清小说研究》1993年第2期

《情义奇姻》与《刘方三义传》，陈益源，《明清小说研究》1993年第2期

邓志谟经历、家境、卒年探考，吴圣昔，《明清小说研究》1993年第3期

韩国所见奎章阁藏本《型世言》，〔韩〕朴在渊，《文学遗产》1993年第3期

明代大名刻书知见录,曹之,《河北图苑》1993 年第 3 期

明代书籍价格考:中国历代书价考之二,袁逸,《编辑之友》1993 年第 3 期

明末纪实体小说《七峰遗编》简论,朱冠军,《吴中学刊》1993 年第 3 期

新发现的明代文言小说《丽史》,官桂铨,《文献》1993 年第 3 期

《东游记》天门阵故事抄袭《杨家府演义》考辨,周晓薇,《陕西师大学报》1993 年第 4 期

《荔镜传》考,陈益源,《文学遗产》1993 年第 6 期

关于《型世言》的发现及出版,钟来因,《社科信息》1993 年第 7 期

三言二拍一型:明代白话短篇小说集《型世言》的发现与研究,屈小玲,《文艺报》1993 年 9 月 25 日

《型世言》及《三刻拍案惊奇》等书考略,金荣华,(台)《华冈文科学报》1993 年第 19 期

明成化刊本《鹦哥孝仪传》研究,郑阿财,《中国古典小说国际研讨会论文》1993 年

《三教开迷归正演义》研究,王三庆,《中国古典小说国际研讨会论文》1993 年

《弁而钗》与《宜春香质》的年代考证及其社会文化史意义发微,吴存存,(港)《Journal of Oriental Studies》1994 年第 1 期

关于《痴婆子传》:明清艳情小说书目钞补之五,悠悠,《上海师范大学学报》1994 年第 1 期

明代刻工书工自署"吴郡"小录,李国庆,《文献》1994 年第 1 期

《型世言》研究三题,陈辽,《杭州大学学报》1994 年第 1 期

古佚小说《黑白传》及其讼案，任之，《明清小说研究》1994 年第 2 期

晚明时事小说与《祷杌闲评》，周维培，《古典文学知识》1994 年第 2 期

晚明文士与市民阶层，夏咸淳，《文学遗产》1994 年第 2 期

《型世言》：话本小说的又一重大发现，张兵，《复旦学报》1994 年第 2 期

初论在韩国新发现的剑侠小说《韦十一娘传》：附《韦十一娘传》全文，王汝梅、薛洪，《吉林大学社会科学学报》1994 年第 3 期

屈大均与《广东新语》，寒冬虹，《文献》1994 年第 3 期

《痴婆子传》发覆，王星琦，《明清小说研究》1995 年第 1 期

《杜骗新书》与晚明世风，黄霖，《文学遗产》1995 年第 1 期

凌濛初交游新探，冯保善，《明清小说研究》1995 年第 1 期

明代王氏三槐堂刻书，江澄波，《三槐堂文史研究》1995 年第 1 期

稀见小说《传奇雅集》考，陈益源，《明清小说研究》1995 年第 2 期

关于《剪灯新话》的版本，〔日〕市成直子，《上海大学学报》1995 年第 3 期

谢肇淛《虞初志序》及其小说集《麈馀》，〔美〕白亚仁（Barr，Allan），《文献》1995 年第 3 期

《残唐五代史演义传》散论，曾良，《明清小说研究》1995 年第 4 期

关于《素娥篇》，徐朔方，《明清小说研究》1995 年第 4 期

陆云龙和《金瓶梅》，傅憎享，《中国图书评论》1995 年第 4 期

论“三言二拍”对《夷坚志》的继承与改造,刘勇强,《文学遗产》1995年第4期

四部明代小说成书年代之辨正,陈大康,《社会科学》1995年第6期

《型世言》考略补述,金荣华,(台)《华冈文科学报》1995年第20期

冯梦龙研究献芹,〔美〕马泰来,《'93中国古代小说国际研讨会论文集》,开明出版社1996年版

《荔镜传》考:元明中篇传奇小说研究之一,陈益源,《'93中国古代小说国际研讨会论文集》,开明出版社1996年版

《型世言》研究补论,(法)陈庆浩,《'93中国古代小说国际研讨会论文集》,开明出版社1996年版

一部值得注意的小说:《戚南塘平倭全传》,颜美娟,《'93中国古代小说国际研讨会论文集》,开明出版社1996年版

《刘烈女》本事等六则,陈大康,《明清小说研究》1996年第1期

明代坊刻图书之流通与价格,沈津,(台)《“国家图书馆”馆刊》1996年第1期,收入《书韵悠悠一脉香:沈津书目文献论集》,广西师范大学出版社2006年版

明代话本小说的勃兴及其原因,傅承洲,《中国文学研究》1996年第1期

浅述明末浙江闵、凌二氏的刻书情况,赵芹、戴南海,《西北大学学报》1996年第1期

关于《警世通言》的版本(补),〔日〕大塚秀高;张大为,《明清小说研究》1996年第2期

《欢喜冤家》与《杜骗新书》,潘建国,《明清小说研究》1996年第

2期

论邓志谟的游戏小说,吴圣昔,《明清小说研究》1996年第2期

明代图书的国内流通,王伟凯,《社会科学辑刊》1996年第2期

《刘生觅莲记》考,陈益源,《明清小说研究》1996年第3期

明末清初的"啸花轩现象",陈辽,《古典文学知识》1996年第3期

建阳书坊与明代小说出版业,徐晓望,《出版史研究》1996年第4期

明代三大著者群,曹之,《图书情报论坛》1996年第4期

明代私人刻书业经营思想成熟的五个表现,李咏梅,《四川图书馆学报》1996年第4期

明末福建版刻书籍刻工零拾,侯真平,《出版史研究》1996年第4期

《剪灯新话句解》"明嘉靖刻本"辨:兼论该书在朝鲜李朝的流传与影响,陈大康、漆瑗,《文学遗产》1996年第5期

毛晋汲古阁刻书规模初议,李咏梅,《四川图书馆学报》1996年第6期

小说评点的萌兴:明万历年间小说评点述略,谭帆,《文艺理论研究》1996年第6期

《绣榻野史》:中国最早的个人创作的长篇小说,徐朔方,《文史知识》1996年第10期

从语言风格看《三遂平妖传》确为旧本,程毅中,《中华文史论丛》1996年,总第55期

从"三言"看冯梦龙的贡献,涂秀虹,《明清小说研究》1997年第1期

从“侈谈神怪”到“椰愉世态”：钟馗系列小说的演变，胡胜，《社会科学辑刊》1997年第1期

冯梦龙与丁宏度，陈居渊，《中国典籍与文化》1997年第1期

《列国志传》与《武王伐纣平话》，曾良，《明清小说研究》1997年第1期

凌濛初生命历程探析，徐定宝，《华东师范大学学报》1997年第1期

论冯梦龙对旧话本小说的改造：兼谈《京本通俗小说》的成书时间，石麟，《湖北师范学院学报》1997年第1期

《封神演义》成书年代考实：兼及《西游记》成书的一个侧面，刘振农，《中国人民警官大学学报》1997年第2期

《娇红记》最简本的发现及其意义，宣啸东，《明清小说研究》1997年第2期

陆容与明代拟话本小说，潘建国，《上海师范大学学报》1997年第3期

明代北京官方刻书考，宋丹，《北京高校图书馆学刊》1997年第3期

晚明小说批评刍议，石麟，《明清小说研究》1997年第3期

明代历史演义小说生成论，纪德君，《北京师范大学学报》1997年第6期

新见《六十家小说》佚文，〔美〕白亚仁（Barr，Allan），《文献》1998年第1期

《型世言》素材来源（一、二、三），张安峰，《明清小说研究》1998年第1、2、3期

《型世言》各回前评者所署名号考述，关尚智，（台）《台北科技大

学学报》1998 年第 2 期

凌濛初及其家族的刻书经商活动,赵红娟,《湖州师范学院学报》1998 年第 2 期

《酉阳杂俎》在李朝成宗时代的刊刻,陈连山,《中国典籍与文化》1998 年第 2 期

凌濛初先世和迁徙情况考索,赵红娟,《明清小说研究》1998 年第 3 期

《欢喜冤家》对《寻芳雅集》《钟情丽集》的辑采,潘建国,《上海师范大学学报》1998 年第 4 期

《隋唐志传》又一明刊本,卢盛江,《明清小说研究》1998 年第 4 期

《西洋记》版本的文化学研究,李春香,《明清小说研究》1998 年第 4 期

论明代后期通俗小说刊刻之重说教特点及其成因,张淑琴,《北方论丛》1998 年第 5 期

拟话本《西湖二集》浅探,陈美林,《江海学刊》1998 年第 6 期

《情史》与"三言二拍"关系考补,欧阳代发,《文献》1999 年第 1 期

《虞初志》三家评略论,孙庆茂,《明清小说研究》1999 年第 1 期

论明初文言小说创作,陈大康,《华东师范大学学报》1999 年第 2 期

明代的出版事业,缪咏禾,《出版科学》1999 年第 2 期

明末刻本《奇女子传》,周君平,《文物世界》1999 年第 2 期

《平妖传》散论,段春旭,《明清小说研究》1999 年第 2 期

《清平山堂话本》评介,卢润祥,《古典文学知识》1999 年第 2 期

关于古小说《香螺卮》,黄霖,《明清小说研究》1999 年第 3 期

济公小说的版本流变,胡胜,《明清小说研究》1999 年第 3 期

论《说唐全传》的底本,彭知辉,《明清小说研究》1999 年第 3 期

明陈继儒《虎荟》研究,黄大宏、张天莉,《文献》1999 年第 3 期

明代图书编撰考略,曹之,《图书情报论坛》1999 年第 3 期

《舌华录》作者和版本考述,陆林,《明清小说研究》1999 年第 3 期

谈“三言”对《清平山堂话本》中诗词的改动,任晓燕,《明清小说研究》1999 年第 3 期

洪楩与《清平山堂话本》,谢颖淳,《中国文学研究》1999 年第 4 期

明代书贾与通俗小说的繁兴,李舜华,《中国典籍与文化》1999 年第 4 期

明代中晚期文化消费兴盛原因初探,邓万春,《中南民族学院学报》1999 年第 4 期

从现存版籍看明代市民文学的地域分布:明代市民文学研究之二,方志远,《明史研究》1999 年第 6 期

从商品市场看明代小说诸问题,王三庆,《政治大学中文系主办明代小说研讨会论文》,1999 年

明代刻书广告述略,张传峰,《湖州师范学院学报》2000 年第 1 期

明清之际小说评点兴盛的成因,吴子林,《晋东南师范专科学校学报》2000 年第 1 期

《夷坚志》佚文拾遗,谢创志,《书品》2000 年第 1 期

从瞿佑《月仙古渡》诗并序看话本《柳耆卿诗酒玩江楼记》的成

书,乔光辉,《古籍研究》2000 年第 2 期

董含和他的《三冈识略》,陈雪军,《明清小说研究》2000 年第 2 期

几部描写于谦事迹的古代通俗小说考论,苗怀明,《明清小说研究》2000 年第 2 期

明代托名小说批评叙论,王辉斌,《南昌大学学报》2000 年第 2 期

王械及其《秋灯丛话》,汤化,《明清小说研究》2000 年第 2 期

熊大木现象:古代通俗小说传播模式及其意义,陈大康,《文学遗产》2000 年第 2 期

短篇小说集《型世言》及其成书年代,刘美源,《古典文学知识》2000 年第 3 期

胡应麟与图书编撰学,曹之,《编辑学刊》2000 年第 3 期

明代后期通俗小说刊刻的商业特点,张淑琴,《北方论丛》2000 年第 3 期

晚明短篇世情小说集《杜骗新书》版本考,牛建强,《文献》2000 年第 3 期

岳飞故事的演变,邓骏捷,《明清小说研究》2000 年第 3 期

邓志谟《铁树记》的另一版本与来源,汪小洋,《明清小说研究》2000 年第 4 期

凌濛初与王稚登,冯宝善,《江海学刊》2000 年第 4 期

论影响明代后期通俗小说刊刻的主要因素,张次第,《济南大学学报》2000 年第 4 期

《晟舍镇志》中所见凌濛初资料考辨、存疑,赵红娟,《湖州师范学院学报》2000 年第 5 期

五位著名闵版刻书家考述,赵红娟,《江苏图书馆学报》2000年第5期

小说评点与晚明出版业,白岚玲,《中华读书报》2000年9月13日,收入《晚明与晚清:历史传承与文化创新》,湖北教育出版社2002年版

明代版刻与画谱,李永林,《美术观察》2000年第9期

从市场经济看明代小说的几个问题,王三庆,(台)《古典文学》2000年第15集

《包龙图判百家公案》与明代公案小说,程毅中,《文学遗产》2001年第1期

凌濛初交游新探,赵红娟,《文教资料》2001年第1期

凌濛初史实四考,冯保善,《东南大学学报》2001年第1期

明代建阳刻本广告刍议,方彦寿,《文献》2001年第1期

《新列国志》与《列国志传》的比勘,聂付生,《明清小说研究》2001年第1期

《杨家府演义》与《北宋志传》考论,孙旭、张平仁,《明清小说研究》2001年第1期

《红白花传》研究,萧相恺,《明清小说研究》2001年第2期

凌濛初佚作及交游补考,郑志良,《明清小说研究》2001年第2期

陆容和他的《菽园杂记》,吴道良,《明清小说研究》2001年第2期

建阳坊刻业与明中后叶通俗小说的发展,董伟峰、宋莉莉,《出版与印刷》2001年第3期

陆云龙生平考述,胡莲玉,《明清小说研究》2001年第3期

明代短篇公案小说集的商业特性与文学品格,苗怀明,《社会科学》2001 年第 3 期

《情史》辑评者考辩,傅承洲,《中央民族大学学报》2001 年第 3 期

试析明代版刻的情况和特点,韩红宇,《青海师专学报》2001 年第 3 期

谢肇淛文言小说《麈余》简介,王枝忠,《明清小说研究》2001 年第 3 期

《型世言》第三回素材来源,肖峰,《文教资料》2001 年第 3 期

《亘史钞》中的《雪涛小书》与《雪涛小说》,郑志良,《中国文学研究》(辑刊)2001 年第 4 期

论明代后期通俗小说刊刻的思想特点,张次第,《郑州大学学报》2001 年第 4 期

《平妖传》二十回本与四十回本的先后问题,〔韩〕朴明真,《明清小说研究》2001 年第 4 期

晚明南京的徽籍刻书家,吴萍莉,《晋图学刊》2001 年第 4 期

《烟霞小说》考,潘树广,《文献》2001 年第 4 期

明凌濛初尺牍真迹考释,潘建国,《文学遗产》2001 年第 5 期

歙人张潮与《虞初新志》,陆林,《古典文学知识》2001 年第 5 期

宋懋澄和他的纪实小说,刘天振,《古典文学知识》2001 年第 5 期

明代文言小说总集述略,孙逊、秦川,《上海师范大学学报》2001 年第 6 期

瞿佑及其《剪灯新话》,张兵,《上海师范大学学报》2001 年第 6 期

从经济因素看明中叶小说的接受层:关于“章回小说价格昂贵”说与“文人接受”说质疑,李舜华,《社会科学》2001 年 9 期

“两拍”版本考述,赵红娟,《湖州师范学院学报》2002 年第 1 期

明代的拟话本小说,程毅中,《明清小说研究》2002 年第 2 期

明邓志谟“争奇小说”探源,潘建国,《上海师范大学学报》2002 年第 2 期

瞿佑和他的《剪灯新话》,萧相恺,《明清小说研究》2002 年第 2 期

试论明代小说面对商业的多元价值选择,蒋玉斌、丁世忠,《江西社会科学》2002 年第 2 期

《残唐五代史演义传》新说,欧阳健,《厦门教育学院学报》2002 年第 4 期

李清与《女世说》,李灵年,《蒲松龄研究》2002 年第 4 期

非“明代前期通俗小说创作空白论”,欧阳健,《盐城师范学院学报》2002 年第 4 期

明代新安黄氏刻书考略,曹之,《出版科学》2002 年第 4 期

论明代后期通俗小说编辑出版的特点,张次第,《河南师范大学学报》2002 年第 5 期

明代徽州出版家:汪廷讷,周心慧,《图书馆工作与研究》2002 年增刊

凌濛初家世述略,冯保善,《艺术百家》2003 年第 2 期

论冯梦龙、凌濛初与通俗文学的传播,聂付生,《明清小说研究》2003 年第 2 期

明下叶吴越刊刻中心与通俗小说,戴健、李昌集,《明清小说研究》2003 年第 2 期

小说劝惩论与陆人龙的《型世言》,康国章,《中州大学学报》2003 年第 2 期

祝允明杂著版本考辨,邸晓平,《文献》2003 年第 2 期

从两个故事看《花影集》、《绣谷春容》和《重刻增补燕居笔记》及其与《百家公案》的关系,杨绪容,《明清小说研究》2003 年第 3 期

陆人龙是《型世言》编者而非作者考辨,顾克勇、蔚然,《明清小说研究》2003 年第 3 期

明末吴兴凌氏刻书活动考:凌濛初和出版,〔日〕表野和江;吴正岚,《中国典籍与文化》2003 年第 3 期

《型世言》第二十三回本事来源考,胡莲玉,《江海学刊》2003 年第 3 期

论冯梦龙的出版思想,王朝客,《江西财经大学学报》2003 年第 4 期

论《龙图公案》的成书,杨绪容,《中华文化论坛》2003 年第 4 期

谢肇淛文言小说《麈余》考论,王枝忠,《福州大学学报》2003 年第 4 期

晚明通俗小说刊工考略,李忠明,《明清小说研究》2003 年第 4 期

新近发现的陆云龙传记资料《陆蜕庵先生家传》及其他,井玉贵,《文献》2003 年第 4 期

传播与接受:岳飞形象在明代通俗小说中的嬗变,母进炎,《贵州民族学院学报》2003 年第 5 期

略论 17 世纪白话小说创作与传播的特征,许振东,《南开学报》2003 年第 5 期

明代“通鉴”类史书之普及与“按鉴”通俗演义之兴起,纪德君,

《扬州大学学报》2003 年第 5 期

明朝南京国子监刻印书考略,周蓉,《东南文化》2003 年第 10 期

三十九卷本《拍案惊奇》对学界的影响,蔡海云,(港)《新亚学报》2003 年第 22 期

《亘史》与“两拍”:“两拍”蓝本考之一,韩结根,《复旦学报》2004 年第 1 期

明代“通鉴”类史书之普及与通俗历史教育之风行,纪德君,《中国文化研究》2004 年第 1 期

统一王朝的全史演义:论《隋唐两朝志传》成书及文体创新,欧阳健,《福州大学学报》2004 年第 1 期

白话小说的文体独立与十七世纪苏州的区域因素,许振东,《苏州大学学报》2004 年第 2 期

明末清初时事小说考订,张平仁,《古籍整理研究学刊》2004 年第 2 期

明末清初通俗小说著作权问题浅说,文革红,《黑河学刊》2004 年第 2 期

三言二拍选本与原作的比较研究,程国赋,《明清小说研究》2004 年第 2 期

《明季北略》、《明季南略》对时事小说的采录,张平仁,《文献》2004 年第 3 期

谢肇淛《五杂组》版本述略,廖虹虹,《五邑大学学报》2004 年第 3 期,又见于《古典文学知识》2004 年第 4 期

明代印刷出版业对明代小说的影响,曾礼军,《浙江师范大学学报》2004 年第 4 期

明末通俗小说刊刻中心的迁移与小说风格的转变,李忠明,《南

京师范大学学报》2004 年第 4 期

浅议书坊的编辑工作对明末清初通俗小说传播的影响，文革红，《黑河学刊》2004 年第 4 期

董说《楝花矶笔记》的发现及其价值，赵红娟，《文学遗产》2004 年第 5 期

凌濛初刊刻、评点《世说新语》考述，潘建国，《上海师范大学学报》2004 年第 5 期

明代出版管理述略，刘孝平，《图书情报知识》2004 年第 6 期

再谈二十回本《三遂平妖传》：《宋元小说研究》订补之三，程毅中，《文学遗产》2004 年第 6 期

明代中晚期南京书坊和通俗小说，汪燕岗，《南京社会科学》2004 年第 10 期

图书出版世家：建阳余氏，山人，《阅读与写作》2004 年第 12 期

凌濛初出任上海县丞考，徐永斌，《文学遗产》2005 年第 1 期

浅析明代戏曲小说插图本中的视觉符号，杜丹，《东华大学学报》2005 年第 1 期

《剪灯余话》日本天理图书馆藏本考辨，乔光辉，《文献》2005 年第 2 期

论明代书坊及其对当代私营出版业的借鉴意义，杨艳琪，《北京印刷学院学报》2005 年第 2 期

《平妖传》版本考，林嵩，《北京大学研究生学报》2005 年第 2 期

宋存标《情种》资料渊源考辨，罗时进、朱丽霞，《明清小说研究》2005 年第 2 期

三言二拍选本研究，程国赋、周彩虹，《暨南学报》2005 年第 2 期

商业媒介与明代小说文本的大众化传播，蔺文锐，《戏曲艺术》

2005 年第 2 期

关于《绝缨三笑》,〔日〕大塚秀高;刘珊珊,《明清小说研究》2005 年第 3 期

《娇红记》研究二题,丁烨,《明清小说研究》2005 年第 3 期

论晚明插图本的文本价值及其传播机制,聂付生,《南京师范大学学报》2005 年第 3 期

新发现明代中篇传奇小说《巫山奇遇》考略,潘建国,《明清小说研究》2005 年第 3 期

明末清初四堡雕版印刷业兴盛的原因探析,汤露,《龙岩学院学报》2005 年第 4 期

陈眉公著述伪目考,李斌,《学术交流》2005 年第 5 期

明代禁书述略,刘孝平,《图书馆理论与实践》2005 年第 5 期

周静轩及其《湖海奇闻》考论,陈国军,《文学遗产》2005 年第 6 期

明代通俗小说的传播方式,黄卉,《第十一届明史国际学术讨论会论文集》2005 年 8 月

明代中晚期刻书业的特色及文化意义,许婉璞,《中国出版》2005 年第 7 期

论文学文献的传播与明代俗文学的发展,郑阿财,《传播、交流与融合:明代文学、思想与宗教国际学术研讨会论文集》2005 年

《剪灯新话》的版本流变考述,乔光辉,《中国典籍与文化》2006 年第 1 期

凌濛初死事考辨,徐永斌,《明清小说研究》2006 年第 1 期

论明代社会思潮对小说选本的影响,代智敏,《贵州文史丛刊》2006 年第 1 期

明代湖州闵凌套印本,何槐昌,《图书馆研究与工作》2006年第1期

明代建阳坊刻通俗小说评析,齐裕焜,《福建师范大学学报》2006年第1期

《如意君传》新论,陈国军,《明清小说研究》2006年第1期

十二卷本《剪灯丛话》虞淳熙题辞辨正,乔光辉,《文献》2006年第1期

袁于令"剑啸阁"及其所刊戏曲小说考,文革红,《明清小说研究》2006年第1期

论明代通俗小说出版中心的变迁及成因,汪燕岗,《上海师范大学学报》2006年第2期

明代小说与民间说唱之双向互动现象初探,纪德君,《明清小说研究》2006年第2期

晚明文言小说《觅灯因话》发微,乔光辉,《明清小说研究》2006年第2期

17世纪苏州地区创作传播白话小说的文人群落,许振东、曲金,《中华文化论坛》2006年第3期

别本《禅真后史》未佚,金藏,《文学遗产》2006年第3期

论《孔淑芳双鱼扇坠传》的来源、成书及其著录,向志柱,《明清小说研究》2006年第3期

论明末清初杭州地区通俗小说的创作与刊刻特征,程国赋、胡海义,《暨南学报》2006年第3期

论明末清初拟话本小说的商品性,张惠玲,《青海师范大学学报》2006年第3期

明代图书市场初探,谢彦卯,《图书馆理论与实践》2006年第

3期

汪淇"蜩寄"及其所刻书籍考,文革红,《文献》2006年第3期

凌濛初生平事迹典籍辨误,徐永斌,(台)《书目季刊》2006年第4期

略论晚明白话小说"托名"现象,陈文新,《明清小说研究》2006年第4期

明代的小说选本论略,任明华,《明清小说研究》2006年第4期

明代书坊主的推销手段在通俗小说传播上的运用,芦宇苗,《徐州工程学院学报》2006年第4期

《西汉通俗演义》与韩国汉文小说《帷幄龟鉴》,汪燕岗,《文学遗产》2006年第4期

《花笺记》研究(上、下),杨宝霖,《东莞理工学院学报》2006年第5、6期

明代江南民间书坊兴盛的社会背景透析,杨军,《图书与情报》2006年第5期

谢肇淛笔记三种考论,刘海燕,《福建师范大学学报》2006年第6期

明代南京国子监刻书经费来源探析,杨军,《图书馆杂志》2006年第7期

读序一得:明初书籍刊刻小识,何坤翁,《学术交流》2006年第8期

《宝颜堂秘笈》所收宋何薳《春渚纪闻》小说研究,薛雅文,(台)《东吴中文学报》2006年第12期

从代词的运用论《型世言》非陆人龙一人独撰,施建平、蒋育君,《常熟理工学院学报》2007年第1期

凌濛初家世研究及新资料的发现,徐永斌,《明清小说研究》2007年第1期

明代书坊主兼任通俗小说作者现象分析,姬志香,《周口师范学院学报》2007年第1期

试论明代图书发行流通兴盛的政治原因,周春霞、易芳南,《长沙大学学报》2007年第1期

《北窗炙輠录》的作者、版本与价值,孙旭,《安徽师范大学学报》2007年第1期

国家图书馆藏《剿闯小说》探考:兼论《剿闯小说》现存最早刊本的问题,罗景文,(台)《"国家图书馆"馆刊》2007年第2期

明末五部上古史演义小说的史料来源,纪德君,《文献》2007年第2期

书商余象斗和明代通俗小说,段战戈,《现代语文》2007年第2期,又见于《中共郑州市委党校学报》2007年第4期

《剪灯余话》张光启刊本再考,乔光辉、林立兵,《井冈山学院学报》2007年第3期

论明代书坊与历史小说流派的形成与发展,程国赋,《暨南学报》2007年第3期

论熊大木对历史演义小说的贡献,程国赋、曾雪丽,《西北大学学报》2007年第3期

明代坊刊小说稿源研究,程国赋,《文学评论》2007年第3期

明代建阳刻书家余彰德、余泗泉即同一人考,陈旭东,《明清小说研究》2007年第3期

明代苏州版画探微,李春霞,《淮北煤炭师范学院学报》2007年第3期

《全汉志传》新探,缪小云,《明清小说研究》2007年第3期

《全汉志传》与《两汉开国中兴志传》的成书,汪燕岗,《明清小说研究》2007年第3期

新发现明公案小说《奇快集》,官桂铨,《明清小说研究》2007年第3期

余象斗"评林体"初探,原方,《明清小说研究》2007年第3期

冯梦龙、袁于令交游文献新证,陆林,《文献》2007年第4期

《古今书刻》版本考,陈清慧,《文献》2007年第4期

《胡氏粹编》的版本及价值,向志柱,《文献》2007年第4期

明代禁毁小说的文化伦理诉求,郭守运,《华南师范大学学报》2007年第4期

明代苏州版刻插图设计风格,杜丹,《东华大学学报》2007年第4期

《前后七国志》版本考索,李宾,《明清小说研究》2007年第4期

试析明末戏曲、小说版画新的造型样式和风格特征,周亮,《美术研究》2007年第4期

《唐书志传》"按鉴演义"考辨,彭知辉,《山西师大学报》2007年第4期

晚明七种争奇小说的作者与版本,潘建国,《文学遗产》2007年第4期

论明代建阳通俗小说的出版,汪燕岗,《内蒙古社会科学》2007年第5期

论明代坊刊小说的广告手段,程国赋,《学术研究》2007年第6期

明代讲史小说文体的兴盛与建阳刻书的关系,涂秀虹,《福建师

范大学学报》2007 年第 6 期

余象斗刻书考略,霍艳芳,《图书馆学刊》2007 年第 6 期

明代小说读者与通俗小说刊刻之关系阐析,程国赋,《文艺研究》2007 年第 7 期

关于《二刻拍案惊奇》的版本,李金泉,《中国文学研究》(辑刊)2007 年第 8 期

明万历年间建本内封面设计特征,周亮,《装饰》2007 年第 8 期

《稗家粹编》:不应忽视的文言小说选集,向志柱,《中国文学研究》2007 年第 9 期

《琐蛣杂记》与《六合内外琐言》叙考,萧相恺,(台)《中正大学中文学术年刊》2007 年第 10 期

“二拍”与《太平广记》渊源关系考,徐永斌,(台)《中正大学中文学术年刊》2007 年第 10 期

明代中后期南京坊刻插图本通俗小说考述,王莉,《明清小说研究》2008 年第 1 期

《虞初志》刻家吴仲虚生平考辨,王裕明,《明清小说研究》2008 年第 2 期

凌濛初与晚明刻书业,徐永斌、张莹,《明清小说研究》2008 年第 3 期

论明代坊刊小说选本的类型及兴盛原因,程国赋,《文艺理论研究》2008 年第 3 期

“山水邻”与冯梦龙,吴小珊,《明清小说研究》2008 年第 3 期

《续金瓶梅》成书年代新考,刘洪强,《东岳论丛》2008 年第 3 期

明代官、私刊行刘向《列女传》考述,刘赛,《明清小说研究》2008 年第 4 期

明末湖州版画创作和晚明版画的风格与功能,董捷,《新美术》2008年第4期

天许斋小考,傅承洲,《文献》2008年第4期

《西汉通俗演义》的成书,汪燕岗,《明清小说研究》2008年第4期

《新刻全像牛郎织女传》考述,周玉娴,《贵州文史丛刊》2008年第4期

海内孤本明刊《新刻全像五鼠闹东京》小说考:兼论明代以降“五鼠闹东京”故事的历史流变,潘建国,《文学遗产》2008年第5期

论明末清初通俗小说传播中稿费制雏形的确立,文革红,《江西教育学院学报》2008年第5期

《虞初新志》版本考,林淑丹,《语文与国际研究》2008年第5期

从《解愠编》到《广笑府》:谈一部明刊笑话书的流传与改编,王国良,(台)《汉学研究》2008年第6期

论明代白话小说传播生态的变迁,路善全,《池州学院学报》2008年第6期

明代世说体小说序跋研究论略,王猛,《江汉大学学报》2008年第6期

明代书业广告述略,王海刚,《中国出版》2008年第8期

论明代建阳书坊媒介生态的独特景观,路善全,《新西部》(下半月)2008年第9期

论明代书坊对通俗小说体制发展的贡献:兼论演义的概念及其渊源,程国赋,《明代文学与科举文化国际学术研讨会论文集》2008年11月

《东西晋演义》与《东西两晋志传》关系考,龚敏,《东华人文学

报》2008 年第 12 期

明代"版画家"刘素明,周亮,《消费导刊》2008 年第 20 期

论明代建阳书坊媒介生态下的文人群落,路善全,《东南传播》2009 年第 1 期

明代书籍插图与人物肖像画关系研究,周玫,《东南文化》2009 年第 1 期

明代图书出版体系探析,王海刚,《山东图书馆学刊》2009 年第 2 期

明代伪典小说五种初探,罗宁,《明清小说研究》2009 年第 1 期

论书坊主对明代历史演义小说的影响,王菊芹,《殷都学刊》2009 年第 2 期

未见著录小说两种及罕见小说一种叙考,萧相恺,《明清小说研究》2009 年第 2 期

烟水散人生平著作考述,杨琳,《明清小说研究》2009 年第 2 期

疑《明成化说唱词话丛刊》系"陶真"唱本,蔡一鹏,《漳州师范学院学报》2009 年第 2 期

由《石点头》的一则本事推测其成书时间,纪德君,《文献》2009 年第 2 期

出版文化视角下的明代小说研究,蔡亚平,《社会科学研究》2009 年第 3 期

《今古奇观》选辑者"抱瓮老人"续考,李程,《明清小说研究》2009 年第 3 期

论明代坊本通俗小说版画"话语"功能的"多声部"特征,韩春平,《暨南学报》2009 年第 3 期

论明代通俗小说插图的功用,程国赋,《文学评论》2009 年第

3期

试探《隋唐两朝志传》的渊源,程毅中,《文献》2009年第3期

万历刻二十回本《三遂平妖传》之形成探源,刘彦彦、陈洪,《郑州大学学报》2009年第3期

《型世言》与《幻影》、《三拍》、"别本"《二刻拍案惊奇》的版片源流考述,顾克勇,《明清小说研究》2009年第3期

再论二十回本《三遂平妖传》之时代问题,刘彦彦,《明清小说研究》2009年第3期

论明代传播生态对建阳书坊盛衰的影响,路善全,《集美大学学报》2009年第4期

明代"按鉴"演义与建阳刻书背景,涂秀虹,《中国典籍与文化》2009年第4期

书坊加快明代小说发展,程国赋,《社会科学报》2009年4月16日

《列女演义》考辨,贾海建,《贵州师范大学学报》2009年第5期

从辅助阅读功能到艺术欣赏的转变:万历中后期的徽本戏曲小说木刻插图,薛勇强,《安徽文学》(下半月)2009年第6期

论明代建阳书坊编辑工作的角色特征,路善全,《莆田学院学报》2009年第6期

明代小说、戏曲插图的叙事功能,张婕,《艺术百家》2009年第6期

明代中后期商业的繁荣对话本小说的影响,张想林,《无锡商业职业技术学院学报》2009年第6期

明代后期坊刻通俗小说述略,余闯,《陕西师范大学学报》2009年7月专辑

雕版印刷业与明代通俗小说的出版,汪燕岗,《学术研究》2009年第9期

明代绣梓成本考,刘卫武、刘亮,《图书馆杂志》2009年第9期

论明代杭州私人出版的地位,章宏伟,《朱元璋暨凤阳帝乡文化学术讨论会会议论文集》2009年10月

论明代江浙地区刊刻活动与通俗小说的影响关系,郑冉,《新西部》(下半月)2009年第10期

女性读者与明代章回小说的兴起,李舜华,《学术研究》2009年第10期

《片璧列国志》的来源及其成书时间考,龚敏,《东华人文学报》2009年第14期

《仙媛纪事》初探,梁诗烨,《名作欣赏》2009年第23期

建阳书林乔山堂刘龙田刊刻书考略,陈国代、徐俐华,《飞天》2009年第24期

晚明清初江南征稿之风初探,张升,《历史文献研究》2009年总第28辑

曹学佺与冯梦龙及凌濛初交游考,冯保善,《明清小说研究》2010年第1期

哈佛燕图稀见明刻本《全像新镌一见赏心编》之编纂、作者及其插图解题,徐永明,(台)《中正大学中文学术年刊》2010年第1期

《何氏语林》嘉靖刻本三考,胡海英,《文献》2010年第1期

略论明代三山街私刻书坊的大众文化经营,陈堂发,《出版科学》2010年第1期

明成化永顺堂刻本说唱词话的发现与研究,俞子林,《出版史料》2010年第1期

明代建阳书坊媒介生态下的文人群落，路善全，《成都大学学报》2010年第1期

文学传播视角下的明末拟话本评点，沈文凡、全崴，《古代文学理论研究》2010年第1期

《东游记》十九回蓝采和歌词考源，崔小敬，《文学遗产》2010年第2期

《湖海奇闻》、《古今清谈万选》、《稗家粹编》、《幽怪诗谭》四种考述，向志柱，《明清小说研究》2010年第2期

《泾林杂记》及其作者小考，买艳霞，《文献》2010年第2期

明代书籍插图艺术的生产与消费状况分析，曹院生，《江西社会科学》2010年第2期

明代通俗小说的编创观与其传播，黄卉，《济南大学学报》2010年第2期

《隋炀帝艳史》的图饰评点与晚明出版文化，马孟晶，(台)《汉学研究》2010年第2期

与畊堂费守斋刊《三国志传》的性质：兼论明末时期通俗小说出版情况的一侧面，〔日〕中川谕，《明清小说研究》2010年第2期

插图与“剪灯二种”之传播，乔光辉、薛勇强，《连云港师范高等专科学校学报》2010年第3期

类书体例与明代类书体文言小说集，刘天振，《明清小说研究》2010年第3期

《南海观音菩萨出身修行传》作者探考，程国赋、李阳阳，《明清小说研究》2010年第3期

市井文化影响下的明代晚期私坊刻书业研究，董传超、田雪梅，《济南大学学报》2010年第3期

新发现传奇小说《杜丽娘传》考论，陈国军，《明清小说研究》2010 年第 3 期

从评林本看余象斗的小说编辑与批评，刘海燕，《闽江学院学报》2010 年第 4 期

论明代建阳书坊媒介生态下文人群落的特征，路善全，《海南师范大学学报》2010 年第 4 期

明代书业广告技巧论略，王海刚，《出版发行研究》2010 年第 4 期

明末版画创作中的不同角色及对“徽派版画”的反思，董捷，《新美术》2010 年第 4 期

明末徽派版画对武林版画的影响及武林版画新的风格确立，周亮，《江南大学学报》2010 年第 4 期

论明代建阳刊小说的地域特征及其生成原因，涂秀虹，《文学遗产》2010 年第 5 期

明代诙谐小说传播研究，杨仲坚、范丽琴、刘海荣，《德州学院学报》2010 年第 5 期

明代中篇传奇小说编辑出版的商业化倾向，赵薇，《编辑之友》2010 年第 5 期

论传播生态规律作用下明代建阳书坊的兴衰变迁，路善全，《武夷学院学报》2010 年第 6 期

明代后期建本神魔小说创作主体探析，鲁春艳，《学术交流》2010 年第 6 期

明代中原民间出版简论，郭孟良，《中国出版》2010 年第 6 期

论明代后期通俗小说的传播方式，申重实、陈梓歆，《中国古代小说戏剧研究丛刊》2010 年第 7 期

论明代商品经济下的通俗文学批评，张守岩，《辽宁教育行政学院学报》2010 年第 9 期

明代的书籍插图及其对阅读活动的影响，王龙，《图书馆杂志》2010 年第 10 期

明代图书广告艺术管窥：以余象斗为例的考察，王海刚，《出版发行研究》2010 年第 12 期

论明代建阳书坊娱乐传播功能的载体选择与实践，路善全，《广西社会科学》2010 年第 11 期

“按鉴”：明代历史演义的编撰方式及其意义：从建阳书坊刊刻通鉴类图书谈起，涂秀虹，《福建师范大学学报》2011 年第 1 期

古代刻书家陈长卿小考，刘理保，《出版史料》2011 年第 1 期

《狐媚丛谈》的编者、版本与成书时间考略，陈国军、龚敏，《世界文学评论》2011 年第 1 期

科举教育与“剪灯二种”的禁毁，胡海义，《中国文学研究》2011 年第 1 期

吕熊及其《女仙外史》新论，程国赋、杨剑兵，《陕西师范大学学报》2011 年第 1 期

日本内阁文库所藏《熊龙峰四种小说》考论，黄冬柏，(台)《中正大学中文学术年刊》2011 年第 1 期

明代金陵周氏家族刻书成员与书坊考述，许振东、宋占茹，《河北大学学报》2011 年第 2 期

明代中晚期的小说话本产业，张兴国，《泰山学院学报》2011 年第 2 期

“三言”标目异文考论，李小龙，《文献》2011 年第 2 期

由黄正位刊本看瞿佑晚年对《剪灯新话》的重校，乔光辉，《明清

小说研究》2011 年第 2 期

出版业催生下的明代拟话本繁荣,鲁玉玲,《编辑之友》2011 年第 3 期

“弃儒从商”与“以文营商”:晚明士人生计模式的转换及其评析,刘晓东,《社会科学辑刊》2011 年第 3 期

《西洋记》的刊刻与明清海防危机中的“郑和记忆”,邹振环,《安徽大学学报》2011 年第 3 期

从“三言”考察拟话本小说的兴盛和衰微,田丛丛,《淮阴师范学院学报》2011 年第 4 期

《古今清谈万选》的编者、来源、改动及价值,任明菊、任明华,《喀什师范学院学报》2011 年第 4 期

明代金陵唐氏书坊考略,马志赟,《河南图书馆学刊》2011 年第 4 期

明代书坊广告类型及其创意设计,胡发强,《出版与印刷》2011 年第 4 期

明代图书广告与促销术,王海刚,《出版科学》2011 年第 4 期

《平妖传》张无咎序蠡测,王猛,《昆明学院学报》2011 年第 4 期

上海图书馆明有嘉堂抄本《太平广记》残卷考,王国良,(台)《书目季刊》2011 年第 4 期

谢肇淛文言小说在日本的流传与刊刻,李玉宝,《中州学刊》2011 年第 4 期

明代图书牌记及其广告特色,王海刚,《中国出版》2011 年第 5 期

晚明苏州书坊兴盛之因,谢宏雯,《长江论坛》2011 年第 5 期

《云仙散录》作伪小考,曹之、郭伟玲,《图书情报知识》2011 年第

6期

韩国所藏明代小说的概况及其特徵,〔韩〕崔溶澈,《东亚汉文文献整理研究国际学术研讨会论文集》2011年7月

论明代城市发展对通俗小说的影响,陈静宇,《西南农业大学学报》2011年第7期

明代版画研究中的几个问题,章宏伟,《第十四届明史国际学术研讨会论文集》2011年7月

明代书商的市场意识和竞争策略,张献忠,《第十四届明史国际学术研讨会论文集》2011年7月

明人序跋所见古代小说的几种成书形式,王猛,《编辑之友》2011年第10期

明代图书广告设计管窥,王海刚,《装饰》2011年第12期

天一阁博物馆藏《国朝英烈传》与历史小说《皇明英烈传》,〔日〕川浩二,《中国文学研究》(辑刊)2011年第18辑

明代金陵唐氏书坊作品小考,马志赟,《科技情报开发与经济》2011年第24期

书业与狱讼:从晚明出版文化论余象斗公案小说的编纂过程与创作意图,林桂如,(台)《中国文哲研究集刊》2011年第39期

藏书、校书、刻书与明人读书生活,吕允在,(台)《艺术学报》2011年第89期

明代稀见小说集《狐媚丛谈》考索,陈国军、龚敏,《中国明代文学学会(筹)第八届年会暨2011年明代文学与文化国际学术研讨会论文集》2011年

从《精忠录》到《大宋中兴通俗演义》:小说商品生产之一例,石昌渝,《文学遗产》2012年第1期

《两汉开国中兴传志》和《全汉志传》版本源流考,〔日〕大塚秀高;王佳,《九江学院学报》2012 年第 1 期

明代杭州私人刻书机构的新考察,章宏伟,《浙江学刊》2012 年第 1 期

明代艳情小说序跋探微,王猛、赵兴勤,《明清小说研究》2012 年第 1 期

晚明版画蕴含的文人审美意趣,刘坚,《美与时代》(下旬)2012 年第 1 期

秀隽健美雅俗共赏:论明代晚期的书籍插图艺术,董传超、田雪梅,《设计艺术》2012 年第 1 期

娱乐传播:明代"建本"戏曲与小说的功能定位,路善全,《池州学院学报》2012 年第 1 期

白话小说对明代中篇文言传奇的文体渗透:以若干明代中篇文言传奇的刊行与删改为例,潘建国,《暨南学报》2012 年第 2 期

加拿大英属哥伦比亚大学亚洲图书馆藏明刊孤本《蝉吟稿》考略,潘建国,《文献》2012 年第 2 期

明末纸价急降与大众图书市场的繁荣,许军,《青海师范大学学报》2012 年第 2 期

《太平通载》所见中国文言小说资料考述,赖信宏,(台)《书目季刊》2012 年第 2 期

大连图书馆藏本衙藏版《玉娇梨》刊本考辨,梁苑,《明清小说研究》2012 年第 3 期

陈洪绶与明代版画艺术,赵红云,《艺海》2012 年第 4 期

邓志谟著述知见录,陈旭东,《福建师范大学学报》2012 年第 4 期

《剑侠传》成书及选辑者续考，李程，《明清小说研究》2012 年第 4 期

论明代书业广告之特征，王海刚，《南通大学学报》2012 年第 4 期

《平妖传》异体字与版本研究丛札：兼谈古籍整理研究中的异体字问题，林嵩，《文献》2012 年第 4 期

从词话本到刊本：论《封神演义》的成书、版本及编者问题，李亦辉，《苏州大学学报》2012 年第 5 期

明代图书检查制度新探：以汪佃奉敕校书建阳为线索，包诗卿，《华东师范大学学报》2012 年第 5 期

明代通俗文学的商业化编刊与世俗宗教生活：以邓志谟"神魔小说"为中心的探讨，赵益，《安徽大学学报》2012 年第 5 期

明代通俗小说的徘徊与演进，王齐洲，《湖北工程学院学报》2012 年第 5 期

索象于图：明代听审插图的文化解读，杜金、徐忠明，《中山大学学报》2012 年第 5 期

晚明书籍审美形态刍见，尹晖，《郑州轻工业学院学报》2012 年第 5 期

从精英到大众：晚明商业出版与文化的下移，张献忠，《张居正国际学术研讨会论文集》2012 年 6 月

明代禁书原因浅析，霍艳芳，《山东图书馆学刊》2012 年第 6 期

明代木刻书籍版画艺术，章宏伟，《郑州轻工业学院学报》2012 年第 6 期

上海出土明永顺堂刻本为建阳刻本考辨，刘理保，《东方收藏》2012 年第 6 期

“四大奇书”版本演变之历史认知:兼论明代通俗小说传播中的“雅化”与“俗化”,刘凤霞,《出版发行研究》2012年第7期

熊大木身份新考,陈旭东,《福建论坛》2012年第7期

明代宦官与图书刊刻考述,高志忠、温斌,《图书馆理论与实践》2012年第8期

明代建安版画,马文达,《中华文化画报》2012年第8期

明代通俗小说插图成因探析,申重实,《中国古代小说戏剧研究》2012年第8期

明中后期书商的市场意识和竞争策略,张献忠,《江汉论坛》2012年第8期

《明成化说唱词话丛刊》:迄今发现的中国俗文学最早刻本,唐晓云,《编辑之友》2012年第9期

明代雕版插图线描艺术的发展与画家的关系,温巍山,《装饰》2012年第10期

明代南京商业出版述略,张献忠,《明史研究论丛》2012年第10期

书坊主余象斗与公案小说,王令,《河南社会科学》2012年第11期

从武定府刊印的小说看郭勋对通俗小说发展的贡献,李继伟,《语文学刊》(上半月刊)2012年第11期

晚明书籍装帧的商业特点与风格特征:兼论晚明版刻画谱与书籍插图的关系,傅慧敏,《装饰》2012年第11期

晚明插图本图书的盛行及其传播功能,郭孟春,《中国出版》2012年第18期

从产销看明代书坊对通俗小说的经营策略:以商品型态为主要

观察，张清发，(台)《台北教育大学语文集刊》2012 年第 21 期

“剪灯二种”之插图与文本传播，乔光辉，《文学与图像》2013 年第 2 期

明中后期商业出版的大众传播属性与文化的下移，张献忠，《求是学刊》2013 年第 2 期

《客座新闻》成书考论，汤志波，《明清小说研究》2013 年第 2 期

《快心编》成书年代与刊印考论，曾垂超、刘嘉逸，《黎明职业大学学报》2013 年第 2 期

晚明的出版风尚与作为艺术品的书籍，李娜，《江苏社会科学》2013 年第 2 期

《补张灵崔莹合传》、《十美图》成书年代考，邓晓东，《明清小说研究》2013 年第 3 期

《泾林续纪》中空白处人物名姓考，郭辉，《文献》2013 年第 3 期

论明代中篇传奇小说的世俗化转变，唐艳华，《商洛学院学报》2013 年第 3 期

明代建阳本神魔小说探析，缪小云，《浙江海洋学院学报》2013 年第 3 期

明代私刻对编辑出版史的影响，位聪聪，《新闻传播》2013 年第 3 期

生产、流通与符号：明代木版复制时期的“图文”关系，李承华，《南京艺术学院学报》2013 年第 3 期

新见凌濛初史料三则，王裕明，《明清小说研究》2013 年第 3 期

《儿女英雄传》旧序辨伪综考，妥佳宁，《民族文学研究》2013 年第 4 期

明代杭州商业出版述略，张献忠，《北京联合大学学报》2013 年

第4期

明代禁小说令与小说的发展,张晓芝,《四川师范大学学报》2013年第4期

熊大木书坊主身份的考证尚难动摇:与陈旭东先生商榷,苏亮,《中南大学学报》2013年第4期

叶德均《凌濛初事迹系年》补疑,徐永斌,(台)《书目季刊》2013年第4期

17世纪小说书坊主周文炜及其家族刻书活动,许振东,《南开学报》2013年第5期

明代的金陵版画,马文大,《中华文化画报》2013年第5期

再谈《弁而钗》崇祯本的递修与后印,张杰,《文献》2013年第6期

冯梦龙编辑理念之四端,石在中,《湖北社会科学》2013年第7期

折衷的优雅:版画、书坊和晚明的出版文化,李啸非,《美术观察》2013年第10期

利玛窦与明末插图,冯晓娟,《装饰》2013年第11期

明中后期文学作品的舆论效应及其反贪功用:以商业出版为视角,张献忠、程彩萍,《中国出版》2013年12月下

明朝图书业繁荣的政治原因探究,赵丽,《兰台世界》2013年第13期

晚明六种合刊本传奇小说集之选编与消失,林雅玲,《第十五届明史国际学术研讨会暨第五届戚继光国际学术研讨会论文集》2013年

从商标牌记及书名设计看明代图书销售策略,龙斌,《兰台世界》

2013 年第 17 期

《高坡异纂》版本源流考，陆孔存，《黑龙江史志》2013 年第 19 期

“高古奇骇”与“耳目近玩”：晚明书籍插图与陈洪绶绘画之关系解析，沈歆，《鲁迅美术学院学报》2014 年第 1 期

《警世通言》版本新考，〔日〕大塚秀高，《文学遗产》2014 年第 1 期

明代吴县私人刻书论略，程体壕、邢钺莉，《安徽文学》（下半月）2014 年第 1 期

论明代通俗小说版画刻工：兼谈版画刻工研究的学术意义，汪燕岗，《美术研究》2014 年第 2 期

明代南京的书籍市场，陈冠至，（台）《“国家图书馆”馆刊》2014 年第 2 期

明代商业出版的历史定位及启示，张献忠，《贵州社会科学》2014 年第 2 期

晚明通俗文学的商业化出版及作者和受众分析，张献忠，《明史研究论丛》2014 年第 2 期

《杜骗新书》福建地方属性考述，吴朝阳，《明清小说研究》2014 年第 3 期

徽州版画与徽派版画：晚明版画史中的地域因素，周亮，《南京艺术学院学报》2014 年第 3 期

《精忠录》：岳飞故事流传过程中一部重要的资料选编，涂秀虹，《文献》2014 年第 3 期

明代建阳书坊刊刻小说之概况，涂秀虹，《闽江学院学报》2014 年第 3 期

明代内府刻书机构探析，马学良，《河北大学学报》2014 年第

3 期

熊大木身份研究的再思考:答苏亮先生,陈旭东,《福建论坛》2014 年第 3 期

略说明代《四游记》,洪澜,《文史杂志》2014 年第 4 期

明末湖州版画创作中的刻书家,董捷,《美术研究》2014 年第 4 期

晚明徽州版画风格的演变及其对周边地区的影响,蒋炜,《艺术探索》2014 年第 4 期

明中后期坊刻本的版权观念,彭志,《云南社会科学》2014 年第 4 期

晚明小说出版的时空变迁与传播特征,岳鸳鸯,《河南教育学院学报》2012 年第 4 期

《禅真逸史》成书时间考证,宋艳,《安徽文学》(下半月)2014 年第 5 期

《古今书刻》续考,肖禹、陈清慧,《文献》2014 年第 6 期

嘉靖本《荔镜记》与万历本《荔枝记》:陈三五娘故事经典文本的对比与分析,涂秀虹,《福建师范大学学报》2014 年第 6 期

李云翔生平事迹辑考及《封神演义》诸问题的新认识,周明初,《文学遗产》2014 年第 6 期

我国明朝的图书出版管理研究,王凡华,《兰台世界》2014 年第 6 期

通过书商余象斗看明代图书广告艺术,王天岚,《大舞台》2014 年第 7 期

明代出版业的发展与通俗小说的勃兴,魏艳君、周江川,《重庆理工大学学报》2014 年第 10 期

科举胜地、江南才女与明末清初才子佳人小说的兴起，胡海义，《中国文学地理学会第四届年会论文集》2014 年 10 月

晚明江南望族的编刊活动与晚明都市：以凌、闵、茅、臧四大望族为中心，赵红娟，《浙江社会科学》2014 年第 12 期

《型世言》素材来源新考：以《耳谈》、《耳谈类增》为中心，李军，《文艺评论》2014 年第 12 期

琳琳琅琅，用世媚俗：晚明合刊本传奇小说集选编策略探析，林雅玲，（台）《高雄师大国文学报》2014 年第 20 期

明代冯梦龙的编辑思想与实践，卜今，《兰台世界》2014 年第 27 期

从“说话”到“说书”：从说唱伎艺名称的改变看明代通俗小说出版的影响，黄卉，收入《科举与传播：中国俗文学研究》，北京大学出版社 2015 年版

播州杨氏与杨家将小说的成书，陈小林、廖可斌，《明清小说研究》2015 年第 1 期

《大宋中兴通俗演义》与《精忠录》的关系，涂秀虹，《文学研究》2015 年第 1 期

郭勋刊书考论：家族史演绎刊布与明中叶政治的互动，胡吉勋，《中华文史论丛》2015 年第 1 期

《征播奏捷传》的成书方式和思想倾向，廖可斌，《文学遗产》2015 年第 1 期

《泾林续纪》中空白处人物名姓续考，孟永林，《文献》2015 年第 2 期

明代安徽私家刻书考，张守卫，《四川图书馆学报》2015 年第 2 期

明代后期的《夷坚志》及其影响,〔日〕大塚秀高;王子成,《九江学院学报》2015 年第 2 期

明说唱词话《新刊宋朝故事五鼠大闹东京记》考:再论“五鼠闹东京”之故事流变及其学术意义,潘建国,《文学遗产》2015 年第 2 期

《世说新语补》成书与版本考,胡海英,《明清小说研究》2015 年第 2 期

余象斗生平事迹考补:以《刻仰止子参定正传地理统一全书》为中心,陈国军,《明清小说研究》2015 年第 2 期

科举竞争压力下底层文人的职业选择及其生存境遇:以晚明职业出版人群体形成为中心,张献忠,《社会科学研究》2015 年第 3 期

明代版面设计创造初探,肖琼,《艺术科技》2015 年第 3 期

明弘治单刻本《新刊钟情丽集》考,潘建国,《中国典籍与文化》2015 年第 3 期

新发现明末清初小说《留人眼》考,潘建国,《明清小说研究》2015 年第 3 期

熊大木刻书考略,李尾咕,《成都理工大学学报》2015 年第 3 期

明代小说《戚南塘剿平倭寇志传》考论,张世宏,《集美大学学报》2015 年第 4 期

大业堂的白话小说刊刻及其刻书活动,许振东,《廊坊师范学院学报》2015 年第 5 期

晚明商业出版的内容分析,郭孟良,《出版发行研究》2015 年第 5 期

枣梨知见录:晚明版画史文献札记三则,董捷,《新美术》2015 年第 5 期

明代图书出版产业的市场要素研究,赵子卿、柳宏,《科技与出

版》2015 年第 7 期

明代苏州书坊出版研究，施建平，《淮海工学院学报》2015 年第 9 期

文社、书坊与话语权力：晚明商业出版与公共空间的兴起，张献忠，《学术研究》2015 年第 9 期

余象斗的雕版，王炳根，《福建文学》2015 年第 9 期

从《牛郎织女传》到《牛郎织女》考述，赵逵夫，《中国古代小说戏剧研究》2015 年第 11 期

论读者阶层对明代通俗小说出版的传播影响，申重实，《中国古代小说戏剧研究》2015 年第 11 期

浅析明清之交小说图赞的发展及其艺术价值：以《三国演义》《水浒传》《西游记》为视角，李慧、张祝平，《现代语文》2015 年第 11 期

明代图书出版管理内容体系的探讨，赵子卿，《科技传播》2015 年第 12 期

初探牌记广告对明代出版事业发展的影响，刘丹丹，《兰台世界》2015 年第 15 期

明朝书业广告营销探析，马强，《兰台世界》2015 年第 17 期

明代中后期商业图书的广告及营销方式探微，刘路星、吴声怡，《兰台世界》2015 年第 26 期

明代后期拟话本小说传播的特殊方式，王俊德，《兰台世界》2015 年第 28 期

从评点看明代建阳刊本《三国志演义》的读者定位，赵雅丽，《广西师范学院学报》2016 年第 1 期

略论《艳异编》的版本，任明华，《明清小说研究》2016 年第 1 期

明代中后期建阳刻书的繁盛原因探考,李尾咕,《韩山师范学院学报》2016 年第 1 期

《清谈万选》版本、出版时间、编者及来源新论,陈国军,《文学与文化》2016 年第 1 期

雅与俗:晚明书籍插图中的"临仿"问题,傅慧敏,《装饰》2016 年第 2 期

《古今说海》所录明代小说考论,张雯、孙逊,《上海师范大学学报》2016 年第 3 期

周文炜家族的早期刻书及其关系,许振东,《廊坊师范学院学报》2016 年第 3 期

书商的面具:《人镜阳秋》与汪廷讷的出版事业,李啸非,《美术研究》2016 年第 4 期

晚明"大众文化"的巨擘:谫论冯梦龙的历史地位,冯保善,《明清小说研究》2016 年第 4 期

《有象列仙全传》版本考,汤志波,《文献》2016 年第 4 期

朱谋㙔《异林》小说辑佚价值初探,刘天振、卢怡羊,《明清小说研究》2016 年第 4 期

明代劝善运动视阈下的通俗小说,陈才训,《文学遗产》2016 年第 5 期

明刊"三言"插图本的"语-图"互文现象研究,胡小梅,《福建江夏学院学报》2016 年第 6 期

4. 清代

4.1.《红楼梦》及其续仿作品

红楼梦索隐提要,王梦阮,《中华小说界》1914 年第 7 期

红楼梦新谈(正、续),吴宓,《民心周报》1920 年第 17、18 期

文艺:跋《红楼梦考证》(一),胡适,《努力周报》1922 年 5 月 7 日

后三十回的红楼梦,俞平伯,《小说月报》1922 年第 7 期

红楼梦杂记,严敦易,《小说月报》1923 年第 11 期

红楼梦里重要问题的讨论及其艺术上的批评,刘大杰,《晨报七周纪念增刊》1925 第 7 期

修正红楼梦辨的一个楔子,平伯,《语丝》1925 年第 11 期

红楼梦本子问题质胡适之俞平伯先生,容庚,《北京大学研究所国学门周刊》1925 年第 5、6、9、11 期

评胡适红楼梦考证,黄乃秋,《学衡》1925 年第 38 期

关于"红楼梦",俞平伯,《京报副刊》1925 年第 42 期

考证红楼梦的新材料,胡适,《新月》1928 年第 1 期

红楼梦年月摘疑,蔡锦远,《中国文学季刊》1929 年第 1 期

胡适考证《红楼梦》的谬误,梁心,《千岩表》1931 年创刊号

跋乾隆庚辰本脂砚斋重评石头记钞本,胡适,《国立北京大学国学季刊》1932 年第 4 期

红楼梦之谜,韩侍桁,《文艺风景》1934 年第 2 期,又见于《文化月刊》1934 年第 7 期

红楼梦辨证的再认识,李辰冬,《光明》1937 年第 1 期

“红楼梦”补正考，斐斐，《半壁》1941 年冬季特大号期

《红楼梦考证》的商榷，徐文滢，《万象》1942 年第 9 期

红楼梦新考，方豪，《说文月刊》1944 年第 4 期

红楼梦的年代问题，吴羽白，《说文月刊》1944 年第 4 期

“红楼梦”的版本和传说，周越然，《天地》1944 年第 9 期

跋红楼梦新考内西洋时刻与中国时刻之比较，严敦杰，《东方杂志》1944 年第 16 期

《红楼梦》研究，袁圣时，《东方杂志》1944 年第 11 期

“红楼梦”在南京的史料，顾天锡，《太平洋周报》1944 年第 93 期

读红楼梦杂记：前八十回中的他人笔墨，徐高阮，《人世间》1947 年第 3 期

红楼梦考证，荀玉，《世界月刊》1947 年第 1 卷第 11 期、第 2 卷第 5 期

读红楼梦随笔二则，俞平伯，《论语》1947 年第 137 期

红楼梦考证，周光勋，《复兴晚报》1948 年 1 月 19 日

关于红楼梦的文献，羽白，《复兴晚报》1948 年 3 月 23 日

论俞平伯对红楼梦的“辨伪存真”，聂绀弩，《人民文学》1955 年第 1 期

评“红楼梦新证”，施子愉，《长江文艺》1955 年第 4 期

红楼梦八十回校本序言，俞平伯，《新建设》1956 年总第 92 期

“红楼梦”第六十七回是伪作，周熙良，《文汇报》1961 年 9 月 9 日

关于《红楼梦》的成书过程，赵齐平，《北京大学学报》1963 年第 4 期

《红楼梦稿》的成分及其年代，吴世昌，《图书馆》1963 年第 4 期

漫谈红楼梦的插图和画册:纪念曹雪芹逝世二百周年,阿英,《文物》1963 年第 6 期

从乾隆甲戌本看《红楼梦八十回校本》,于枇亭,《江海学刊》1963 年第 10 期

曹雪芹与《红楼梦》的创作,吴世昌,(港)《文艺世纪》1963 年第 74 期

关于高鹗续《红楼梦》及其他,范宁,《图书馆》1964 年第 1 期

高鹗补作红楼梦后四十回的商榷,潘重规,(港)《新亚学报》1967 年第 1 期

《红楼梦书目补遗》,香港中文大学中国文化研究所红楼梦研究小组编,(港)《红楼梦研究专刊》1968 年第 4 期

研究红楼梦的新观点和新材料,潘重规,(港)《崇基校刊》1968 年第 45 期

红楼梦真事与版本研究,丘公乾、饶静中,(港)《春秋》1968 年第 271 期至 280 期

红楼梦真事与版本研究:下篇:八十回与一百廿回版本之谜! 丘公乾、饶静中,(港)《春秋》1969 年第 281 至 288 期

程高排印本红楼梦的版本问题,赵冈,(港)《明报月刊》1969 年第 7 期

《香港所见红楼梦研究资料索引初稿》(一、二),香港中文大学中国文化研究所红楼梦研究小组,(港)《红楼梦研究专刊》1970 年第 8、9 期

红楼梦的发端,潘重规,(港)《新亚书院学术年刊》1971 年第 13 期

《红楼梦》一书产生的历史时代,傅祥萍,《北京日报》1974 年 1

月7日

《红楼梦》版本浅谈，文雷，《文物》1974年第9期

谈《红楼梦》研究中的两个问题，吴新雷，《南京师院学报》1975年第3期

《红楼梦》版本简介（资料），文雷，《光明日报》1975年3月24日

国初钞本原本红楼梦弁言，方豪，（台）《书目季刊》1976年第1期

红楼梦旧钞本知见述略，潘重规，（台）《书目季刊》1976年第1期

《从覆印的〈国初抄本原本红楼梦〉谈起》，王三庆，（台）《书目季刊》1976年第3期

《红楼梦》的《凡例》是曹雪芹写的，冯广隶，《南开大学学报》1976年第4期

程伟元与《红楼梦》，文雷，《文物》1976年第10期

《红楼梦》百二十回本中的问题，吴世昌，《郑州大学学报》1977年第2期

关于《红楼梦》抄本中的几个问题，胡文彬，《哈尔滨师范学院学报》1977年第4期

戚本《红楼梦》脂砚斋一首题诗的质疑，吴幼源，《安徽师大学报》1977年第5期

高鹗、程伟元与《红楼梦》后四十回，王利器，《扬州师院学报》1978年第1、2期合刊

《红楼梦》原本是多少回，周汝昌，《社会科学战线》1978年创刊号

戚序有正本红楼梦的始末，宋淇，（港）《明报月刊》1978年第

1 期

《红楼梦》脂本程本校读札记(一、二),赵卫邦,《四川大学学报》1978 年第 2、3 期

谈程高本《红楼梦》的篡改及其目的,胡文彬,《理论学习:吉林大学学报》1978 年第 3 期

《乾隆抄本百二十回红楼梦稿》改文非从刻本考,王三庆,(台)《木铎》1978 年第 7 期

程伟元刊《新镌全部锈像红楼梦》小考:程本的"配本"问题探讨札记(上、下),〔日〕伊藤漱平;李春林,《红楼梦学刊》1979 年第 1、2 期

《红楼梦》六十四、六十七回辨,宋浩庆,《红楼梦学刊》1979 年第 1 期

红楼梦探佚(一、二),孙逊,《上海师范大学学报》1979 年第 1、2 期

秦可卿晚死考:石兄《风月宝鉴》旧稿探索之一节,戴不凡,《文艺研究》1979 年第 1 期

"雪芹旧有《风月宝鉴》之书",周绍良,《红楼梦学刊》1979 年第 1 期

论《石头记》王府本与戚序本,林冠夫,《文艺研究》1979 年第 2 期

新发现的"有正本"《红楼梦》底本浅说,魏绍昌,《红楼梦学刊》1979 年第 2 期

异本纪闻,周汝昌,《红楼梦学刊》1979 年第 2 期

粗议增订本《红楼梦新证》:兼与张良皋同志商榷,邱惕盈,《河北师大学报》1979 年第 3 期

评《红楼梦》后四十回,李凌,《杭州大学学报》1979年第3期

驳"《红楼梦》旧稿为石兄所作"说,张碧波,《北方论丛》1979年第5期

论明义所见《红楼梦》初稿,吴世昌,《红楼梦学刊》1980年第1期

评本《红楼梦》知见琐录,胡文彬,《文献》1980年第1期

"石兄(石头)说"质疑,薛瑞生,《文艺研究》1980年第2期

谈《红楼梦》版本名称牵涉的问题:兼与邱惕盈同志商榷,张良皋,《河北师范大学学报》1980年第2期

从第四回看《红楼梦》,王一纲《红楼梦学刊》1980年第3期

关于《红楼梦》若干问题的探讨,张志岳,《北方论丛》1980年第3期

《红楼梦》三个主要脂本的关系,赵卫帮,《红楼梦学刊》1980年第3期

《红楼梦》脂残本《凡例》试谈,王本仁,《青海师范学院学报》1980年第3期

关于甲戌本《好了歌解》的侧批,杨光汉,《红楼梦学刊》1980年第4期

论程丙本,文雷,《红楼梦学刊》1980年第4期

论《脂砚斋重评石头记》甲戌本"凡例",冯其庸,《红楼梦学刊》1980年第4期

漫谈《红楼梦图咏》及其它,王多闻,《辽宁师院学报》1980年第4期

高鹗续《红楼梦》后四十回说质疑,萧立岩,《北京师范大学学报》1980年第5期

关于曹著《红楼梦》是否完稿的问题，郑谦，《思想战线》1980年第5期

第一届国际红学论文述评之一：冯其庸先生《论脂砚斋重评石头记甲戌本凡例》之我见，王三庆，（台）《木铎》1980年第9期

《红楼梦》版本的新发现：第四种程刻本，徐有为、徐仁存，（台）《中外文学》1980年第8卷第12期，第9卷1、2期

再谈戚本《红楼梦》，王三庆，（台）《书评书目》1980年第89期

五柳堂札记之十二：由威斯康辛红学会议谈到红楼梦珍本外流，汤晏，（港）《南北极》1980年第126期

乾隆甲戌脂砚斋重评《石头记》行款试论，王三庆，（台）《创新》1980年第313期

关于《红楼梦》研究的一件史料，宁业高，《安徽日报》1981年1月11日

《红楼梦》"凡例"补佚与释疑，〔美〕周策纵，《红楼梦学刊》1981年第1期

论王府本：《红楼梦版本论》之一，林冠夫，《红楼梦学刊》1981年第1期

试谈《红楼梦》的后四十回问题（正、续），王本仁，《青海师专学报》1981年第1、2期

《红楼梦》版本新语，徐恭时，《河北师范大学学报》1981年第2期

试论《红楼梦》与《金瓶梅》，张俊，《北京师范大学学报》1981年第3期

魏绍昌《红楼梦版本小考》代序：漫谈亚东本、传抄本、续书，吴组缃，《红楼梦学刊》1981年第3期

“玉兄后文”是指“佚稿”吗，林锦鸿，《红楼梦学刊》1981年第3期

读《〈红楼梦〉“全璧”的背后》：与周汝昌同志商榷，王昌定，《红楼梦学刊》1981年第4期

关于《红楼梦》117回的一个别本，马力，《红楼梦学刊》1981年第4期

评《红楼梦》的几种续书：谈几种续貂之作和高鹗续书的评价问题，郭豫适，《华东师范大学学报》1981年第4期

也论《脂砚斋重评石头记》（十六回本）的底本正文，季稚跃，《红楼梦学刊》1981年第4期

红楼梦“自传说”平议，许德政，《学习与探索》1981年第5期

从《金瓶梅》到《红楼梦》，孙逊，《红楼梦研究集刊》1981年第7期

《红楼梦》和《金瓶梅》，徐朔方，《红楼梦研究集刊》1981年第7期

程高刻本《新镌全部绣像红楼梦》刊行地点的研究，王三庆，（台）《华学月刊》1981年第110期

从《石头记》到《红楼梦》：兼谈甲戌本，李少清，《红楼梦学刊》1982年第1期

红学十题，刘梦溪，《内蒙古大学学报》1982年第1期

谈刘履芬东观阁本《红楼梦》批语，王卫民，《文献》1982年第1期

王府本侧批不是脂评，杨传镛，《红楼梦学刊》1982年第2期

对脂批《石头记》题跋、印章中人物事迹的新探索：有关《红楼梦》版本札记二则，江慰庐，《红楼梦学刊》1982年第3期

《红楼梦》后四十回辨，宋浩庆，《北京师院学报》1982 年第3 期

列宁格勒藏抄本红楼梦考索（上、中、下），潘重规，（港）《明报月刊》1982 年第 3、4、5 期

影印《脂砚斋重评石头记》甲戌本上被胡适删去的几条跋文，冯其庸，《红楼梦学刊》1982 年第 3 期

红海寻踪录二则：关于《红楼梦》早期抄本在四川的流传，胡邦炜，《历史知识》1982 年第 4 期

敬答赵冈先生评王三庆《红楼梦版本》研究，王三庆，（台）《中国学术年刊》1982 年第 4 期

试论尤三姐：《庚辰本》与《程甲本》比较研究之一，陶建基，《红楼梦学刊》1982 年第 4 期

续梦贾假与甄真：程伟元、高鹗与《红楼梦》新语，徐恭时，《红楼梦学刊》1982 年第 4 期

列藏本《石头记》正文及其校勘（正、续），胡文彬，《上海师范大学学报》1983 年第 1 期、1984 年第 4 期

试谈《红楼梦》后四十四回，许知为，《徽州师专学报》1983 年第 1 期

《脂砚斋重评石头记》（怡府过录已卯本）上部分朱笔添改文字属武裕庵考，季稚跃，《红楼梦学刊》1983 年第 1 期

色色空空地，真真假假天：向 1982 年的红楼梦学术讨论会献舒本一疑，林冠夫，《红楼梦学刊》1983 年第 2 期

"脂评"与《红楼梦》后四十回，王昌定，《天津社会科学》1983 年第 2 期

关于庚辰本《石头记》第四十二回回前的一条脂评，马力，《红楼

梦学刊》1983年第3期

《红楼梦》稿本的抄录者不是脂砚斋，邓遂夫，《红楼梦学刊》1983年第4期

“己卯本是庚辰本的底本”辨正：与魏谭同志讨论，黄峥，《红楼梦学刊》1983年第3期

蒙府本《石头记》的侧批与立松轩，郑庆山，《红楼梦学刊》1983年第4期

一介小厮，两名并出：《红楼梦》版本现象探索之一，李昕，《社会科学战线》1983年第4期

这样的商榷要不得：关于王昌定同志《读〈红楼梦〉“全璧”的背后》，陈鸣，《红楼梦学刊》1983年第4期

红楼梦版本论文丛述评之一：论程丙本，王三庆，（台）《木铎》1983年第10期

论《红楼梦》的“增删”，肖甫春，《大庆师专学报》1984年第1期

论《石头记》己卯本和庚辰本（上、中、下）：兼评冯其庸同志《论庚辰本》，王毓林，《文献》1984年第1、2、3期

论“恒文致静泉二函”及“原本石头记”的流传：兼与美国芝加哥大学马泰来教授商榷，胡文彬，《红楼梦学刊》1984年第2期

浅谈靖本《石头记》的渊源及与其他抄本正文、批语的异同，惠萍，《红楼梦学刊》1984年第2期

《西青散记》和《红楼梦》，洪静渊，《文献》1984年第2期

《红楼梦》第三十六回缺文一探，常枫，《红楼梦学刊》1984年第4期

林召棠“百咏”中的《红楼梦》异本初探，江慰庐，《红楼梦学刊》1984年第4期

也谈《红楼梦》八十回后的原稿,刘绍智,《宁夏教育学院学刊》1984 年第 4 期

至今断梦未分明:曹雪芹《红楼梦》佚稿问题答问漫笔,徐恭时,《团结报》1984 年 5 月 19 日

《红楼梦》版本论文丛述评之二:《程刻本红楼梦新考》,王三庆,(台)《华冈文科学报》1984 年第 15 期

试论怡府己卯本《石头记》和诸抄本的关系,王三庆,(台)《华冈文科学报》1984 年第 15 期

《红楼梦》后四十回决非曹雪芹所作:前八十回与后四十回虚词、词组及回目之比较,曹清富,《红楼梦学刊》1985 年第 1 期

论高鹗续书的功过,王永,《红楼梦学刊》1985 年第 1 期

试论《红楼梦》后四十回仍为曹雪芹所作,杜福华,《红楼梦学刊》1985 年第 1 期

《红楼梦》成书的三重系统,蒋文钦,《温州师专学报》1985 年第 2 期

《红楼梦》绘画史略,徐啸,《红楼梦学刊》1985 年第 2 期

《红楼梦》后四十回为何人所续,夏荷,《兰州学刊》1985 年第 6 期

郑藏本《红楼梦》简论,马力,(港)《明报月刊》1985 年第 7 期

兰墅阅过:《红楼梦稿》研究之三,徐仁存、徐有为,(台)《中外文学》1985 年第 10 期

论《红楼梦》前八十回的成书过程,刘兆榕,《贵州文史丛刊》1986 年第 1 期

对《〈红楼梦〉后四十回为何人所续》一文的质疑,孙星燃,《兰州学刊》1986 年第 3 期

关于《石头记》列藏本的年代问题，蒋维锬，《红楼梦学刊》1986年第3期

列宁格勒藏抄本《石头记》的发现及其意义，〔俄〕李福清（Riftin, Boris L.）；松厓，《红楼梦学刊》1986年第3期

论甲戌本"凡例"与《红楼梦》书名，邓遂夫，《红楼梦学刊》1986年第3期

红学七题，周汝昌，（港）《南北极》1986年第195期

从数理语言学看后四十回的作者：与陈炳藻先生商榷，陈大康，《红楼梦学刊》1987年第1期

谈郑藏《红楼梦》抄本，郑庆山，《北方论丛》1987年第1期

吴晗致函胡适考证《红楼梦》，吴晗，《博览群书》1987年第1期

列宁格勒藏抄本石头记第七十九回考析，庞英，《红楼梦学刊》1987年第2期

试论《红楼梦》后四十回，孙慈忠，《临沂师专学报》1987年第2期

关于"甲戌抄阅再评"之我见：兼论几种早期抄本的构成及关系，刘兆榕，《红楼梦学刊》1987年第3期

论列宁格勒藏钞本《石头记》的构成及年代，季稚跃，《红楼梦学刊》1987年第3期

《脂砚斋重评石头记汇校》序，冯其庸，《红楼梦学刊》1987年第3期

论舒序本：《"红楼梦"版本论》之一，林冠夫，《红楼梦学刊》1987年第4期

晚清儒教与张新之批本《红楼梦》，〔美〕浦安迪（Plaks, Andrew H.），《红楼梦学刊》1987年第4期

早期的《红楼梦》书稿中应没有宁国府，马万里，《学术交流》1987年第4期

《红楼梦》成书新说，李贤平，《复旦学报》1987年第5期

《红楼梦》海外抄本之谜，危楼，《书林》1987年第8期

序《〈红楼梦〉成书新说》，潘旭澜，《复旦学报》1987年第5期

石头记第六十四及六十七回的真伪问题（上、下）：红楼梦稿研究之四，徐仁存、徐有为，（台）《中外文学》1987年第15卷第12期、第16卷第1期

《红楼梦》版本述略，王世荣，《河南图书馆学刊》1988年第1期

"《红楼梦》成书新说"难以成立：与李贤平同志商榷，陈大康，《华东师范大学学报》1988年第1期

《红楼梦》后四十回三题，卓守忠，《红楼》1988年第1期

菩提树上两花开：《高兰墅集》是高鹗续作《红楼梦》后四十回的铁证，叶征洛，《红楼梦学刊》1988年第1期

珠峰前的泰岳：为高鹗及其续书作辩，周慧，《红楼梦学刊》1988年第1期

关于《顽石记》，朱松山，《明清小说研究》1988年第2期

列藏本《石头记》初探，何林天，《红楼梦学刊》1988年第2期

列藏本：脂本的混血儿，朱淡文，《红楼梦学刊》1988年第2期

列藏本脂批考证：兼与潘重规教授商榷，元之凡，《红楼梦学刊》1988年第2期

读梦觉本《红楼梦》批语札记，郑庆山，《红楼梦学刊》1988年第3期

读苏联列宁格勒藏钞本《石头记》，韩绍泉，《红楼梦学刊》1988年第3期

《石头记》八十回是全璧,林锦鸿,《社会科学辑刊》1988 年第 3 期

再谈列藏本的年代问题,蒋维锁,《红楼梦学刊》1988 年第 3 期

剪接:从长篇故事到章回小说(上、下):《红楼梦》成书过程探索,朱淡文,《红楼梦学刊》1989 年第 1、2 辑

《红楼梦》不是飞来峰,陈大康,《红楼梦学刊》1989 年第 3 期

论梦叙本:影印梦觉主人序本《红楼梦》序,冯其庸,《红楼梦学刊》1989 年第 2 期

试论《乾隆抄本百廿回红楼梦稿》的稿本性质及曹雪芹真迹的发现,夏荷,《兰州大学学报》1989 年第 3 期

高鹗续书考:《红楼梦》后四十回著者重探,王向东,《红楼梦学刊》1989 年第 4 期

《红楼梦》成书过程考析,季稚跃,《红楼梦学刊》1989 年第 4 期

列藏本芙蓉诔和其他各本文字比较,韩绍泉,《江汉大学学报》1989 年第 4 期

再论高鹗续书,严云受,《红楼梦学刊》1989 年第 4 期

日本天理图书馆藏两种《红楼梦》续书跋,王三庆,(台)《华风文学》1989 年第 23 期

从列藏本看《红楼梦》第六十四回和第六十七回各本文字的真伪问题,韩绍泉,《山西师大学报》1990 年第 1 期

《红楼梦》"续书"新论:兼与冯其庸先生商榷,上官玉,《东岳论丛》1990 年第 1 期

论晋本《红楼梦》,郑庆山,《阴山学刊》1990 年第 1 期

《红楼梦》第卅五、六回间缺文记疑,常枫,《红楼梦学刊》1990 年第 2 期

甲戌本底本的行格及其他,杨传容,《红楼梦学刊》1990 年第 2 期

甲戌本《石头记》“泪笔”批语校点一议,傅义,《红楼梦学刊》1990 年第 2 期

解破了《红楼梦》的一个谜:初谈舒本的重要价值,刘世德,《红楼梦学刊》1990 年第 2 期

关于列藏本石头记眉批侧批的问题:答元之凡先生,潘重规,《红楼梦学刊》1990 年第 3 期

《梦稿本》真谛,王永,《红楼梦学刊》1990 年第 4 期

“清宝玉”和“浊宝玉”:《风月宝鉴》是初稿? 还是底本,方平,《红楼梦学刊》1990 年第 3 期

列藏本拼配一例:兼谈其抄成年代,杨传容,《红楼梦学刊》1990 年第 4 期

谈靖藏本《石头记》,郑庆山,《红楼梦学刊》1991 年第 1 期

程丙本、程丁本是怎么回事,何林天,《红楼梦学刊》1991 年第 2 期

程甲本、程乙本与程高本系统,胡文彬,《红楼梦学刊》1991 年第 2 期

从“忙”和“连忙”看后四十回作者问题,严安政,《红楼梦学刊》1991 年第 2 期

《风月宝鉴》与《红楼梦》的成书与作者问题,陈国军,《河南大学学报》1991 年第 2 期

话说《红楼梦》后四十回,王蒙,《红楼梦学刊》1991 年第 2 期

甲戌本是怎样成为《己卯 · 庚辰本》的,杨传容,《红楼梦学刊》1991 年第 2 期

谈《红楼梦》程甲本，沈治钧，《红楼梦学刊》1991 年第 2 期

己卯本和庚辰本的分流与再会合，杨传容，《红楼梦学刊》1991 年第 4 期

漫谈《红楼梦》的“本名”，黄立新，《上海大学学报》1991 年第 4 期

谈“被借阅者迷失”的《红楼梦》书稿，沈治钧，《红楼梦学刊》1991 年第 4 期

迎春是谁的女儿？《红楼梦》版本探微，刘世德，《红楼梦学刊》1991 年第 4 期

《红楼梦》“两大版本系统”说辨疑：兼论脂砚斋出于刘诠福之伪托，欧阳健，《复旦学报》1991 年第 5 期

版本四题，杨光汉，《红楼梦学刊》1992 年第 1 期

关于《红楼梦》的版本系统：兼与欧阳健同志商榷，应必诚，《复旦学报》1992 年第 1 期

《〈红楼梦〉成书新说》异议，周广曾，《九江师专学报》1992 年第 1 期

脂本辨证，欧阳健，《贵州大学学报》1992 年第 1 期

八十回本《石头记》成书初考，陈庆浩，《文学遗产》1992 年第 2 期

程高本是《红楼梦》和“红学”的功臣，王永健，《苏州大学学报》1992 年第 2 期

传闻中的《红楼梦》版本及其他，江慰庐，《红楼梦学刊》1992 年第 2 期

证甲戌本《凡例》的作者是脂砚斋，尚友萍，《红楼梦学刊》1992 年第 2 期

程甲本为《红楼梦》真本考，欧阳健，《淮阴师专学报》1992 年第 4 期

从回目的歧异看本子的流变，杨传容，《红楼梦学刊》1992 年第 4 期

《红楼梦》版本研究札记，朱淡文，《上海师范大学学报》1992 年第 4 期

《红楼梦》“探佚”辨误，欧阳健，《海南大学学报》1992 年第 4 期

《红楼梦》续书的源流嬗变及其研究，赵建忠，《红楼梦学刊》1992 年第 4 期

新发现的芹《红》版本、文物信息传闻一束，江慰庐，《红楼梦学刊》1992 年第 4 期

把握《红楼梦》的系统整体属性：试论后四十回的历史命运，吴国柱，《贵州大学学报》1993 年第 1 期

程高本《红楼梦》问世背景简析，张书才，《红楼梦学刊》1993 年第 1 期

重论庚辰本：《校订庚辰本脂评汇校》序，冯其庸，《红楼梦学刊》1993 年第 1 期

从方言看程高本后四十回作者，郑庆山，《蒲峪学刊》1993 年第 1 期

《红楼梦》初稿面貌及其作者，王振铎、赵国栋，《开封教育学院学报》1993 年第 1 期

《红楼梦》之旧本（正、续），〔澳〕柳存仁，《红楼梦学刊》1993 年第 1、2 期，又见于（台）《中国文哲研究集刊》1993 年第 3 期

贾宝玉是道学先生吗？驳程、高续书说之一，朱眉叔，《辽宁大学学报》1993 年第 1 期

简评“《红楼梦》应有两部”说，徐又良，《黄冈师专学报》1993年第1期

论一部被忽视了的《红楼梦》旧抄本：《痴人说梦》所记抄本考辨，〔美〕周策纵，《红楼梦学刊》1993年第1期

有正本《石头记》批语辨析，欧阳健，《明清小说研究》1993年第1期

郑藏红楼梦残本的研究，刘广定，（台）《“中央图书馆”馆刊》1993年第1期

脂本“原稿面貌”辨证，欧阳健，《贵州大学学报》1993年第1期

程高本琐谈，黄进德，《红楼梦学刊》1993年第2期

成书过程：不容忽略的传奇本《红楼梦》，丁淦，《红楼梦学刊》1993年第2期

《红楼梦》程本与脂本的大体比较，周中明，《红楼梦学刊》1993年第2期

《红楼梦》的版本，杨景园，《图书馆学研究》1993年第2期

《红楼梦》“旧时真本”辨证，欧阳健，《东岳论丛》1993年第2期

《红楼梦》乾隆抄本辨，任俊潮，《海南大学学报》1993年第2期

甲戌《脂砚斋重评石头记》出自嘉庆十九年，林辰，《社会科学辑刊》1993年第2期

如何正确理解贾宝玉形象：驳程、高续书说之一，朱眉叔，《满族研究》1993年第2期

孙桐生与《红楼梦》，邓庆佑，《红楼梦学刊》1993年第2期

为程伟元、高鹗一辩：兼论百廿回本《红楼梦》，马国权，《红楼梦学刊》1993年第2期

脂评本《石头记》是否后人伪造：评《〈红楼梦〉“两大版本系统”

说辨疑》,谈蓓芳,《复旦学报》1993年第2期

高鹗续《红楼梦》后40回平议,李凤仪,《绥化师专学报》1993年第3期

《红楼梦》源流随笔,廖仲安,《红楼梦学刊》1993年第3期

甲戌本·刘铨福·孙桐生:兼与欧阳健先生商榷,杨光汉,《红楼梦学刊》1993年第3期

论《红楼梦》程高全璧本的历史地位,吴国柱,《明清小说研究》1993年第3期

《蒙古王府本石头记》简介,王雅琴,《文献》1993年第3期

《史记》抄袭《汉书》之类的奇谈:评欧阳健脂本作伪说(正、续),蔡义江,《红楼梦学刊》1993年第3、4期

同君共斟酌:与欧阳健"新说"商讨,唐顺贤,《红楼梦学刊》1993年第3期

也说迎春是谁的女儿:《红楼梦》版本辨微,欧阳健,《渭南师专学报》1993年第3期

《红楼梦》东观阁本小议,陈力,《四川大学学报》1993年第4期,又见于《红楼梦学刊》1994年第2期

甲戌本题记辨证,杨光汉,《红楼梦学刊》1993年第4期

"老爹"、"老爷"与红楼原本:与欧阳健等先生商榷,李同生,《红楼》1993年第4期

列藏本《石头记》辨证:《古代小说版本漫话》补论,欧阳健,《明清小说研究》1993年第4期

《梦觉本》版本过渡初探,王水,《红楼》1993年第4期

读《红楼梦八十回校本》,吴世昌,《文学遗产》1993年第5期

试表愚衷:高鹗伪续的杂议,周汝昌,《文艺报》1993年6月12日

《红楼梦》版本流变一见，孙柏录，《山东大学学报》1994 年第 1 期

《红楼梦》的避讳问题，魏子云，《明清小说研究》1994 年第 1 期

《红楼梦》探佚成果辨误，欧阳健，《甘肃社会科学》1994 年第 1 期

《红楼梦》诸脂本之关系初探，赵建斌，《红楼》1994 年第 1 期

《红楼梦补》谈，郑逸梅，(港)《明报月刊》1994 年第 1 期

红学辨伪论，欧阳健，《明清小说研究》1994 年第 1 期

论脂批形成的年代，吴国柱，《明清小说研究》1994 年第 1 期

《石头记》=《红楼梦》吗，陈玉书、张训，《明清小说研究》1994 年第 1 期

孙桐生与甲戌本及其他，郑庆山，《蒲峪学刊》1994 年第 1 期

谈“靖本”《红楼梦》有关问题，石昕生，《红楼梦学刊》1994 年第 1 期

从文字差异中辨真伪见高低：与蔡义江先生讨论程本脂本文字问题(正、续)，曲沐，《明清小说研究》1994 年第 2、3 期

从一条重要脂批的破解说起，徐乃为，《红楼》1994 年第 2 期

甲戌年说“甲戌本”，闵子清，《明清小说研究》1994 年第 2 期

论《红楼梦》的脂本、程本及其他：为马来西亚国际汉学会议而作，冯其庸，《红楼梦学刊》1994 年第 2 期

论庚辰本双行批语，郝延霖，《新疆大学学报》1994 年第 2 期

《石头记》与《红楼梦》，张文江，《上海文化》1994 年第 2 期

一个引人注目的省略号：试说曹雪芹只将《红楼梦》前 80 回文字对清，何永康，《红楼梦学刊》1994 年第 2 期

答欧阳健：评他对脂本作伪说的申辩，蔡义江，《红楼梦学刊》

1994年第3期

关于庚辰本两处文句的校读:读戴不凡遗作《戚本出于脂砚斋三阅评本戚本脂本校记》,张志,《红楼》1994年第3期

关于脂评及脂本的“辨析”问题,光之,《红楼》1994年第3期

关于《脂砚斋重评石头记》的讳字问题,欧阳健,《山西师大学报》1994年第3期

评《红楼梦》后四十回,〔日〕村松暎;王孝基、刘毅,《红楼梦学刊》1994年第3期

石头变美玉四百多字脱落原因的补说,金品芳,《红楼梦学刊》1994年第3期

我看《红楼梦》甲戌本,任俊潮,《明清小说研究》1994年第3期

眼别真赝,心识古今:和蔡义江先生讨论《红楼梦》版本,欧阳健,《红楼梦学刊》1994年第3期

也谈甲戌本,郑庆山,《红楼梦学刊》1994年第3期

真伪判然,岂可混同:答冯其庸先生《论〈红楼梦〉的脂本、程本及其他》,欧阳健,《明清小说研究》1994年第3期

脂前程后,不容置疑,胡文炜,《明清小说研究》1994年第3期

程甲本后四十回是“真本”吗,丁淦,《红楼梦学刊》1994年第4期

关于贾宝玉和贾府结局的种种误解:驳《红楼》续书说,朱眉权,《明清小说研究》1994年第4期

《红楼梦稿》启示录:论《红楼梦》后四十回非高鹗所著,胡崧生,《红楼梦学刊》1994年第4期

《红楼梦》早期抄本避讳问题之我见:与欧阳健和魏子云先生商榷,贾穗,《红楼梦学刊》1994年第4期

略谈程本和脂本的若干问题:兼与冯其庸先生商榷,阮传新,《明清小说研究》1994 年第 4 期

论《郑振铎藏残本红楼梦》,季稚跃,《红楼梦学刊》1994 年第 4 期

裕瑞曾见脂批甲戌本浅考:兼辨《枣窗闲笔》"伪书"说,唐顺贤,《红楼梦学刊》1994 年第 4 期

《红楼梦》后四十回作者之我见,郭树荣,《东岳论丛》1994 年第 6 期

《红楼梦》成书史臆说:围绕七十回本存在的可能性,〔日〕伊藤漱平;张建群,《国外社会科学》1994 年第 9 期

曹雪芹:《石头记》原稿的整理者,徐乃为,《文艺报》1994 年 11 月 19 日

八十回本《石头记》成书再考,陈庆浩,《红楼梦学刊》1995 年第 1 期

从"传诗"探《红楼梦》的成书经过,刘广定,《红楼梦学刊》1995 年第 1 期

对"脂批"本的再质疑,侍问樵、张训,《明清小说研究》1995 年第 1 期

关于脂本真伪问题的讨论,穆工,《红楼》1995 年第 1 期

评"民国以后制造甲戌、己卯、庚辰三脂本的书贾",于淑月,《晋中师专学报》1995 年第 1 期

秦钟之死:《红楼梦》版本探微之一,刘世德,《红楼梦学刊》1995 年第 1 期

《犬窝谭红》所记《红楼梦》残钞本辨疑,〔美〕周策纵,《红楼梦学刊》1995 年第 1 期,

一百二十回本《红楼梦》乃曹雪芹一人所作，陶光，《九江师专学报》1995 年第 1 期

一部被贬高论扭曲的《红楼梦》版本，白盾，《中南民族学院学报》1995 年第 1 期

再谈《石头记》原作者问题：与徐乃为同志商榷，宋谋玚，《晋东南师专学报》1995 年第 1 期

重新认识和评价脂本，吴国柱，《明清小说研究》1995 第 2 期

庚辰本《石头记》抄自程甲本《红楼梦》实证录，曲沐，《贵州大学学报》1995 年第 2 期

红苑长青磐石坚：刘铨福史实与甲戌本关系综考，徐恭时，《红楼梦学刊》1995 年第 2 期

甲戌抄本《红楼梦》问题求答：《乾隆甲戌脂砚斋重评石头记》读后，魏子云，《明清小说研究》1995 年第 2 期

新发现的铁峰夫人续书《红楼觉梦》及张船山有关资料叙录，赵建忠，《红楼梦学刊》1995 年第 2 期

《红楼梦》"脂靖本"再辨伪，任俊潮，《贵州大学学报》1995 年第 2 期

《关于脂评及脂本的辨析问题》与光之先生商榷，宛情，《四川社科界》1995 年第 3 期

红楼初梦属雪芹：八十回本《石头记》成书推考之一，刘振农，《中国人民警官大学学报》1995 年第 3 期

程甲本后四十回辨：驳丁淦《程甲本后四十回是"真本"吗》，侍问樵、张训，《明清小说研究》1995 年第 4 期

《红楼梦》是改出来的杰作：试论《乾隆抄本百廿回红楼梦稿》与诸本的关系，花美云，《甘肃社会科学》1995 年第 4 期

《红楼梦》语言中的一个谜:“足的”:兼谈《庚辰本》的真伪问题,施已墨,《红楼梦学刊》1995 年第 4 期

《脂本辨证》质疑:与欧阳健先生商榷,郭树文,《红楼梦学刊》1995 年第 4 期

曹雪芹创作《红楼梦》的著作权难以剥夺,王人恩,《西北师大学报》1995 年第 5 期

红楼梦美学与红楼梦版本,欧阳健,《湖北日报》1995 年 7 月 13 日

红楼初梦遗踪在:八十回本《石头记》成书推考之二,刘振农,《中国人民警官大学学报》1996 年第 1 期

评“程前脂后”论者的所谓“铁证如山”,宋谋玚,《晋东南师专学报》1996 年第 1 期

也谈《红楼梦》后四十回,王瑞盛,《学术交流》1996 年第 1 期

脂批本的祖本有正本并非脂本,侍问樵、张训,《贵州大学学报》1996 年第 1 期

彩霞与彩云齐飞(上、下):《红楼梦》版本探微之一,刘世德,《红楼梦学刊》1996 年第 2、3 期

曹雪芹是《红楼梦》的写定者,胡文炜,《红楼》1996 年第 2 期

靠不住的“铁证”,胡文炜,《红楼梦学刊》1996 年第 2 期

评“程前脂后”论者的所谓铁证,宋谋玚,《红楼梦学刊》1996 年第 2 期

陈坦园《榕荫堂丛书》的发现对《红楼梦》版本考证的价值,欧阳健,《文教资料》1996 年第 3 期

《关于脂本及脂评的辨析问题》与光之先生再商榷,宛情,《红楼》1996 年第 3 期

曹雪芹该显灵了吧？读“张本”《红楼梦》有感，魏子云，《红楼》1996年第4期

对《红楼梦》“续书”的几点补说，上官玉，《东疆学刊》1996年第4期

论“程前脂后”及其他：答宋谋玚先生，吴国柱，《红楼》1996年第4期

睿亲王淳疑题红诗与《红楼梦》钞本的早期流传：兼评关于《红楼梦》曾在清代遭禁的几种说法，胡小伟，《红楼梦学刊》1996年第4期

原文·修订·篡改：比较红楼梦“庚辰本”与“程甲本”、“甲戌本”第一回的异同文字看三个版本的价值，赵文增，《沈阳教育学院学报》1996年第4期

脂本伪造说评议，胡文炜，《红楼》1996年第4期

脂程先后辨议：关于当前“红楼大战”之我见，白盾，《江淮论坛》1996年第5期

《红楼梦魇》的考证意见与价值：以小处删改与后四十回问题为主，郭玉雯，（台）《台湾大学文史哲学报》1996年第45期

“程前脂后”说献疑，施已墨，《红楼梦学刊》1997年第1期

《红楼梦》成书试论，〔日〕船越达志，《红楼》1997年第1期

《红楼梦程乙本》版本演变之谜，王永，《唐都学刊》1997年第1期

“正底本”和“断其立说之是非”：《红楼梦》真本辨考，欧阳健，《福建师范大学学报》1997年第1期

《红楼梦》版本比较谈：同欧阳健先生商榷，曹芸生，《红楼》1997年第2期

《红楼梦》抄本抄成年代考，刘广定，《明清小说研究》1997年第2期

红楼梦的插图艺术，静轩，《红楼梦学刊》1997年第2期

红楼梦甲戌本“凡例”简析，赵文增，《沈阳教育学院学报》1997年第2期

乾隆甲戌《脂砚斋重评石头记》中的“重评”与“初评”辨，张振昌、栗华，《长春大学学报》1997年第2期

中国第一位女小说家西林太清的《红楼梦影》，张菊玲，《民族文学研究》1997年第2期

关于两书合成《红楼梦》的思考，薛瑞生，《西北大学学报》1997年第3期，又见于《唐都学刊》1998年第2期

红楼梦甲戌本“跋”文探疑，赵文增，《沈阳教育学院学报》1997年第3期

论《红楼梦》书名及其它，刘孔伏、潘良炽，《青海师范大学学报》1997年第3期

《石》评不容置疑：与张硕人先生商榷，曹芸生，《红楼》1997年第3期

也谈立松轩本《石头记》：与郑庆山先生商榷，赵建斌，《红楼梦学刊》1997年第3期

脂、程优劣辨，白盾，《海南师院学报》1997年第3期

甲戌本归刘铨福收藏时尚残存几册几回，金品芳，《红楼梦学刊》1997年第4期

如何看待程甲本《红楼梦》中的窜行脱文现象？“程前脂后”说再献疑，曦钟，《红楼梦学刊》1997年第4期

《红楼梦》甲戌本“楔子”探微，张振昌、胡淑莉，《社会科学战线》

1997 年第 6 期

我看“二书合成”说,景华,《人民政协报》1997 年 7 月 19 日

《红楼梦》“二书合成”说质疑,周思源,《儒学与二十世纪中国文化学术讨论会论文集》1997 年

从脂本民道光讳说起,吴国柱,《红楼》1998 年第 1 期

关于《石头记》脂本的研究:《〈石头记〉脂本研究》序,冯其庸,《红楼梦学刊》1998 年第 1 期

红楼梦各版本间关系之试探,刘广定,(台)《“国家图书馆”馆刊》1998 年第 1 期

谈所谓靖藏本《石头记》残批,那宗训,《红楼》1998 年第 1 期

谈《新镌全部绣像红楼梦》,张兵,《乐山师专学报》1998 年第 1 期

新发现《红楼梦分咏》初探,王若,《红楼梦学刊》1998 年第 1 期

永嘉函询论红楼,李致忠,《文献》1998 年第 1 期

有正书局《戚蓼生序本石头记》底本补证,黄炽,《红楼梦学刊》1998 年第 1 期

《红楼梦》后四十回刍议,沈治钧,《红楼》1998 年第 2 期

列藏本《石头记》某些章回中“只”改“这”现象的启示,李思敬,《红楼梦学刊》1998 年第 2 期

论《红楼梦》“探佚”,胡文炜,《红楼》1998 年第 2 期,

《犬窝谭红》所记《红楼梦》残钞本蠡测,吕启祥,《红楼梦学刊》1998 年第 2 期

郑振铎藏残本《红楼梦》的渊源,杨传容,《红楼梦学刊》1998 年第 2 期

《红楼梦》成书过程初探,惠康,《红楼梦学刊》1998 年第 3 期

《红楼梦》续书研究,王佩琴,《红楼梦学刊》1998 年第 3 期

《红楼梦续书研究》补考,赵建忠,《红楼梦学刊》1998 年第 3 期

曦钟《如何看待程甲本〈红楼梦〉中的窜行脱文现象》评析,欧阳健,《红楼梦学刊》1998 年第 3 期

真实的“谎言”:从“刘姥姥撒谎”略看《红楼梦》的成书,郭浩,《红楼》1998 年第 3 期

“脂砚斋作《石头记》”论纯属杜撰:与赵宗来先生商榷,郁永奎,《洛阳师专学报》1998 年第 3 期

程高与《红楼梦》,王仁铭,《江汉大学学报》1998 年第 4 期

庚辰本《石头记》脂批字迹辨,韩旭,《红楼》1998 年第 4 期

《红楼梦》版本源流概说,郑庆山,《红楼梦学刊》1998 年第 4 期

《红楼梦》可以改写吗? 看张本《红楼梦》第二十八回,裘明,《红楼》1998 年第 4 期

记毛国瑶所见靖应鹤藏本《红楼梦》,俞平伯,分载《文汇读书周报》1998 年 4 月 4、11、18、25 日

论“靖批”之伪造得助于《红楼梦新证》:兼示毛国瑶并议俞平伯先生之受惑,李同生,《红楼》1998 年第 4 期

绵阳孙桐生与甲戌本之“纠葛”二解,欧阳健,《红楼》1998 年第 4 期

《新石头记》初探,〔韩〕南敏洙,《东岳论丛》1999 年第 1 期

一例脱文说明了什么,胡文炜,《红楼梦学刊》1999 年第 1 期

《红楼梦》的几种新资料,杜春耕,《红楼》1999 年第 2 期

红楼梦后四十回作者辨证,熊立扬,《红楼梦学刊》1999 年第 2 期

列宁格勒藏抄本《石头记》的考据价值一议,李思敬,《红楼》

1999 年第 2 期

知否？知否？应是脂前程后，惠康，《红楼梦学刊》1999 年第 2 期

从西方版本学看《红楼梦》的诠释问题，（港）洪涛，《明清小说研究》1999 年第 3 期

从左绵痴道人眉批字迹鉴定看甲戌本的真伪问题，欧阳健，《贵州文史丛刊》1999 年第 3 期

《红楼梦》杨、戚两本第三十五回“有共同祖本”吗，陈阵，《无锡教育学院学报》1999 年第 3 期

《红楼梦》脂抄庚辰本系作伪又一重要新证，李金松，《明清小说研究》1999 年第 3 期

《乾隆甲戌脂砚斋重评石头记》真伪辨，石雷，《红楼梦学刊》1999 年第 3 期

《石头记》百回，祁武鹏，《红楼》1999 年第 3 期

程甲本和艺院本《红楼梦》第四回文字比较，玉书，《红楼》1999 年第 4 期

从同词脱文来看脂本、程本的先后关系，张杰，《红楼梦学刊》1999 年第 4 期

《甲戌本石头记》书名浅析，陈玉书，《红楼》1999 年第 4 期

君子欺之以方也：说靖本《红楼梦》的脂批，魏子云，《红楼》1999 年第 4 期

论梦觉本：《红楼梦》版本论之一，林冠夫，《红楼梦学刊》1999 年第 4 期

一芹一脂，合著《红楼》，张广济，《长春煤炭管理干部学院学报》1999 年第 4 期

造假古董者贱莫甚，曼谷、张硕人，《红楼》1999 年第 4 期

论《红楼梦》甲戌本“凡例”，胡淑莉、张振昌，《社会科学战线》1999 年第 6 期

程刻本后四十回作者的探寻轨迹，赵建忠，《呼兰师专学报》2000 年第 1 期

“庚辰本系作伪又一重要新证”辨析，张志，《成都师专学报》2000 年第 1 期

《红楼梦》的版本及其校勘，郑庆山，《红楼》2000 年第 1 期

《红楼梦》的版本问题，魏子云，《红楼》2000 年第 1 期

红绿对开的十二金钗骰令谜：《红楼梦》后四十回不是高鹗所续，〔美〕王乃骥，《世界华文文学》2000 年第 1 期

几种《红楼梦》当前版本的浅析和浅评，李烨，《红楼》2000 年第 1 期

有正本“寻根”：脂批晚于有正本再辨，欧阳健，《贵州大学学报》2001 年第 1 期

《脂砚斋重评石头记》己卯本批语条辨（正、续），欧阳健，《广西文史》2000 年第 1、2 期

程甲本、程乙本与《乾隆抄本》何以互不相同，王仁铭，《武汉教育学院学报》2000 年第 2 期

高鹗并没有骗人：外二篇，宋谋玚，《晋东南师范专科学校学报》2000 年第 2 期

关于文玉楼藏木版《绣像红楼梦》，黄河浪，《红楼梦学刊》2000 年第 2 期

《红楼梦》版本演变的三个阶段，乔福锦，《明清小说研究》2000 年第 2 期

后四十回有曹雪芹的残稿,陈继征,《红楼》2000 年第 2 期

评刘广定先生《红楼梦抄本抄成年代考》:兼谈《红楼梦》版本研究中的讳字问题,梅节,《红楼梦学刊》2000 年第 2 期

认识规律解"死结":《红楼梦》成书过程初探,王珏,《广西文史2000 年第 2 期

"新宝玉"和"旧宝玉":《红楼梦》成书过程试探,沈治钧,《红楼梦学刊》2000 年第 2 期

高鹗并没有骗人,宋谋玚,《红楼梦学刊》2000 年第 3 期

高鹗"续书"说考论,胡文彬,《内蒙古民族师院学报》2000 年第 3 期

再谈《红楼梦》抄本抄成年代:敬答梅节先生,刘广定,《红楼梦学刊》2000 年第 3 期

"脂批晚出说"辨疑:与欧阳健等先生商榷,徐乃为,《红楼梦学刊》2000 年第 3 期

蒙古王府本《石头记》余论,季稚跃,《红楼梦学刊》2000 年第 4 期

为"靖本"所感:红学家们何时迷途知返,李同生,《红楼》2000 年第 4 期

黑眉乌嘴的活猴儿:《红楼梦》版本探微之一,刘世德,《红楼梦学刊》2001 年第 1 期

千古文章已尽才:《石头记》80 回成因索证,孔凡成,《红楼》2001 年第 1 期

"乾隆抄本百廿回红楼梦稿"辨伪,欧阳健,《东南大学学报》2001 年第 1 期

《红楼梦》第十六回的版本渊源,胡文炜,《红楼》2001 年第 2 期

简评靖本真伪之争,吴国柱,《红楼》2001 年第 2 期

“绛洞花主”确属后人妄改:兼答蔡义江先生,邓遂夫,《明清小说研究》2001 年第 2 期

从尤氏到秦氏:探讨《红楼梦》成书过程的新视角,纪永贵,《东方丛刊》2001 年第 3 期

《红楼梦》禁毁始末考述,赵维国,《红楼梦学刊》2001 年第 3 期

确立“程前脂后”说所必须越过的两个障碍,卫玫,《红楼》2001 年第 3 期

同词脱文现象与真假红楼之辨,李庆之,《红楼》2001 年第 3 期、2002 年第 1 期

未著录的清人周白於《六续红楼梦》新材料之考释,赵建忠,《红楼梦学刊》2001 年第 3 期

“脂批晚出说”再商兑:兼与刘广定先生的避讳说商榷,徐乃为,《红楼梦学刊》2001 年第 3 期

北师大藏《脂砚斋重评石头记》抄本概述,张俊、曹立波、杨健,《北京师范大学学报》2001 年第 4 期

“风月宝鉴”观照下的靖藏本,乔福锦,《红楼》2001 年第 4 期

胡适甲戌本红楼梦“脂评”的特征:兼论甲戌本是比较晚出又有作伪痕迹的过录本,赵文增,《沈阳教育学院学报》2001 年第 4 期

这贾兰不是那贾兰:《红楼梦》版本探微之一,刘世德,《红楼梦学刊》2001 年第 4 期

北师大《脂砚斋重评石头记》版本来源查访录,曹立波、张俊、杨健,《北京师范大学学报》2002 年第 1 期

《红楼梦》第六十七回考评,郑庆山,《红楼》2002 年第 1 期

平心静气说程、高:论《红楼梦》后四十回,白盾,《黄山高等专科

学校学报》2002 年第 1 期

“未加评点”释：兼议“程前脂后”说，孔凡成，《红楼》2002 年第 1 期

也谈靖本，梅节，《红楼梦学刊》2002 年第 1 期

再论《红楼梦》的版本与校勘，郑庆山，《克山师专学报》2002 年第 1 期

《红楼梦》脂抄甲戌本跋语质疑，李金松，《红楼》2002 年第 2 期

脂本文字识小录，胡文炜，《红楼梦学刊》2002 年第 2 期

北师大藏《脂砚斋重评石头记》抄本考论，张俊、曹立波、杨健，《红楼梦学刊》2002 年第 3 期

关于《红楼梦》后四十回，〔美〕陈炳藻；胡晴，《红楼梦学刊》2002 年第 3 期

《妙复轩评本·绣像石头记红楼梦》序，张庆善，《红楼梦学刊》2002 年第 3 期

《石头记》版本源流考略，乔福锦，《明清小说研究》2002 年第 3 期

续《有关红学的新材料》，潘承玉，《明清小说研究》2002 年第 3 期

一个多余的安分守己的好人：《红楼梦》版本探微之一，刘世德，《红楼梦学刊》2002 年第 3 期

影印云罗山人手评《绣像批点红楼梦》序，张书才、杜志军，《红楼梦学刊》2002 年第 3 期

《红楼梦》版本与《红楼梦》文本：沟通版本研究与文本研究，陈维昭，《红楼梦学刊》2002 年第 4 期

《红楼梦稿》是一切抄本的母本：对《乾隆抄本百廿回红楼梦稿》

剖析,夏荷、花美云,《甘肃社会科学》2002 年第 4 期

琉璃厂与《红楼梦》版本的流传略述,曹立波、张俊,《红楼梦学刊》2002 年第 4 期

“燕山窦公”辨,欧阳健,《中国典籍与文化》2002 年第 4 期

符号与《红楼梦》研究:对《乾隆抄本百廿回红楼梦稿》的剖析,夏荷、花美云,《全国语言与符号学研究会第五届研讨会论文摘要集》2002 年 5 月

河南省图书馆馆藏 14 种《红楼梦》版本探究,汤树俭,《河南图书馆学刊》2002 年第 5 期

《石头记》成书模式新考,谢德俊,《泉州师范学院学报》2002 年第 5 期

《红楼梦图咏》版本比较,顾音海,《上海博物馆集刊》2002 年第 9 期

从脂批甲戌本《石头记》的跋语说起,魏子云,《红楼》2003 年第 1 期

《红楼梦》东观阁本及其相关问题(代序),陈力,《红楼梦学刊》2003 年第 1 期

《红楼梦》东观阁本再考,陈力,《文献》2003 年第 1 期

黄叶村著书否?《红楼梦》成书过程的一个重要问题,蔡义江,《红楼梦学刊》2003 年第 1 期

论甲戌本与庚辰本的关系:兼论甲戌本是综合本,胡文炜,《红楼》2003 年第 1 期

谬托知己者的讹言:脂批三辩,欧阳健,《铜仁师范高等专科学校学报》2003 年第 1 期

《石头记甲戌本辨误》序,胡文彬,《红楼梦学刊》2003 年第 1 期

《双清仙馆本·新评绣像红楼梦全传》序,孙玉明,《红楼梦学刊》2003年第1期

谁是"第四个"? 兼谈"脂本"之真,"程本"之伪、"俞校本"点金成铁,曹芸生,《红楼》2003年第1期

《红楼梦》后四十回非曹雪芹原著的又一论据:对明义四首《题红诗》的新辩识,祝秉权,《铜仁师范高等专科学校学报》2003年第2期

《红楼梦》后四十回中有曹雪芹的手笔,梅玫、阎大卫,《铜仁师范高等专科学校学报》2003年第2期

一部早期的、内容单一的《红楼梦》:对明义《题〈红楼梦〉绝句二十首》的考察,马瑞芳,《红楼梦学刊》2003年第2期

论《红楼梦》第七十七回中一段文字与书中其它部分的抵触,许可,《红楼梦学刊》2003年第3期

《随园诗话》有关《红楼梦》一段话及其版本考释,包云志,《明清小说研究》2003年第3期

本衙藏版本《红楼梦》考辨,曹立波,《明清小说研究》2003年第4期

"东观阁原本"与程刻本的关系考辨,曹立波,《文学遗产》2003年第4期

论甲戌本《凡例》为曹雪芹所作,马瑞芳,《红楼梦学刊》2003年第4期

《红楼梦》中的湖南方言考辨,邓牛顿,《上海大学学报》2003年第5期

蓼风轩·藕香榭·暖香坞:《红楼梦》版本探微之一,刘世德,《丽水师范专科学校学报》2003年第6期

红楼解梦与“脂批”，董本山，《鸡西大学学报》2004 年第 1 期

《红楼梦》是怎样成书的，蔡义江，《铜仁师范高等专科学校学报》2004 年第 1 期

谈“本衙藏板”，周绍良，《书品》2004 年第 1 期

真《石头记》与假《红楼梦》：《石头记会真》校勘纪略，侯廷臻，《邯郸师专学报》2004 年第 1 期

《红楼梦》成书过程推测，马瑞芳，《红楼梦学刊》2004 年第 2 期

《红楼梦》绣像的审美特征，刘继保，《美术观察》2004 年第 2 期

《红楼梦》中脂评之谜，曹革成，《红楼》2004 年第 2 期

从秦可卿尤三姐看《红楼梦》的成书及版本，邹自振，《南都学坛》2004 年第 3 期

读《乾隆甲戌脂砚斋重评石头记》重印本三题，陈辽，《河南教育学院学报》2004 年第 5 期

应该了结的一桩红楼“公案”：论后四十回非高鹗续作，陈继征，《咸阳师范学院学报》2004 年第 5 期

北师大藏《石头记》旧抄本考辨札记，乔福锦，《明清小说研究》2005 年第 1 期

一个版本引发的一场变革，杨金花，《社会科学论坛》2005 年第 1 期

甲辰本：终结“脂批伪托说”的神话：兼评欧阳健新著《还原脂砚斋》，徐乃为，《南通大学学报》2005 年第 2 期

《红楼梦》评点从文人自娱到商业传播的转型：东观阁评与脂砚斋评的主要差异，曹立波，《河南教育学院学报》2005 年第 2 期

《石头记》的人名演变与甲戌本成书时间，徐乃为，《河南教育学院学报》2005 年第 2 期

一条软肋:脂程前后小议,丁希,《红楼》2005 年第 2 期

上海图书馆藏百廿回《红楼梦》旧抄本考述,乔福锦,《上海师范大学学报》2005 年第 5 期

《红楼梦》戬本,一个“新”发现的抄本,刘世德,《红楼梦学刊》2005 年第 6 期

论《红楼梦》第十七、十八回分回问题,夏薇,《红楼梦学刊》2005 年第 6 期

论己卯庚辰本:《红楼梦版本论》之一,林冠夫,《红楼梦学刊》2005 年第 6 期,

《红楼梦》与《桃花扇》的关系研究:也谈《红楼梦》创作于康熙末年说,纪永贵,(港)《中国文化研究所学报》2005 年第 45 期

既识其大又识其小:《红楼梦》研究中的几个“小”问题,胡文彬,《中国古代小说戏剧研究丛刊》2006 年第 1 期

论以“西洋自行船”来确定《红楼梦》庚辰本定稿于乾隆三十五年以后,童力群,《唐都学刊》2006 年第 1 期

脂本抄写情况蠡测,张秉旺,《红楼梦学刊》2006 年第 1 期

百年红楼辨真假:还《红楼梦》后四十回一个公道,陈劭平,《东南学术》2006 年第 2 期

上图抄本《红楼梦》与沈星炜,杨绪容,《明清小说研究》2006 年第 2 期

时序“矛盾”与“增删五次”及版本传抄:《红楼梦》中时序“矛盾”考辨之四,曹金钟,《古籍整理研究学刊》2006 年第 2 期

曹雪芹《红楼梦》原稿的“DNA”样本,劳扬,《红楼》2006 年第 3 期

《情僧录》非《石头记》异名辨,徐乃为,(台)《书目季刊》2006 年

第 3 期

以避康熙名讳不严格而否定《红楼梦》脂本系统的观点不能成立考,王玉林,《红楼》2006 年第 3 期

程伟元"鼓担"购书与《红楼梦》百廿回本,宋健,《图书馆工作与研究》2006 年第 4 期

《红楼梦》甲戌本新论:纪念重印《脂砚斋甲戌抄阅再评石头记》,张振昌,《长春大学学报》2006 年第 4 期

基于计算机的词频统计研究:考证《红楼梦》作者是否唯一,李国强、李瑞芳,《沈阳化工学院学报》2006 年第 4 期

高鹗"传胪"之称辨析,伏涛,《衡阳师范学院学报》2006 年第 5 期

"脂本"真实存在,"红学"面临危机,陈辽,《东南大学学报》2006 年第 5 期

读沪上新发现的残脂本《红楼梦》,冯其庸,《红楼梦学刊》2006 年第 6 期,又见于《光明日报》2006 年 10 月 31 日

改琦:来自红楼梦时代的图像:改琦《红楼梦图咏》研究,静轩,《红楼梦学刊》2006 年第 6 期

是原有后夺,还是原无后衍:甲戌本第一回独多的"四百余字"问题探原,徐乃为,《学术交流》2006 年第 8 期

"籀红室藏本"和一段旧公案:《红楼梦》120 回抄本系列研究之一,夏薇,《红楼梦学刊》2007 年第 1 期

一件胡适先生发现而未解的红学迷案试解:甲戌本《石头记》跋语错序探研,徐乃为,《学术界》2007 年第 1 期

《红楼梦》"卞藏本"异文说,蔡义江,《红楼梦学刊》2007 年第 2 期

《红楼梦》春草堂藏本,夏薇,《文学遗产》2007年第2期

清代杨柳青《红楼梦》年画对原著的“误读”与“再诠释”,张雯,《荣宝斋》2007年第2期

新红学的误区:高鹗续写后四十回,胡文炜,《辽东学院学报》2007年第2期

甲戌本石头记论略,任晓辉,《河南教育学院学报》2007年第3期

《犬窝谭红》所记《石头记》残抄本考辨,乔福锦,《明清小说研究》2007年第3期

浅析以“程甲本”绣像为代表的《红楼梦》卷首木刻绣像,李芬兰,《郧阳师范高等专科学校学报》2007年第4期

皙庵藏本是不是80回脂本,夏薇,《红楼梦学刊》2007年第4期

也谈“卞藏本”,刘广定,《红楼梦学刊》2007年第4期

释“大落墨”:以《红楼梦》张新之评本为中心,杨志平,《红楼梦学刊》2007年第5期

《脂砚斋重评石头记庚辰校本》五题,陈熙中,《红楼梦学刊》2007年第5期

由《红楼梦》解读清代出版传播活动的内容控制方式,周康、刘华丽,《北京印刷学院学报》2007年第5期

《红楼梦》插图中的线描,马昭银,《美术观察》2007年第7期

《红楼梦》后四十回论:驳胡适“狗尾续貂”说,余纪,《西南大学学报》2008年第1期

论《红楼梦》的版本源流,张福昌,《红楼》2008年第1期

论改琦《红楼梦图咏》,周伟平,《浙江海洋学院学报》2008年第2期

关于《红楼梦》舒元炜序本底本构成的新发现,夏薇,《红楼梦学刊》2008年第3期

论《红楼梦》眉盦藏本,夏薇,《明清小说研究》2008年第2期

寻根究底,正本清源:论《红楼梦》有正本的底本,潘华柱,《红楼》2008年第2期

由明义所见《红楼梦》引起的思考,童力群,《明清小说研究》2008年第2期

版本研究贏谈,刘广定,《红楼梦学刊》2008年第3期

对姚燮评点《红楼梦》所涉及"抄袭"问题的商兑与探讨,黄清顺,《红楼梦学刊》2008年第4期

鸡不可能飞得像鹰那么高:《红楼梦》后四十回为曹雪芹原作的力证,冯守卫,《红楼》2008年第4期

林小红考论:兼说《红楼梦》的成书过程,童力群,《鄂州大学学报》2008年第4期

赖大与赖二:角色与名字的转换:《红楼梦》版本探微外篇,刘世德,《红楼梦学刊》2008年第6期

眉本:一部新发现的《红楼梦》残抄本,夏薇,《文史知识》2008年第6期

评"无名氏续《红楼梦》后四十回说",胡文炜,《河南教育学院学报》2008年第6期

吹尽狂沙始到金:脂本《石头记》与程本《红楼梦》,李兆江,《红楼》2009年第1期

《红楼梦》《石头记》之流传,展静,《红楼》2009年第1期

《红楼梦》第六十七回不是作者原著,张福昌,《红楼》2009年第2期

程甲本版画构图、寓意与其他《红楼梦》版画之比较，张惠，《红楼梦学刊》2009 年第 3 期

《红楼梦》版本异文考，孙柏录，《文史哲》2009 年第 3 期

劝君莫骂高兰墅劝君细读红楼梦：关于《红楼梦》后四十回的讨论，马凤起，《红楼》2009 年第 3 期

再谈脂评与后四十回的关系，胡文炜，《红楼文苑》2009 年第 3 期

从《红楼梦》后四十回的来历看后四十回的作者，胡文炜，《辽东学院学报》2009 年第 4 期

从《红楼梦》前十回看程乙本对程甲本的修改，刘世德，《文学遗产》2009 年第 4 期

《红楼梦》前 80 回与后 40 回某些文风差异的统计分析（两个独立二项总体等价性检验的一个应用），韦博成，《应用概率统计》2009 年第 4 期

维经堂藏板《绣像红楼梦》版本考略，〔日〕森中美树，《红楼梦学刊》2009 年第 4 期

艳情人自画红楼：清代《红楼梦》绘画研究，静轩，《红楼梦学刊》2009 年第 4 期

国家图书馆所藏两套庚辰本的摄影本考辨，曹立波、高文晶，《红楼梦学刊》2009 年第 5 期

圣彼得堡藏抄本《石头记》贴条下文字考核，梁归智、〔韩〕崔溶澈，《红楼梦学刊》2009 年第 5 期

视觉文化理论与《红楼梦》语-图史研究，秦剑蓝，《江西社会科学》2009 年第 5 期

追根探源，为全璧本正名，刘丁臣，《贵州大学学报》2009 年第

5 期

列藏本《红楼梦》研究四则，温庆新，《内江师范学院学报》2009 年第 9 期

读红脞录，刘世德，《明清小说研究》2010 年第 1 期

北师大图书馆藏《红楼梦》一百二十回抄本考辨，曹立波、耿晓辉，《北京师范大学学报》2012 年第 2 期

德国柏林国立图书馆《红楼梦》藏本揭秘，姚军玲，《华西语文学刊》2010 年第 2 期

对庚辰本、己卯本关系的再认识：重编《漱石集》后记，冯其庸，《红楼梦学刊》2010 年第 2 期

论“程本系统”插图与《红楼梦》的“家族”主题，颜彦，《红楼梦学刊》2010 年第 2 期

重印有正小字本《红楼梦》跋，杜春耕、周丽侠，《红楼梦学刊》2010 年第 3 期

重印有正书局小字本《红楼梦》序，林建超，《红楼梦学刊》2010 年第 3 期

庚辰定本中的谶语诗不残中秋诗不缺，阵车，《红楼文苑》2010 年第 3 期

叙事的停顿与凝视：关于《红楼梦》插图的图像学考察，陆涛，《红楼梦学刊》2010 年第 3 期

从回目看杨本《红楼梦》前八十回的版本性质，贾海建，《长安大学学报》2010 年第 4 期

杨本后四十回与程乙本的关系考辨，耿晓辉、曹立波，《红楼梦学刊》2010 年第 4 期

关于以《红楼梦》120 回为样本进行其作者聚类分析的可信度问

题研究,施建军,《红楼梦学刊》2010 年第 5 期

论《红楼梦》桐花凤阁批本二十回抄文之底本:兼论补拙斋抄本之底本,陈传坤,《铜仁学院学报》2011 年第 1 期

程刻本《红楼梦》的两个版次与“第三种”版本,胡文彬,《曹雪芹研究》2011 年第 2 期

《红楼梦》后四十回应是高鹗补续,张书才,《曹雪芹研究》2011 年第 2 期

后四十回非高续的两个例证,胡文炜,《红楼文苑》2011 年第 2 期

论《红楼梦》戳抄本之底本:兼与刘世德先生商榷,陈传坤,《曹雪芹研究》2011 年第 2 期

作为续书的后四十回,张云,《曹雪芹研究》2011 年第 2 期

《红楼梦》张汝执评本校改文字探析,曹立波、谭君华,《中国矿业大学学报》2011 年第 3 期

清代刻书业与《红楼梦》大普及:为纪念程甲本《红楼梦》问世 220 周年而作,胡文彬,《中国矿业大学学报》2011 年第 4 期

全部《石头记》应多于一百二十回,童力群,《衡水学院学报》2011 年第 6 期

程伟元的籍贯与家世:为纪念程甲本《红楼梦》问世 220 周年而作,胡文彬,《河南教育学院学报》2012 年第 1 期

胡适与《红楼梦》程乙本,郑铁生,《曹雪芹研究》2012 年第 1 期

关于蒙府本后四十回版本特征的几点思考,曹立波、张锐,《曹雪芹研究》2012 年第 2 期

蒙古王府本第五十七回至六十二回研究,夏薇,《曹雪芹研究》2012 年第 2 期

未见著录的晚清报载《红楼梦》研究资料三种，张天星，《红楼梦学刊》2012年第2期

何其芳藏《红楼梦》及各种续书版本，张鸿声、冯佳，《红楼梦学刊》2012年第4期

《红楼梦》版本略说，赵燕，《语文学刊》2012年第5期

四种《红楼梦》程乙本的差异，刘世德，《红楼梦学刊》2012年第5期

《红楼梦》插图的"闺阁空间"，颜彦，《红楼梦学刊》2012年第6期

改琦与他的《红楼梦图咏》，梁靓，《文学界》2012年第9期

蒙府本《石头记》底本新考：兼与曹立波、夏薇二先生商榷，陈传坤，《乌鲁木齐职业大学学报》2013年第1期

《石头记》庚寅本考辨，乔福锦，《辽东学院学报》2013年第1期

从称呼看戚序本《石头记》回前回后评的作者问题，徐军华、胥惠民，《明清小说研究》2013年第2期

从文字到图像：《红楼梦》接受过程中的视觉性及其意义，陆涛，《中北大学学报》2013年第2期

《红楼梦》的早期传播模式及其他，方晓伟，《曹雪芹研究》2013年第2期

《红楼梦》后40回非高鹗续写说，俞晓红，《明清小说研究》2013年第2期

王希廉家世生平补考，李永泉，《红楼梦学刊》2013年第2期

程甲本《红楼梦》卷首绣像图赞的作者考证：兼说后四十回的撰著问题，路娟娟、徐乃为，《洛阳师范学院学报》2013年第3期

俄罗斯圣彼得堡藏抄本石头记目验再记，任晓辉，《红楼梦学刊》

2013 年第 3 期

现存八种《红楼梦》重印活字本刍议，陈传坤，《文学与文化》2013 年第 3 期

《红楼梦》后四十回版本研究：以杨藏本为中心，陈庆浩、蔡芷瑜，《中国文化研究》2013 年第 4 期

蒙府本《石头记》补抄之底本重考，陈传坤，《红楼梦学刊》2013 年第 4 期

清代传禁《红楼梦》之人脉网络：从赵烈文日记谈起，黄一农，《红楼梦学刊》2013 年第 4 期

清代《红楼梦》评点对一百二十回的认识，刘继保，《红楼梦学刊》2013 年第 4 期

《影堂陈设书目录》与怡府藏本《红楼梦》，侯印国，《红楼梦学刊》2013 年第 4 期

关于“萃文书屋”木活字本《红楼梦》摆印的两个问题，沈畅，《红楼梦学刊》2013 年第 5 期

初探《红楼梦》前八十回的作者问题，童力群，《衡水学院学报》2013 年第 6 期

俄罗斯圣彼得堡藏抄本《石头记》再验补记，任晓辉，《红楼梦学刊》2013 年第 6 期

《红楼梦》前八十回和后四十回词频的对比研究，包振瑶，《湖北科技学院学报》2013 年第 9 期

《红楼梦》“甲戌本”晚出考，王俊德，《文艺评论》2013 年第 10 期

从《柳絮词》的抄写形式看《红楼梦》几个抄本的关系，戴永新、曹立波，《红楼梦学刊》2014 年第 1 期

初进荣国府，黛玉是多大？关于《红楼梦》创作与版本问题的探

讨,邹宗良,《红楼梦学刊》2014 年第 1 期

萃文书屋程甲程乙再考,杜春耕,《红楼梦学刊》2014 年第 1 期

《红楼梦》八十回之后探佚,王翼,《山西师大学报》(研究生专刊)2014 年第 1 期

《红楼梦》后 40 回事“伪续”还是“真续”,刘莲丽,《文学报》2014 年 1 月 2 日

前后迥异的《红楼梦》色彩世界:基于前八十回与后四十回颜色词比较看全书作者不一致性,曹莉亚,《明清小说研究》2014 年第 1 期

越南阮朝图书馆所藏的《红楼梦》及其续书,陈益源,《明清小说研究》2014 年第 1 期

曹雪芹拥有《红楼梦》著作权的又一新证:周春致吴骞一封书信的解读,董志新,《红楼梦学刊》2014 年第 2 期

高鹗《重订〈红楼梦〉小说既竣题》发微,甄飒飒,《红楼梦学刊》2014 年第 2 期

关于《红楼梦》成书创作的几个问题,叶巍,《红楼文苑》2014 年第 2 期

《红楼梦》版本变异的活化石:毛子水《脂砚斋重评石头记影印本第二次重印跋》异文录及启示,吴佩林,《学术界》2014 年第 2 期

《红楼梦》版本“二元论”诠考:以第五回“悲金悼玉”与第二十二回宝黛钗谜诗为中心,陈传坤,《乌鲁木齐职业大学学报》2014 年第 2 期,又见于《文学与文化》2014 年第 3 期

《红楼梦》不是“断臂的维纳斯”,唐国明,《红楼文苑》2014 年第 2 期

三论庚辰本,冯其庸,《红楼梦学刊》2014 年第 2 期

试说《红楼梦》为何“只存八十回”，吴营洲，《辽东学院学报》2014 年第 2 期

《红楼梦》杨藏本底文的独立性：从程本多出的文字“金陵”、“南边”、“南方”谈起，曹立波、韩林岐，《中国矿业大学学报》2014 年第 3 期

“详加校阅”终如何？谈《红楼梦》程乙本对程甲本的修改，张德维，《文学与文化》2014 年第 3 期

《醒世姻缘传》“凡例”与《红楼梦》“凡例”，王光福，《蒲松龄研究》2014 年第 3 期

从异文看卞藏本《红楼梦》早于甲戌本，戴英马，《宁波大学学报》2014 年第 4 期

《红楼梦》版本之流传情况，蒋亚男，《读与写》2014 年第 4 期

《红楼梦》绣像的人物选取与组织结构，何萃，《明清小说研究》2014 年第 4 期

也论改琦及其《红楼梦图咏》，唐建，《红楼梦学刊》2014 年第 4 期

再谈关于正确认识“程高本”的几个问题：2014 年在铁岭高鹗与《红楼梦》学术会上的发言，张兴德，《乌鲁木齐职业大学学报》2014 年第 4 期

北大图书馆李盛铎旧藏《红楼梦》程乙本考：兼论其与青石山庄本及马廉残藏本之关系，蔡芷瑜，《红楼梦学刊》2014 年第 5 期

俄罗斯圣彼得堡大学王西里院士收藏《红楼梦》版本鉴考，高玉海，《红楼梦学刊》2014 年第 6 期

《红楼梦》插图的线艺术，颜彦，《红楼梦学刊》2014 年第 6 期

中国书店程甲本考辨，曹明，《红楼梦学刊》2014 年第 6 期

章铨与戚蓼生，李永泉，《红楼梦学刊》2014 年第 6 期

《增评绘图大观琐录》图赞研究，李慧、张祝平，《语文学刊》2014 年 7 月上旬刊

从脂批中管窥《红楼梦》后三十回情节，韩丽霞、李忠伟，《名作欣赏》（中旬）2014 年第 10 期

柏林皇家图书馆所藏第一部《红楼梦》的来龙去脉：一次重建的尝试，史华慈、何俊，《华西语文学刊》2015 年第 1 期

读《脂砚斋重评石头记庚辰本》拾遗，詹健，《红楼文苑》2015 年第 1 期

高鹗与《红楼梦》后四十回之关系浅说，邵琳、孟春，《红楼梦学刊》2015 年第 1 期

《红楼梦》图像概貌及文化解析，李芬兰，《天水师范学院学报》2015 年第 1 期

经元升记本《绣像批点红楼梦》成书考辨，王丹，《红楼梦学刊》2015 年第 1 期

两部《红楼梦》程乙本校勘探微，王丽敏，《明清小说研究》2015 年第 1 期

上图藏吉晖堂本《红楼梦》底本考辨：兼与夏薇博士商榷，陈传坤，《曹雪芹研究》2015 年第 1 期

也谈《红楼梦》程乙本对程甲本的改动：以第六十八回至第七十七回这十回为例，吕启祥，《曹雪芹研究》2015 年第 1 期

中国书店藏程乙本《红楼梦》考辨，王丽敏，《河南教育学院学报》2015 年第 1 期

中国人民大学藏程本《红楼梦》考辨，王丽敏，《红楼梦学刊》2015 年第 1 期

百廿回本《红楼梦》第八十五回折子戏《达摩渡江》考论，储著炎，《红楼梦学刊》2015 年第 2 期

《红楼梦》舒本第五回首页行款异常问题试解，刘世德，《红楼梦学刊》2015 年第 2 期

《红楼梦》绣像本述略，刁斌，《曹雪芹研究》2015 年第 2 期

也谈《红楼梦》的续书问题，孙启洲，《濮阳职业技术学院学报》2015 年第 2 期

《红楼梦》在清代的传播论略，苏琴琴，《北京教育学院学报》2015 年第 3 期

朝鲜史料所见程伟元事迹拾遗，李永泉，《江海学刊》2015 年第 4 期

《红楼梦》续书探微：以《红楼梦影》为例，张云，《中国矿业大学学报》2015 年第 5 期

清代木版年画遗珍：杨柳青《红楼梦》年画，董惠宁，《南京艺术学院学报》2015 年第 5 期

越南汉喃古籍新见《红楼梦》资料考述，宗亮，《红楼梦学刊》2015 年第 5 期

《红楼梦》程高本纸厂印记考辨，项旋、舒鸣，《红楼梦学刊》2015 年第 6 期

晚清报载禁毁《红楼梦》史料辑释，张天星，《红楼梦学刊》2015 年第 6 期

清代孙温绘《红楼梦》的价值分析，崔人元，《中国书画》2015 年第 11 期

红楼梦及其续书版本留影小记，宋惕冰，《收藏家》2015 年第 12 期

《忏玉楼丛书提要》中“红楼梦”翻刻版本考，王雨容，《兰台世界》2015 年第 16 期

《红楼梦》与如皋，沈新林，《明清小说研究》2016 年第 1 期

论萃文书屋木活字本实无“套格”事：附论中国传统活字印刷的一般形态，沈畅，《红楼梦学刊》2016 年第 1 期

论庚辰定本时第十九回之回目已经完备，张义春，《文学与文化》2016 年第 1 期

苕溪渔隐《痴人说梦》真伪平议，沈治钧，《红楼梦学刊》2016 年第 1 期

艺术辩证法视角下的《红楼梦》绣像插图研究，孙晓娜，《红楼梦学刊》2016 年第 2 期

《红楼梦》“木石”考论，陈洪，《文学与文化》2016 年第 3 期

论“绣像红楼梦”的图像批评艺术，张立华，《广东开放大学学报》2016 年第 5 期

4. 2.《聊斋志异》及其续仿作品

记但明伦道光壬寅刻的《聊斋志异》新评,胡适,1945 年

聊斋志异集外遗文考,叶德均,《文史杂志 · 俗文学专号》1947 年第 1 期

聊斋志异的来源和影响,叶德均,《俗文学周刊》1947 年第 32 期

庆应义塾大学所藏聊斋关系资料目录,〔日〕藤田祐贤,《艺术研究》1955 年第 4 期

谈谈济南朱氏本聊斋志异,路大荒,《文学遗产》1961 年第 374 期

增图补校但刻聊斋志异弁言,刘阶平,(台)《书目季刊》1977 年第 1 期

志异撰写与评注及稿本钞本刊本,刘阶平,(台)《书目季刊》1977 年第 1 期

《聊斋志异》写作年代考,章培恒,《蒲松龄研究集刊》1980 年第 1 期

蒲松龄与《聊斋志异》,吕昆,《知识》1980 年第 1 期

有正本《原本聊斋志异》述略,杨震方,《中华文史论丛》1980 年第 1 期

蒲松龄与《聊斋志异》,柏耆,《语言教学与研究》1980 年第 2 期

《聊斋志异》成书年代志疑,郑云波,《徐州师范学院学报》1980 年第 3 期

蒲松龄的《聊斋志异》最初定稿时间的探讨,〔捷〕普实克(Prusek, Jaroslav),《东岳论丛》1980 年第 3 期

蒲松龄对《聊斋志异》的修改,劳洪,《文学评论》1980 年第 4 期

谈《聊斋志异》的写作与成书,赵克,《北方论丛》1980年第5期

《聊斋志异》写作年代考,左介贻,《武汉师院汉口分院学报》1982年第1期

补《聊斋志异》序文一则,罗方,《文学遗产》1982年第2期

《聊斋志异》散论,怀珉,《安阳师专学报》1982年第2期

《聊斋志异》版本略述,骆伟,《蒲松龄研究集刊》1982年第3期

《聊斋志异》原稿编次初探,任笃行,《蒲松龄研究集刊》1982年第3期

蒲松龄和他的《聊斋志异》,蔡国梁,《文学知识》1983年第3期

《聊斋志异选》前言(节录),朱其铠,《山东师大学报》1983年第4期

《聊斋志异》的流传,黄慧,《福建日报》1983年11月27日

《聊斋志异》及其作者蒲松龄,袁世硕,《中国建设》1984年第2期

《聊斋志异》是按写作先后编次的吗?与章培恒同志商榷,王枝忠,《宁夏大学学报》1984第2期

冯镇峦评本《聊斋志异》初探,何金文、胡邦炜,《社会科学研究》1984年第4期

关于《聊斋志异》写作过程的两个问题:兼与章培恒同志商榷,冯伟民,《蒲松龄研究集刊》1984年第4期

《聊斋志异》初论二题,朱其铠,《蒲松龄研究》1986年第1期

关于《聊斋志异》的成书年代,王枝忠,《齐鲁学刊》1987年第5期

《聊斋志异》版本略谈,萧新祺,《人大资料》1987年第8期

王金范选刻十八卷本《聊斋志异》,袁世硕,收入《蒲松龄事迹著

述新考》,齐鲁书社 1988 年版

关于蒲松龄的两篇同名小说《三生》,〔美〕白亚仁(Barr, Allan),《文献》1988 年第 3 期

《聊斋志异》和它的续书(清代文言小说述评之一),林骅,《天津师大学报》1988 年第 3 期

鲜为人知的《聊斋志异》朱氏刻本,蒲泽,《山东师大学报》1989 年第 3 期

最初的《聊斋志异》评论,王志民,《云南教育学院学报》1989 年第 4 期

《聊斋志异》新论(三则),丁之,《北京社会科学》1990 年第 2 期

《聊斋志异》题名小考,王枝忠,《人民日报》(海外版)1990 年 4 月 19 日

试论《聊斋志异》的成书及分卷和编次问题,孙玉明,《蒲松龄研究》1991 年第 1 期

论《聊斋志异》的几个主要版本,魏隐儒,《蒲松龄研究》1991 年第 2 期

论《聊斋志异》稿本、青本和铸本之关系,王子宽,《福建学刊》1991 年第 2 期

《聊斋志异》本事补,谭兴戎,《河南师范大学学报》1991 年第 4 期

《聊斋志异》杂考,〔日〕前野直彬,《国际聊斋论文集》1992 年

乾隆刊本《聊斋志异精选》解题,王利器,《国际聊斋论文集》1992 年

《聊斋志异》分卷与编次研究述评:兼论其分卷与编次暂不可考,袁健,《国际聊斋论文集》1992 年

《聊斋志异》版本叙录，张宪春，《蒲松龄研究》1993 年第 2 期

《聊斋志异》的作者及青柯亭本的出版者，王豫仙，《浙江高校图书情报工作》1993 年第 6 期

有正本《原本加批聊斋志异》对原著的肆意篡改，杨海儒，《明清小说研究》1994 年第 1 期

民国石印本《聊斋全集》辨伪新证，杨海儒，《蒲松龄研究》1994 年第 3 期

浅谈《聊斋志异》的编次，任笃行，《蒲松龄研究》1995 年第 1 期

聊斋佚文六种，马振方，《蒲松龄研究》1996 年第 1、2 期

六卷本《聊斋志异精选》初探，周晶，《蒲松龄研究》1996 年第 1 期

新见聊斋续书：《益智录》，王恒柱，《文献》1997 年第 3 期

《醒梦骈言》摹袭《聊斋志异》考，陈泳超，《明清小说研究》1997 年第 3 期

《醒梦骈言》二考，顾青，《文学遗产》1997 年第 6 期

谈谈新发现的分类广注绘图《聊斋志异》，蒲泽、蒲婷婷，《蒲松龄研究》1998 年第 2 期

从高凤翰与蒲松龄等交往诗文看《聊斋志异》的版本，李文胜、郑文光，《蒲松龄研究》1998 年第 3 期

分类广注绘图《聊斋志异》“眉批”述录，蒲泽、蒲婷婷，《蒲松龄研究》1998 年第 3 期、1999 年第 1、2 期

《聊斋志异》的版本系列，薛洪勣，《明清小说研究》2002 年第 3 期

《聊斋志异》仿作《益智录》的传播和接受，欧阳健，《山东师范大学学报》2003 年第 2 期

仿《聊斋》之作:《小豆棚》初探,徐文君,《蒲松龄研究》2003 年第 3 期

《聊斋志异》"王评"之考述,李东琴,《厦门教育学院学报》2003 年第 3 期

《聊斋志异》在清代的传播,王平,《蒲松龄研究》2003 年第 4 期

"《聊斋》续书"序跋辑评,李冬梅、杨晓林,《蒲松龄研究》2004 年第 1 期

邹弢和他的《浇愁集》兼与《聊斋志异》比较,萧相恺,《明清小说研究》2004 年第 3 期

书传四海,版刻严陵:赵起杲和青本《聊斋》,朱睦卿,《蒲松龄研究》2005 年第 4 期

[同治]《即墨县志》中的《聊斋志异》佚文,孙克诚,《文献》2007 年第 3 期

合说部之众长续《聊斋》之神韵:清代仿《聊斋》传奇小说概观,王海洋,《古典文学知识》2007 年第 4 期

《聊斋志异》子弟书初探,贾静波,《蒲松龄研究》2008 年第 4 期

《即墨县志》中《聊斋志异》佚文辨析,唐爱霞,《文献》2009 年第 2 期

论"《聊斋志异》评点"的传播价值:以冯评、但评为中心,孙虎堂,《山东理工大学学报》2009 年第 3 期

文言小说图像传播的历史考察:以《聊斋志异》为中心,冀运鲁,《兰州学刊》2009 年第 6 期

新发现的《聊斋》跋语二则、刘卫东、王清平,《蒲松龄研究》2010 年第 1 期

也谈《聊斋志异》原稿的分卷编次,薛洪勣,《蒲松龄研究》2011

年第3期

《详注聊斋志异图咏》中的“语-图”互文现象，吕东，《文学与图像》2012年第1期

一部根据《聊斋志异》故事改写的评话小说集：《醒梦骈言》简介，宋家庚，《蒲松龄研究》2012年第2期

新加坡《振南日报》载《聊斋志异》相关资料述评，李奎，《蒲松龄研究》2012年第3期

徽商刊刻明清小说的心理认同与文化意义：以鲍廷博襄刻青柯亭本《聊斋志异》为中心，周生杰，《文学评论丛刊》2013年第1期

《聊斋志异》创作始期新考，刘艳玲，《明清小说研究》2013年第2期

新马汉文报刊所载《聊斋志异》相关资料辑补，李奎，《蒲松龄研究》2013年第3期

从三个“十年”看《聊斋志异》之创作始期，王光福，《明清小说研究》2014年第2期

《考城隍》考释：兼谈《聊斋志异》之创作始期，蔡斌、王光福，《蒲松龄研究》2015年第2期

何守奇及其《聊斋志异》评点：以北大藏本《批点聊斋志异》为中心，孙大海，《蒲松龄研究》2015年第4期

淄博市博物馆藏青柯亭刻本《聊斋志异》述略，王滨，《蒲松龄研究》2015年第4期

王金范选刻本《聊斋志异》价值及印刷堂号考辨，孙方之，《蒲松龄研究》2016年第1期

论青柯亭刻本《聊斋志异》出现的历史条件和动因，郑炜华，《语文教学通讯·D刊》2016年第2期

4. 3.《儒林外史》

重印文木山房集序，胡适，《图书馆学季刊》1926 年第 1 期

儒林外史摭取他籍，赵景深，《绸缪月刊》1936 年第 5 期

《儒林外史》研究的新资料，陈汝衡，《大晚报 · 通俗文学》1939 年

《儒林外史》版本考订及其他，厉鼎煃，《安徽史学通讯》1958 年第 4 期

"幽榜"非吴敬梓所作辩，姜克涵，《文史哲》1957 年第 11 期

关于儒林外史的"幽榜"，房日晰，《西北大学学报》1978 年第 1 期

《儒林外史》考证二则，陈新，《文献》1981 年第 3 期

《儒林外史》第五十六回真伪辨，陈新、杜维沫，收入《儒林外史研究论文集》，安徽人民出版社 1982 年版

《儒林外史》版本源流考，李汉秋，《文学遗产》1982 年第 4 期

《儒林外史》原书应为五十卷，章培恒，《复旦学报》1982 年第 4 期

《儒林外史》原貌初探，章培恒，《学术月刊》1982 年第 7 期

《儒林外史》创作时间、过程新探，谈凤梁，《江海学刊》1984 年第 1 期

《儒林外史》第五十六回当属原作，谈凤梁，《明清小说研究》1985 年第 1 期

关于《儒林外史》的评本和评语，孙逊，《明清小说研究》1986 年第 1 期

新近发现的《儒林外史》黄小田评本略议，陈美林，《文献》1990

年第3期

《儒林外史》卧评略论,陈美林,《河北师范学院学报》1991年第2期,又收入《海峡两岸明清小说论文集》,河海大学出版社1991年版

略论《儒林外史》齐省堂评:纪念吴敬梓逝世240周年,陈美林,(韩国)《中国小说研究会报》第16号,1993年第11期,又见于《河北师院学报》1994年第3期

《儒林外史》张评略议:为吴敬梓逝世240周年作,陈美林,《文学遗产》1994年第3期

《儒林外史》的思想、艺术及版本说略,陈美林,《南京社会科学》1994年第10期

论《儒林外史》原作非五十回:与章培恒先生商榷,佟瑞坤,《明清小说研究》1996年第1期

论《儒林外史》第五十六回乃吴敬梓原作,顾鸣塘,《明清小说研究》2000年第4期

吴敬梓《诗说》与《儒林外史》,顾鸣塘,《明清小说研究》2001年第4期

《儒林外史》研究三题,陈美林,《明清小说研究》2002年第1期

黄小田与《儒林外史》的早期传播及研究,吴新苗,《文学前沿》2006年第11期

试探《儒林外史》原貌:从小说的写作风格看伪墨章回问题,单坤琴,《明清小说研究》2007年第2期

《儒林外史》刊刻、传播说略,申重实,《中国古代小说戏剧研究丛刊》2007年第5期

《儒林外史》原貌研究补说,薛洪勣,《辽东学院学报》2010年第

3 期

《儒林外史》新发现,拨开云雾见“则仙”,李汉秋,《光明日报》2010 年 5 月 10 日

新发现的《儒林外史》则仙评批,李汉秋,《文献》2011 年第 2 期

地域叙事视角下的《儒林外史》结构:兼论《儒林外史》的原貌问题,叶楚炎,《明清小说研究》2013 年第 1 期

科举视域下明末清初文人的选刻活动:以《儒林外史》为例,阳达,《燕山大学学报》2015 年第 1 期

文人雅趣与大众审美的脱节:从接受的角度看《儒林外史》,傅承洲,《文艺研究》2015 年第 2 期

《儒林外史》新证:宁楷的《〈儒林外史〉题辞》及其意义,郑志良,《文学遗产》2015 年第 3 期

《修洁堂初稿》及《〈儒林外史〉题辞》考论,叶楚炎,《文学遗产》2015 年第 6 期

《儒林外史》中的出版现象及其时代意义,黄丽频,(台)《辅仁国文学报》2015 年第 40 期

4. 4. 清代其他小说作品及相关研究

《镜花缘》补考：呈正于胡适之先生，孙佳讯，《秋野》1928 年第 5 期

介绍《歧路灯》，郭绍虞，《文学周报》1928 年第 25 期

谈谈《包公案》，孙楷第，《国语旬刊》1929 年第 8 期

《花月痕》考证，振镛，见于《花月痕》前言，大达图书供应社 1933 年版

关于《儿女英雄传》，孙楷第，《国立北平图书馆馆刊》1933 年第 6 期

从石玉昆的《龙图公案》说到《三侠五义》，李家瑞，《文学季刊》1934 年第 2 期

清初到中叶的长篇小说的发展，郑振铎，《申报月刊》1934 年第 7、8 期

《醒世姻缘传》考证，胡适，收入《胡适论学的近著》，商务印书馆 1935 年版

老残游记及其二集，赵景深，《新小说》1935 年第 1 期

品花宝鉴考证，赵景深，《逸经》1936 年第 17 期

《施公案》考证，赵景深，收入《小说戏曲新考》，上海世界书局 1939 年版

再辨《镜花缘》传说：附李汝珍杂考，孙佳讯，《学术》1940 年第 3 期

《龙图公案》与《三侠五义》，王虹，《文苑》1940 年第 5 期

《包公案》及其考证，卫聚贤，《说文月刊》1945 年第 3、4 期合刊

说《三侠五义》，吴晓铃，《大晓报·每周文学》1946 年第 19 期

读胡适《醒世姻缘考证》,谭彼岸,《宇宙风》1947年第152期

石玉昆及其《三侠五义》,赵侃,《河北文学》1961年第4期

《醒世姻缘传》的成书年代,王守一,《光明日报》1961年5月28日

关于天津日日新闻版《老残游记》二集,〔日〕樽本照雄,《野草》1976年第18期

《歧路灯》及其流传,栾星,《文献》1980年第3期

《孽海花》刊印经过,竺少华,《书林》1980年第6期

清人小说提要十二则,王多闻,《文献》1981年第2期

《儿女英雄传》小议,范宁,《文献》1981年第9期

《隋唐演义》及其插图,龚维英,《读书》1982年第1期

《儿女英雄传》杂考,〔日〕太田辰夫,《满族文学研究》1982年第2期

《〈孽海花〉前言》的两个问题,周方黎,《文学遗产》1982年第3期

《平山冷燕》的版本及其主题:明末清初小说述要之三,刁云展、张发颖,《社会科学辑刊》1982年第6期

《歧路灯》的再发现与再评价,王孝廉,《中国时报》1983年1月12日

《歧路灯》简论,杜贵晨,《文学遗产》1983年第1期

《台湾外记》的演变和著者考,卢维春,《文献》1983年第1期

苏曼殊小说论,裴效维,《文学遗产》1983年第1期

关于《洪秀全演义》,王俊年,《文学遗产》1983年第3期

《老残游记外编》残稿的写作年代考,时萌,《光明日报》1983年3月15日

《斩鬼传》抄本的发现与考证,王青平,《文学遗产》1983 年第 3 期

关于《老残游记》外篇残稿的写作年代:与时萌先生商榷,〔日〕樽本照雄,《光明日报》1983 年 4 月 12 日,又见于〔日〕《清末小说研究》(中文版)1983 年第 7 期

谈谈《老残游记》的写作刊印情况,魏绍昌,《光明日报》1983 年 5 月 10 日

我所了解的《老残游记》外编残稿,刘蕙孙,《光明日报》1983 年 5 月 10 日

关于《老残游记》,盛成,〔日〕《清末小说研究》(中文版)1983 年第 7 期,又见于《南京理工大学学报》1993 年第 2 期

关于《老残游记》外篇残稿的写作年代问题,刘蕙孙,〔日〕《清末小说研究》(中文版)1983 年第 7 期

《海上花列传》与其以前的小说,章培恒,〔日〕《清末小说研究》(中文版)1983 年第 7 期

简论曾朴《孽海花》和张鸿《续孽海花》两书的第三十一回至三十五回,严薇青,〔日〕《清末小说研究》(中文版)1983 年第 7 期

关于《老残游记》外编残稿的写作时间:与刘蕙孙先生磋商,张纯,《徐州师范学院学报》1984 年第 3 期

《玉娇梨》《平山冷燕》考辨,王青平,《浙江学刊》1984 年第 6 期

《醒世姻缘传》的版本源流和成书年代,曹大为,《文史》1984 年第 23 期

“天花藏主人即嘉兴徐震”补证,范志新,《社会科学辑刊》1985 年第 1 期

也谈《台湾外记》的演变和著者考:兼与卢维春同志商榷,李健

一,《文献》1985 年第 1 期

文康《儿女英雄传》源流论考,刘荫柏,《民族文学研究》1985 年第 3 期

清乾隆刻本《说呼全传》,蔡国梁,《文献》1985 年第 4 期

关于《赛花铃》与《女开科传》的题词或著录年代,王青平,《明清小说研究》1986 年第 1 期

吴趼人的小说论,黄霖,《明清小说研究》1986 年第 1 期

安徽官场现形记:评《带印奇冤郭公传》,蔡国梁,《明清小说研究》1986 年第 2 期

从东海觉我徐念慈的《新法螺先生谭》说起,〔日〕武田雅哉;钱玮,《明清小说研究》1986 年第 2 期

论《醒世姻缘传》以及它和《金瓶梅》的关系,徐朔方,《社会科学战线》1986 年第 2 期

《夜雨秋灯录》和《夜雨秋灯续录》初探,曹光甫,《明清小说研究》1986 年第 2 期

也谈《醒世姻缘传》的成书年代,田璞,《殷都学刊》1986 年第 2 期

清代闽南刻书史述略,谢水顺,《文献》1986 年第 3 期

《樵史通俗演义》赘笔,栾星,《明清小说论丛》1986 年第 4 期

清嘉庆时售书价格一例,薛英,《文献》1986 年第 4 期

《蜃楼志》走笔,栾星,《文学遗产》1986 年第 5 期

晚清出版小说的欺世花招,吴敢,《出版史料》1986 年第 5 期

晚清妇女问题的宣传小说:《黄绣球》谈略,杨玉峰,《读者良友》1986 年第 6 期

《樵史通俗演义》版本经眼录,栾星,《樵史通俗演义》附录,中州

古籍出版社1987年版

李渔《无声戏》、《连城璧》版本嬗变考索，萧欣桥，《文献》1987年第1期

"文富堂梓"本《绣像二度梅全传》考证，苏铁戈，《广东图书馆学刊》1987年第1期

"聚秀堂梓"本《玉娇梨》及作品产生年代、作者考辨，苏铁戈，《徐州师范学院学报》1987年第3期

清光绪时售书价格一例，李国庆，《文献》1987年第3期

《火烧上海红庙演义》简介，陈小华，《明清小说研究》1988年第1期

论《豆棚闲话》，杜贵晨，《明清小说研究》1988年第1期

《绿野仙踪》的作者、版本及其它，陈新，《明清小说研究》1988年第1期

《南北史演义》辨误，欧阳健，《明清小说研究》1988年第1期

《野叟曝言》版本辨析，欧阳健，《明清小说研究》1988年第1期

《义勇四侠闺媛传》与《雪月梅传》，陈年希，《明清小说研究》1988年第1期

《何典》琐谈，张源潜，《明清小说研究》1988年第2期

李渔《古今史略》、《尺牍初徵》与《一家言》述考，黄强，《文献》1988年第2期

石玉昆及其著述成书，于盛庭，《明清小说研究》1988年第2期

《醒世姻缘传》的版本问题，吴燕娜，（台）《中外文学》1988年第2期

介绍新发现的清代短篇小说集《两缘合记》，汤书昆，《明清小说研究》1988年第3期

《老残游记》原评考索，张亚权，《文学遗产》1988 年第 3 期

《林兰香》创作年代小考，陈洪，《明清小说研究》1988 年第 3 期

《生绡剪》述考，苗壮，《明清小说研究》1988 年第 3 期

说《品花宝鉴》，尚达翔，《明清小说研究》1988 年第 3 期

《吴三桂演义》是晚清小说，欧阳健，《明清小说研究》1988 年第 3 期

闲话《三国因》，盛瑞裕，《明清小说研究》1988 年第 3 期

一部未见著录的晚清佳构：《剑花洞》，斯欣，《明清小说研究》1988 年第 3 期

关于《闹青楼》，晓式，《明清小说研究》1988 年第 4 期

《吕纯阳三戏白牡丹》的原作、改编和成书年代，张颖、陈速，《明清小说研究》1988 年第 4 期

《圣朝鼎盛万年清》版本考补，吴敢、邓瑞琼，《明清小说研究》1988 年第 4 期

稀见小说《幻中游》，薛英，《文献》1988 年第 4 期

《醒世姻缘传》作于明末辨，曹大为，《北京师范大学学报》1988 年第 4 期

《今古奇观》辑者抱瓮老人考，冯保善，《文学遗产》1988 年第 5 期

《海上魂》《海外扶余》的作者与成书年代，王立兴，《明清小说研究》1989 年第 1 期

芥子园浅探，沈新林，《明清小说研究》1989 年第 1 期

清嘉庆时刻书售价三例，李国磬，《文献》1989 年第 1 期

黄世仲作品诸问题小辨，颜廷亮，《文学遗产》1989 年第 2 期

李渔移家金陵考，黄强，《文学遗产》1989 年第 2 期

《晚清小说目》补编,欧阳健、萧相恺,《文献》1989 年第 2 期

《五色石》、《八洞天》非一人所撰辨,欧阳健,《复旦学报》1989 年第 2 期

《笑笑录》初探,罗文华,《明清小说研究》1989 年第 2 期

《幻中真》两种版本考评,林辰,《文学遗产》1989 年第 3 期

作清议之《春秋》编个人之《纲鉴》:论黄小配的“近事小说”《宦海潮》《宦海升沉录》,欧阳健,《江苏社联通讯》1989 年第 3 期

美国哈佛藏本、日本庆应藏本《女开科传》及其与“春风文艺”刊本校补记,〔新〕辜美高,《文献》1989 年第 4 期

评《金瓶梅》的续书《隔帘花影》,余嘉华,《湖北师范学院学报》1989 年第 4 期

张匀父子与《平山冷燕》,冯伟民,《文学遗产》1989 年第 5 期

《〈花月痕〉考证》之考证,曾宪辉,《文学遗产》1989 年第 6 期

《醒世姻缘传》康熙成书说考议:《醒世姻缘传》写作年代考之一,邹宗良,《甘肃社会科学》1989 年第 6 期

跋天理图书馆《新镌古本批评绣像三世报隔帘花影》,王三庆,(台)《华冈文科学报》1989 年第 17 期

孤本小说《集咏楼》,蒋光田,《文学遗产》1990 年第 2 期

清乾隆时刻书工料银价一例,李国庆,《文献》1990 年第 2 期

新野叟曝言,萧相恺,《明清小说研究》1990 年第 2 期

《八洞天》和徐述夔,宣啸东,《明清小说研究》1990 年第 3 期

玉璞含英:《七峰遗编》初探,李泉,《明清小说研究》1990 年第 3 期

也说《万锦娇丽》及其所收的三种小说,陈良瑞,《文学遗产》1990 年第 3 期

福州刻书家吴玉田及所刊书目,谢水顺,《福建史志》1990 年第 4 期

《女开科传》回后评语辑录,汪孝海,《文献》1990 年第 4 期

《续夷坚志》散论,钟嬰,《文学遗产》1990 年第 4 期

芥子园再探,沈新林,《明清小说研究》1991 年第 1 期

清林树梅《说剑轩余事》中的印刷史料,官桂铨,《文献》1991 年第 1 期

《醒世姻缘传》成书于顺治年间补证,徐复岭,《济宁师专学报》1991 年第 1 期

杜纲和他的小说,欧阳健,《苏州大学学报》1991 年第 2 期

《绿野仙踪》散论,卿三祥,《明清小说研究》1991 年第 2 期

拟话本二论,陈大康,《文学遗产》1991 年第 2 期

《七星六煞剑侠征南传》介绍,徐君慧,《明清小说研究》1991 年第 2 期

《风月梦》简论,朱捷,《明清小说研究》1991 年第 3 期

清代禁毁小说述略,敖堃,《清史研究》1991 年第 3 期

《女开科传》成书时间及版本梓行考略,汪孝海,《明清小说研究》1991 年第 3 期

小说旁证(八则),孙楷第,《文学遗产》1991 年第 3 期

评侠义小说《三门街全传》,梁军,《明清小说研究》1991 年第 4 期

清代四川的印书业,王纲,《中国社会经济史研究》1991 年第 4 期

谈谈《宦海风波》二集和《女界风流史》全本,朱世滋,《明清小说研究》1991 年第 4 期

新发现的小说两种:《五剑十八义》和《刘大将军平倭百战百胜图说》,朱恒夫,《明清小说研究》1991 年第 4 期

《夜谭随录》并没有“已亥本”,薛洪勣,《文学遗产》1991 年第 4 期

略谈清刻套印本,李娜华,《社会科学辑刊》1991 年第 6 期

罕见小说《跨天虹》残卷,邵海清,《文献》1992 年第 1 期

《飞英声》、《移绣谱》及其他,苗壮,《明清小说研究》1992 年第 2 期

清吕抚活字泥板印书工艺,白莉蓉,《文献》1992 年第 2 期

《万锦娇丽》所收小说第二种出于《肉蒲团》,黄强,《文学遗产》1992 年第 2 期

稀见小说《镜中影》,颜廷亮、赵淑妍,《明清小说研究》1992 年第 2 期

黄世仲作品系年,颜廷亮、赵淑妍,《明清小说研究》1992 年第 3、4 期合刊

关于《绣屏缘》:明清艳情小说书目钞补(一),悠悠,《上海师范大学学报》1992 年第 4 期

《人中画》版本演变及其他,赵伯陶,《徐州师范学院学报》1993 年第 1 期

《施公案》的刊行年代,寒操,《古典文学知识》1993 年第 1 期

《飞英声》及其刊行年代,石昌渝,《古典文学知识》1993 年第 2 期

清代广东部分书坊及私人刻书简述(正、续),罗志欢,《图书馆论坛》1993 年第 2、3 期

试论《一片情》,黄霖,《社会科学战线》1993 年第 2 期

扬州雕版印刷志略：清代官刻本、坊刻本，王澄，《扬州师院学报》1993年第2期

从繁荣到萧条：论清初通俗小说的创作，陈大康，《上海社会科学院学术季刊》1993年第3期

纪昀其人和他的《阅微草堂笔记》，张鸿莉，《首都师范大学学报》1993年第3期

清代书籍价格考：中国历代书价考之三（上、下），袁逸，《编辑之友》1993年第4、5期

五桂堂书坊，梁威，《岭南文史》1993年第4期

乐钧小说《耳食录》发微，邹自振，《抚州师专学报》1993年第4期

清代广州书坊及私人刻书拾萃，仲宽，《羊城今古》1993年第6期

清廷"圣谕广训"之颁行及民间之宣讲拾遗，王尔敏，（台）《"中央研究院"近代史所集刊》1993年第22期下册

艾衲居士和他的《豆棚闲话》，金玉田，《汕头大学学报》1994年第1期

关于《野叟曝言》的两篇文章：兼及《品花宝鉴》，王方宇，（台）《"中央图书馆"馆刊》1994年第1期，又见于《文献》1994年第3期

《九云记》是中国小说，还是朝鲜小说，刘世德，《文艺报》1994年1月22日

《梼杌萃编》非晚清小说考，姜东斌，《明清小说研究》1994年第1期

王晫和他的《今世说》，陈大康，《明清小说研究》1994年第1期

稀见清人著作十九种，萧新祺，《文献》1994年第1期

法式善谈京师书手，泽，《明清小说研究》1994年第2期

古佚小说《东征记》，任之，《明清小说研究》1994年第2期

李伯元与《官场现形记》（节录），张中，《文教资料》1994年第2期

新发现的小说《触目惊心》残卷，朱恒夫，《文献》1994年第2期

《中国通俗小说总目提要》补遗，李梦生、欧阳健，《明清小说研究》1994年第2期

给王方宇的两封信，胡适，《文献》1994年第3期

王方宇藏《野叟曝言》和《品花宝鉴》，夏志清，《文献》1994年第3期，又见于（港）《明报月刊》1995年第3期

《野叟曝言》的版本，胡适，《文献》1994年第3期

《中国通俗小说总目提要》补遗，武禧，《明清小说研究》1994年第3期

关于《于公案奇闻》，侯忠义、李实，《明清小说研究》1994年第4期

《雨花香》刍议，张兵，《明清小说研究》1994年第4期

鼓词《龙图公案》是石玉崑原本的改作，〔日〕阿部泰记；张超英，《文献》1995年第1期

纪昀《阅微草堂笔记》断论，王欲祥，《南京师大学报》1995年第1期

《中国十二女杰演义》及其作者、校者、出版者，刘怀玉，《明清小说研究》1995年第1期

《女仙外传》的显与晦，杜贵晨，《文学遗产》1995年第2期

《绿野仙踪》百回本是抄本不是刻本，徐朔方，《明清小说研究》1995年第3期

清甲午战后有佚名长篇章回小说《东海传奇》,彭海,《明清小说研究》1995年第3期

《绣屏缘》非作者的杀青稿,朱喜,《明清小说研究》1995年第3期

《镜花缘》简论,欧阳光,《中山大学学报》1995年第4期

李渔:一个有作为的书坊主与编辑家,钟明奇,《复旦学报》1995年第4期,又见于《编辑学刊》1995年第5期

《龙图耳录》版本考述,苗怀明,《文教资料》1995年第6期

《小五义》、《续小五义》的刊行者石铎及其文光楼书坊,苗怀明,《编辑学刊》1995年第6期

乾隆皇帝与福建刻本:漫话福建刻书业,连镇标,《文史知识》1995年第12期

稗边琐记四则·《醒世姻缘传》成书、初刊年代,袁世硕,《'93中国古代小说国际研讨会论文集》,开明出版社1996年版

论《九云记》,刘世德,《'93中国古代小说国际研讨会论文集》,开明出版社1996年版

清代骈文小说《燕山外史》初探,王琼玲,《'93中国古代小说国际研讨会论文集》,开明出版社1996年版

清代德州雅雨堂刻书著述考略,刘捷,《德州学院学报》1996年第1期

我所见的《刘公案》三种简说,孟犁野,《明清小说研究》1996年第1期

李渔交游补考,黄强,《明清小说研究》1996年第2期

《樵史》枝谈,陈国军,《明清小说研究》1996年第2期

《三侠五义》的成书过程,苗怀明,《古典文学知识》1996年第

3 期

《绿野仙踪》“印图本”价值浅论，郑其兴，《福建论坛》1996 年第 5 期

论《儒林外史》评点的源流与价值，谭帆，《社会科学战线》1996 年第 6 期

介绍两部与云南有关的晚清小说，欧阳健，《云南教育学院学报》1997 年第 1 期

《绿野仙踪》丛谈（上、下），苏兴、苏铁戈，《古籍整理研究学刊》1997 年第 1、2 期

《巧缘艳史》考论，张俊，《明清小说研究》1997 年第 1 期

清末丁日昌查禁“淫词小说”析，张弦生、张燕萍，《明清小说研究》1997 年第 1 期

石玉昆《侠义传序》考论，宋克夫，《文献》1997 年第 1 期

丁日昌的刻书与禁书，陈益源，《明清小说研究》1997 年第 2 期

关于黄世仲的存世小说《黄粱梦》（残），吴锦润，《明清小说研究》1997 年第 2 期，又见于（港）《香港笔荟》复刊号，1999 年 10 月

清代中后期出版业的发展与清代公案侠义小说的繁荣，苗怀明，《编辑学刊》1997 年第 2 期

《临水平妖传》：一部别具情趣的神怪小说，欧阳健，《宁德师专学报》1997 年第 3 期

晚清“小说界革命”与小说市场，王学钧，《明清小说研究》1997 年第 3 期

《曾公平逆传》叙录，苗怀明，《文教资料》1997 年第 3 期

《姑妄言》素材来源二考，陈益源，《明清小说研究》1997 年第 4 期

晚清“翻新”小说综论，欧阳健，《社会科学研究》1997年第5期

《听雨轩笔记》及其作者，欧阳健，《明清小说研究》1998年第1期

《三侠五义》成书新考，苗怀明，《明清小说研究》1998年第3期

清代中期文言小说十种小考，占骁勇，《明清小说研究》1998年第4期

《风月宝鉴》考，郁永奎，《阜阳师范学院学报》1999年第1期

《解人颐》的版本及异同，宁稼雨，《明清小说研究》1999年第2期

墨浪子及其《西湖佳话》，陈美林，《东南大学学报》1999年第2期

稀见珍本小说赵季莹的《涂说》，石继昌、薛洪勣，《明清小说研究》1999年第2期

徐兆玮与《黄车掌录》，潘建国，《文学遗产》1999年第2期

《三侠五义》与《小五义》《续小五义》关系辨，苗怀明，《信阳师范学院学报》1999年第3期

《阅微草堂笔记》版本考略，李永忠、赵立新，《文献》1999年第3期

关于黄世仲所著之稀见小说《镜中影》，赵淑妍，(港)《香港笔荟》复刊号1999年10月

李汝珍和《镜花缘》，陈美林，〔韩〕《中国小说研究会报》1999年第39号

关于周越然与《姑妄言》残抄本和残刊本，王长友，《文献》2000年第2期

晚清上海书坊东壁山房与《古今奇闻》小说，潘建国，《中国典籍

与文化》2000年第3期

《萤窗异草》之成书年代及作者辨,李金松,《文献》2000年第3期

《啖影集》与《聊斋志异》,王天海,《古籍整理研究学刊》2000年第4期

《幻中游》考论,张强,《徐州师范大学学报》2000年第4期

论《轰天雷》,魏文哲,《明清小说研究》2000年第4期

论清代武英殿的刻书活动,刘葵波,《图书馆杂志》2000年第9期

论董评《儿女英雄传》,王伟康,《江苏广播电视大学学报》2001年第1期

试论晚清小说读者的变化,袁进,《明清小说研究》2001年第1期

晚清上海五彩石印考,潘建国,《上海师范大学学报》2001年第1期

晚清出版业的近代化历程,史春风、李中华,《滨州教育学院学报》2001年第2期

关于《官场现形记》的海盗版,〔日〕大塚秀高;柯凌旭,《明清小说研究》2001年第3期

刘鹗及《老残游记》资料摭拾,刘怀玉,《明清小说研究》2001年第3期

略述《隻麈谈》原刻本,程毅中,《明清小说研究》2001年第3期

妄续新篇愧昔贤:《续镜花缘》研究,王琼玲,《明清小说研究》2001年第4期

清初稗坛另有一种《姑妄言》,潘承玉,《文教资料》2001年第

5 期

重话《再生缘》，陈正宏，《古典文学知识》2001 年第 6 期

略谈安致远《青社遗闻》及其与《聊斋志异》的关系，〔美〕白亚仁（Barr, Allan），《蒲松龄研究》2002 年第 1 期

蓝鼎元和他的《鹿洲公案》，侯忠义，《明清小说研究》2002 年第 2 期

石印本小说《绣像扫平海氛记》的发现，柯荣三，（台）《东方人文》2002 年第 4 期

《铁冠图全传》为明末清初时事小说考，成敏，《明清小说研究》2002 年第 4 期

论清代历史说部的世俗化，欧阳健，《南都学坛》2002 年第 6 期

论小说《粉粧楼》的刊印与改编成中国戏曲剧种情形：兼论小说《粉粧楼》与台湾歌仔戏的关系，林永昌，（台）《小说与戏剧》2002 年第 14 期

陈天池《如意君传》考述，常雪鹰，《明清小说研究》2003 年第 1 期

晚清扬州吴引孙测海楼及所藏通俗小说考，潘建国，《上海师范大学学报》2003 年第 1 期

《花王阁剩稿》对研究纪昀及《阅微草堂笔记》的文献价值，吴波，《中国文学研究》2003 年第 2 期

《三异笔谈》与《绪南笔谈》二书之关系及其作者小考，占骁勇，《明清小说研究》2003 年第 2 期

沈起凤与《谐铎》，欧阳健，《蒲松龄研究》2003 年第 2 期

《醒世姻缘传》的研究序说：关于版本和成书年代问题，杨春宇，《明清小说研究》2003 年第 2 期

清代文化政策的调整与中国古代通俗小说的演进，苗怀明，《河北学刊》2003 年第 4 期

小说稿费制与清末民初文学变革，陈国恩、左敏，《西南师范大学学报》2003 年第 5 期

《松荫庵漫录》与《申报》所载晚清笔记小说，潘建国，《上海师范大学学报》2003 年第 6 期

《二度梅》、《金兰筏》版本著录订误，张文德，《江海学刊》2004 年第 1 期

《歧路灯》版本考，徐云知，《学术交流》2004 年第 1 期

清初书坊啸花轩刊印小说考论，李忠明，《文学前沿》2004 年第 1 期

清代三大演义定本的形成，欧阳健，《长江大学学报》2004 年第 1 期

清末民初的"拟聊斋"，庄逸云，《明清小说研究》2004 年第 1 期

《亦复如是》考论，赖丽青，《明清小说研究》2004 年第 1 期

张缙彦与《无声戏》版本的关系之我见，朱萍，《江淮论坛》2004 年第 1 期

陈冷与他的创作小说，邢懿，《明清小说研究》2004 年第 2 期

《二度梅》版本及成书年代考论，张文德，《明清小说研究》2004 年第 2 期

清末上海地区书局与晚清小说，潘建国，《文学遗产》2004 年第 2 期

《三刻拍案惊奇》刊刻时间、地点和作者考，文革红，《江西财经大学学报》2004 年第 2 期

《香艳丛书》所收清代传奇小说提要，陈文新、陈金莲，《蒲松龄

研究》2004 年第 2、3 期

和邦额文言小说《霁园杂记》考论,萧相恺,《文学遗产》2004 年第 3 期

一部《中国通俗小说总目提要》失收的小说:介绍《花田金玉缘》,朱喜,《明清小说研究》2004 年第 3 期

"同治中兴"时期清政府的图书出版政策,张艳,《图书与情报》2004 年第 4 期

小说《二度梅》的版本及成书年代考论,张文德,《文献》2004 年第 4 期

晚清社会小说的巨擘:《廿载繁华梦》创作、出版和类别等问题考辨,颜廷亮,《甘肃社会科学》2004 年第 6 期

从商业化的角度看清初通俗小说的传播渠道,文革红,《黑河学刊》2005 年第 1 期

欧阳钜源与李伯元的两度合作,王学钧,《明清小说研究》2005 年第 1 期

天花藏主人非嘉兴徐震考,文革红,《明清小说研究》2005 年第 1 期

《醒世姻缘传》版本新探(上、下),李国庆,《明清小说研究》2005 年第 2 期、2006 年第 3 期

略谈清末民初的"新聊斋",王昕、付建舟、王剑萍,《蒲松龄研究》2005 年第 3 期

刻书家汪淇生平考,陈恩虎,《文献》2005 年第 3 期

未见著录小说两种叙录,萧相恺,《明清小说研究》2005 年第 3 期

论晚清小说的书价,陈大康,《华东师范大学学报》2005 年第

4期

王韬小说集改名的版本情况,王旭川、宫妮娜,《古典文学知识》2005年第4期

古代图书出版格局与传统文化,于翠玲,《图书与情报》2005年第6期

稀见清代禁毁小说《詅痴符》,潘建国,《文学遗产》2005年第6期

《历代神仙通鉴》刊刻时间、地点考,文革红、文青松,《中国学研究》2005年第8期

清康雍乾时期臣工刊书进呈内府现象研究,曹红军,《求索》2005年第12期

《景船斋杂记》考辨,曾垂超,《蒲松龄研究》2006年第1期

天花藏主人为女性考,邱江宁,《复旦学报》2006年第1期

李渔交游考辨,黄强、王金花,《明清小说研究》2006年第2期

论乾隆朝小说禁毁的种族主义倾向,胡海义、程国赋,《明清小说研究》2006年第2期

"素政堂主人"为冯梦龙之子冯焴考,文革红,《复旦学报》2006年第2期

《虞初支志》所收文言小说提要,陈文新、毛伟丽,《蒲松龄研究》2006年第2—4期

晚清"皇后系列小说"述略,薛洪勣,《明清小说研究》2006年第3期

晚清《新闻报》与小说相关编年(1893—1895),陈大康,《明清小说研究》2006年第3期

由《霁园杂记》到《夜谈随录》:论和邦额对作品的修改,萧相恺,

《厦门教育学院学报》2006 年第 3 期

章福记本《罗通扫北》小议,黄汉坤,《文献》2006 年第 3 期

《三侠五义》版本的流变,王湘华,《古典文学知识》2006 年第 4 期

尹蕴清《东海遗闻》考,张振国,《蒲松龄研究》2006 年第 4 期

《女开科传》本事、成书时间及版本考,文革红,《江西财经大学学报》2006 年第 5 期

卢见曾与雅雨堂刻书,刘捷,《兰台世界》2006 年第 17 期

独特的福鼎地方书坊:文成堂稽考,马巧红,《福建省图书馆学会 2006 年学术年会论文集》2006 年

论王韬的文言小说创作,汤克勤,《蒲松龄研究》2007 年第 1 期

《歧路灯》传播与接受之难溯源,刘畅,《兰州学刊》2007 年第 1 期

小说书坊啸花轩考,文革红,《明清小说研究》2007 年第 1 期

晚清《新闻报》与小说相关编年(1896—1902),陈大康,《明清小说研究》2007 年第 1 期

俞樾对《三侠五义》的修订及意义,谢超凡,《明清小说研究》2007 年第 1 期

晚清《新闻报》与小说相关编年(1903—1905)(正、续),陈大康,《明清小说研究》2007 年第 2、3 期

清初"墨憨主人"为冯梦龙后人:冯焴考,吴小珊,《明清小说研究》2007 年第 2 期

四种《三侠五义》说唱本与《龙图耳录》的异同辨证,鲁德才,《文学遗产》2007 年第 2 期

泰国国家图书馆所藏《绣像杨文广征南》,李祥耀、黄汉坤,《文

献》2007 年第 2 期

从广告看商务印书馆在晚清的小说宣传，文迎霞，《内蒙古大学学报》2007 年第 3 期

《镜花缘》版本补叙，李雄飞、郭琼，《中国文化研究》2007 年第 3 期

论《铁冠图全传》成书年代及其文献价值：与《红楼梦》有关的一部“铁冠图”系列小说，朱志远，《明清小说研究》2007 年第 3 期

《醒世姻缘传》成书年代再考证：与夏薇博士商榷，段江丽，《明清小说研究》2007 年第 3 期

晚清小说出版商的广告营销，阚文文，《明清小说研究》2007 年第 4 期

晚清印刷技术的提高及其对小说的影响，郭浩帆，《贵州大学学报》2007 年第 4 期

《新编增补清末民初小说目录》匡补，左鹏军，《明清小说研究》2007 年第 4 期

晚清广州出版业与文化的繁荣，蒋建国，《出版发行研究》2007 年第 8 期

晚清上海的报馆与《野叟曝言》小说，潘建国，《中国文学研究》(辑刊)2007 年第 9 期

从写样到红印：《豫恕堂丛书》中所见的晚清书籍初刻试印程序及相关史料，陈正宏，《中国典籍与文化》2008 年第 1 期

黄世仲《洪秀全演义》版本与传播情况考论，纪德君、龙志强，《广州大学学报》2008 年第 1 期

清代姑苏版画及其三种艺术风格，程颖，《艺术百家》2008 年第 1 期

清代中期七部南京狭邪笔记初考,李汇群,《明清小说研究》2008年第1期

晚清上海禁毁小说初探,孟丽,《明清小说研究》2008年第1期

晚清通俗小说《煲老鸭》,刘晓明,《文献》2008年第1期

晚清《新闻报》与小说相关编年(1906—1907),陈大康,《明清小说研究》2008年第1期

新见《燕山外史》清稿本考略,潘建国,《明清小说研究》2008年第1期

褚人获四雪草堂《隋唐演义》初刻本疑年考辨,傅剑平,《华南师范大学学报》2008年第2期

简论中国出版近代化对晚清小说出版的影响,董智颖,《中共福建省委党校学报》2008年第2期

"剿闯"系列小说版本及版本演变考,成敏,《中国文化研究》2008年第2期

清代中前期的民间刻书及其文化贡献,潘文年,《安徽大学学报》2008年第2期

《四雪草堂重订通俗隋唐演义》版本考辨,文革红,《明清小说研究》2008年第2期

论晚清出版史的近代化变革与转型,肖东发、杨虎、刘宝生,《北京联合大学学报》2008年第2期

侠义小说《绿牡丹全传》的流传与改编,张雅惠,《东方人文学志》2008年第2期

《新世弘勋》的两个版本:载道堂刊本和庆云楼藏板,文革红,《江西财经大学学报》2008年第2期

也谈《醒世姻缘传》的成书年代:与夏薇女士商榷,杨东方,《蒲

松龄研究》2008 年第 2 期

《官场现形记》连载及刊行考，王学钧，《明清小说研究》2008 年第 3 期

论清末民营出版业的崛起及其意义，吴永贵，《陕西师范大学学报》2008 年第 3 期

晚清《新闻报》与小说相关编年（1908—1911），陈大康，《明清小说研究》2008 年第 3 期

乾隆时期白话小说市场及出版方式，王颖，《郑州航空工业管理学院学报》2008 年第 4 期

商业型文人与文化型商人：李渔的人生角色，傅承洲，《古典文学知识》2008 年第 4 期

清代江西的小说刊刻业，文革红，《时代文学》（下半月）2008 年第 4 期

清末民初武昌陶子麟书坊刻书业考略，江凌，《长江论坛》2008 年第 4 期

试论清代两湖地区私家刻书的特点及其兴盛原因，江凌，《湖南文理学院学报》2008 年第 4 期

《肉蒲团》为李渔所作考，张成全，《明清小说研究》2008 年第 4 期

清中期白话短篇小说衰落原因探析，代智敏，《山西师大学报》2008 年第 5 期

晚清小说出版述略，孙文杰，《编辑之友》2008 年第 5 期

巾箱本与清代文言小说的传播，沙虹，《图书馆》2008 年第 6 期，又见于《文史杂志》2008 年第 6 期

清代两湖地区坊刻业的特点及其文化贡献，江凌，《吉首大学学

报》2008 年第 6 期

晚清成都出版业的发展,张忠,《兰台世界》2008 年第 13 期

清代聊城民间书坊,许磊、张曙光,《兰台世界》2008 年第 19 期

《绿野仙踪》抄本、刻本关系及优劣浅议,周晴,《明清小说研究》2009 年第 1 期

清代广东书坊的新型经营模式:以富文斋为例,刘淑萍,《新世纪图书馆》2009 年第 1 期

晚清军机处发起大规模查禁书刊的时间辨证,张天星,《中国文学研究》(辑刊)2009 年第 1 期

《谐铎》与《续谐铎》在祁门成书考述,赵星、王慧芳,《安徽广播电视大学学报》2009 年第 1 期

清代连城四堡雕版印刷发展概况,黄青松,《福建图书馆理论与实践》2009 年第 2 期

清代闽西四堡坊刻"族商"市场理念,陈微,《东南学术》2009 年第 2 期

清代前期通俗小说书板出租现象初探,文革红,《乌鲁木齐职业大学学报》2009 年第 2 期

清代通俗小说编辑家步月主人考略,文革红,《明清小说研究》2009 年第 2 期

清末民初刻印的时调唱本,李秋菊,《中国文学研究》(辑刊)2009 年第 2 期

晚清小说《亡国泪》考证及其他,谢仁敏,《明清小说研究》2009 年第 2 期

清代福建地区通俗小说刊刻述略,文革红,《小说评论》2009 年第 5 期增刊

《说岳全传》成书年代考，邹贺，《宁夏大学学报》2009 年第 3 期

清代畅销书种种，孙文杰，《编辑之友》2009 年第 4 期

石印小说小论，李彦东，《编辑之友》2009 年第 5 期

清末优秀长篇《黄绣球》及其作者颐琐考，范紫江，《中国文学研究》（辑刊）2009 年第 14 期

晚清翻新小说创作情况考证，吴泽泉，《中国文学研究》（辑刊）2009 年第 14 期

从乾隆五十六年到六十年屠绅的行踪看二十卷增订本《琐蛣杂记》为后人伪托之刻，萧相恺，《明清小说研究》2010 年第 1 期

李渔编辑出版活动及思想考论，赵海霞、张积玉，《宁夏大学学报》2010 年第 1 期

论清初通俗小说"四大奇书"评点本刊刻的意义，韩春平，《海南大学学报》2010 年第 1 期

论清代小说、戏曲的文化管理体制及禁毁形态，赵维国，《中国文化研究》2010 年第 1 期

缥囊缃帙：清代前期江南书籍的日本销场，范金民，《史林》2010 年第 1 期

清代小说禁毁述略，石昌渝，《上海师范大学学报》2010 年第 1 期

读清末蒋玉真编《醒心宝卷》：兼谈"宣讲"（圣谕、善书）与"宣卷"（宝卷），车锡伦，《文学遗产》2010 年第 2 期

马国翰小说收藏简论，郭国庆，《明清小说研究》2010 年第 2 期

清代广州地区通俗小说刊刻考略，文革红，《暨南学报》2010 年第 2 期

曾朴的编辑出版活动，徐蒙，《山东图书馆学刊》2010 年第 2 期

《洪秀全演义》史料来源补考，纪德君，《明清小说研究》2010 年第 3 期

《玉娇梨》和《平山冷燕》的作者不是天花藏主人，梁苑，《明清小说研究》2010 年第 3 期

“姑奶奶”、“关圣帝君”与“金龙四大王”：再论《醒世姻缘传》康熙年间成书说之不能成立，邹宗良、解新颜，《蒲松龄研究》2010 年第 4 期、2011 年第 1 期

清代文言剑侠小说概论，罗立群，《文学与文化》2010 年第 4 期

三种未见著录的与京剧有关的小说：稗海访书续录之一，萧相恺，《厦门教育学院学报》2010 年第 4 期

晚清留日学生刊物与小说刊载，李亚娟，《明清小说研究》2010 年第 4 期

胡承谱《隻麈谈》与郑相如《汉林四传》叙考，张振国，《蒲松龄研究》2010 年第 4 期

清代图书广告与促销术，王海刚，《图书与情报》2010 年第 6 期

插图如何叙事：《煲老鸭》的插图与文本叙事，刘晓明，《广州大学学报》2010 年第 8 期

晚清民间书坊“督造书籍”印考略，杨丽莹，《图书馆杂志》2010 年第 8 期

清末民初石印术的传入与上海石印鼓词小说的出版，孙英芳，《沧桑》2010 年第 12 期

后知不足斋主人鲍廷爵书事述略，王亮，《文献》2011 年第 1 期

李渔与翼圣堂、芥子园书坊关系考辨，李亚力，《文献》2011 年第 1 期

清末民初上海石印鼓词小说文化现象透视，李豫、于红，《阅江学

刊》2011 年第 1 期

也谈《品花宝鉴》的成书年代:兼论陈森的生卒年,姜秋菊,《明清小说研究》2011 年第 1 期

从《歧路灯》的传播接受看明清中原地区出版业的发展,刘畅,《河南理工大学学报》2011 年第 2 期

清代川刻宣讲小说集刍议:兼述新见三种小说集残卷,汪燕岗,《文学遗产》2011 年第 2 期

《说倭传》平议,王永健,《明清小说研究》2011 年第 2 期

晚清政府对违禁书籍的查处,张运君,《出版科学》2011 年第 2 期

论烟水散人与素政堂的合作关系,邹明军,《明清小说研究》2011 年第 3 期

《歧路灯》散论,陈美林,《东南大学学报》2011 年第 3 期

清代河南书坊刻书考述,李正辉,《兰台世界》2011 年第 3 期

清代圣谕宣讲类善书的刊刻与传播,张祎琛,《复旦学报》2011 年第 3 期

《说岳全传》辨疑:兼论《说岳全传》与《大宋中兴通俗演义》的关系,邹贺,《太原理工大学学报》2011 年第 3 期

素政堂主人是天花藏主人:兼考其非冯梦龙之子冯焴及冯氏后裔,梁苑,《明清小说研究》2011 年第 3 期

谈清代印刷术的发展与演变,张淑平,《西域图书馆论坛》2011 年第 3 期

晚清政府对书籍的审查:以种类分析为中心,张运君,《青岛科技大学学报》2011 年第 3 期

从"小说之禁"看袁枚《子不语》的版本流变,王正兵,《南京师范

大学文学院学报》2011 年第 4 期

席氏家族与扫叶山房,刘敏,《图书馆学刊》2011 年第 4 期

《幽梦影》版刻考论,戴廷杰,《文献》2011 年第 4 期

从《歧路灯》的传播接受看明清中原出版业的发展,刘畅,《中州学刊》2011 年第 5 期

《说岳全传》之版本流变,邹贺,《沧桑》2011 年第 5 期

清代中前期图书市场探析,向敏,《出版科学》2011 年第 6 期

清代书业中心变迁论略,孙文杰,《编辑之友》2011 年第 8 期

影响清代图书价格因素考略,孙文杰,《图书馆理论与实践》2011 年第 8 期

清代运河城市聊城的坊刻出版业,杨轶男,《出版发行研究》2011 年第 12 期

试论清代书业中心分布的地理特征,孙文杰,《中国出版》2011 年第 14 期

清代前期图书出版管理探究,王彩红,《兰台世界》2011 年第 19 期

"国家图书馆"典藏《阅微草堂笔记》版本论述与视听文献初探,薛雅文,(台)《静宜中文学报》2012 年第 1 期

《醒世姻缘传》素材来源再考:兼论小说成书于顺治年间,刘洪强、王立芬,《蒲松龄研究》2012 年第 1 期

杨宗岱小说《烈女无名氏传》和杂剧《离骚影》考论,何光涛,《明清小说研究》2012 年第 1 期

晚清李凤仪《风流自赏》考论,张振国,《文献》2012 年第 2 期

清代乾隆以后四川地区通俗小说刊刻考略,文革红、欧阳伟,《江西青年职业学院学报》2012 年第 3 期

19世纪传教士汉语方言小说述略，宋莉华，《文学遗产》2012年第4期

论李渔的文化创意产业活动，陈文兵，《江苏教育学院学报》2012年第4期

论清代书业营销策略，孙文杰，《中国出版》2012年第4期

日藏康熙刊本《大闹天宫》说唱全本研究，李雪梅、李豫，《文献》2012年第4期

小说广告与晚清文化市场的小说盗版现象，刘颖慧，《浙江海洋学院学报》2012年第4期

试析清代北京通俗小说的出版与说唱业的关系：以侠义公案小说的形成为例，汪燕岗，《北京社会科学》2012年第5期

乾隆时期小说禁毁的特点，王颖，《郑州航空工业管理学院学报》2012年第6期

清代图书流通传播渠道论略，孙文杰，《图书与情报》2012年第6期

市民文化视阈中的清代山东运河城市民间坊刻：以聊城书庄为中心的考察，杨轶男、张弘，《理论学刊》2012年第6期

《歧路灯》版本考论，王冰，《求索》2012年第7期

清初小说《百炼真海烈妇传》考述，黄义枢，《名作欣赏》2012年第8期

清代连城四堡书坊堂号考究，黄青松，《福建省图书馆学会2012年学术年会论文集》2012年10月

唱经堂与贯华堂关系探微，陆林，《社会科学战线》2012年第11期

论清代畅销书产生的历史条件，孙文杰，《编辑之友》2012年第

12 期

鲍廷博知不足斋刻工研究,马培洁,《文献》2013 年第 1 期

《夜雨秋灯录》赝本考论,凌硕为,《明清小说研究》2013 年第 1 期

海盗:清代小说禁黜的核心,王颖,《山东青年政治学院学报》2013 年第 2 期

技术与政治革命的双重变奏:晚清“新小说”兴起的历史机缘,姜荣刚,《学术论坛》2013 年第 2 期

连城县四堡乡清代雕版探究,马青,《福建文博》2013 年第 2 期

晚清方言小说兴衰刍论,姚达兑,《文学评论》2013 年第 2 期

《晚清小说目录》匡补,郭辉、陈洪,《南开学报》2013 年第 2 期

关于《阅微草堂笔记》的版本问题,梁振刚,《沧州师范学院学报》2013 年第 3 期

论广东芥子园《镜花缘》插图的文本接受,乔光辉,《广东社会科学》2013 年第 3 期

《说岳全传》的形成与编撰,邓骏捷,《明清小说研究》2013 年第 3 期

四雪草堂《坚瓠集》研究,谢超凡,《华侨大学学报》2013 年第 3 期

晚清图像叙事的兴起及表现:以上海为中心的考察,陆涛,《牡丹江师范学院学报》2013 年第 3 期

《醒世姻缘传》的传播与周在浚的刻书活动,许振东,《沧州师范学院学报》2013 年第 3 期

刘鹗与其小说《老残游记》,(捷)普实克(Prusek, Jaroslav);罗仕龙,(台)《东亚观念史集刊》2013 年第 4 期

论清代对外图书贸易及管理,孙文杰,《国家图书馆学刊》2013年第4期

清刻本图书的价格与分析,孙文杰,《出版科学》2013年第4期

潜心八股举业:清代士绅阶层小说戏曲禁毁舆论的功利诉求,胡海义,《中国文学研究》2013年第4期

天花藏主人为嘉兴秀水张匀考辨,刘雪莲,《古籍整理研究学刊》2013年第4期

《阅微草堂笔记》"四大家"评点论略,吴波,《山西大学学报》2013年第4期

晚清出版的现代性因素,王燕,《出版科学》2013年第5期

印在纸上的推销术:以清代图书广告设计为例,王海刚,《现代出版》2013年第5期

论清初刻书家张潮的图书广告思想与实践,刘和文,《中国出版》2013年第6期

《樵史通俗演义》成书及相关问题考论,姜荣刚,《文学遗产》2013年第6期

西洋照相石印术与中国古典小说图像本的近代复兴,潘建国,《学术研究》2013年第6期

清代的书籍与阅读,董毅军,《文史天地》2013年第8期

世界书局、大东书局的通俗文学出版及商业运作,石娟,《编辑之友》2013年第8期

扫叶山房史研究,杨丽莹,《书城》2013年第9期

清代环太湖地区的书估、书船与书籍的流动,徐雁平,《学术研究》2013年第10期

清代宁波书坊刻书考,刘云,《兰台世界》2013年第11期

“顺势而行”的晚清官书局创置与衍变:以浙江官书局为中心的考察,隗静秋、董强,《中国出版》2013 年第 12 期

书估与清帝国的书籍流转,徐雁平,《古典文献研究》2013 年第 16 期

清代河南雕版印刷业略考,郝二旭,《兰台世界》2014 年第 1 期

王希廉、王朝忠兄弟刊刻小说名著及其先世货殖考,武全全、赵春辉,《明清小说研究》2014 年第 1 期

艳情小说流行现象透视与清代小说序跋,王军明,《明清小说研究》2014 年第 1 期

镜中花,画中意:从《镜花缘》三个插图本看读者对小说接受的转变,李旭婷,《明清小说研究》2014 年第 2 期

清代中后期聊城坊刻的兴盛及其原因浅析,周广骞,《山东图书馆学刊》2014 年第 3 期

晚清段芝贵贿赂案与《杨翠喜》小说:以新闻为小说的范例,王德成、姜荣刚,《许昌学院学报》2014 年第 3 期

《醒世姻缘传》“凡例”与《红楼梦》“凡例”,王光福,《蒲松龄研究》2014 年第 3 期

清代北京图书市场及其变迁,孙文杰,《中国出版》2014 年第 4 期

晚清地方书局经费来源考,王晓霞,《历史档案》2014 年第 4 期

稀见笔记小说《铁若笔谈初集》简论,肖亚男,《明清小说研究》2014 年第 4 期

新发现的吕寸田评本《歧路灯》及其学术价值,朱姗,《明清小说研究》2014 年第 4 期

醉耕堂与王望如关系及其小说刊刻考探,许振东,《河北师范大

学学报》2014 年第 4 期

晚清的民间宗教与小说禁毁政策,王颖,《中国社会科学院研究生院学报》2014 年第 5 期

作为“绣像小说”的《文明小史》,陈平原,《西北师大学报》2014 年第 5 期

略论清代山西大同地区的刻书业和影响因素,侯秀林,《山西大同大学学报》2014 年第 6 期

论清代圣谕宣讲与白话宣讲小说:以四川地区为考察中心,汪燕岗,《文学遗产》2014 年第 6 期

《澄江旧话》中有关夏敬渠《野叟曝言》的资料,吴新雷,《中国古代小说戏剧研究》2014 年第 10 期

从刻工情况看清代聊城坊刻业,杨轶男,《出版发行研究》2014 年第 11 期

论清代文化政策对图书出版营销的影响,李鹏,《图书馆工作与研究》2014 年第 11 期

清代刻书家龙万育生平考述,颜世明、高健,《理论月刊》2014 年第 11 期

晚清官书局三则问题考略,王晓霞,《中国国家博物馆馆刊》2014 年第 11 期

出版学视域下的李渔和芥子园书铺,曹连观,《新闻与写作》2014 年第 12 期

清末小说查禁及民间书坊的回应,张霞,《青春岁月》2014 年第 17 期

李渔传人沈心友述考,黄强,《重庆师范大学学报》2015 年第 1 期

晚清同文书局的兴衰起落与经营方略,沈俊平,(台)《汉学研究》2015 年第 1 期

古盐补留生考:兼论晚清“熊大木现象”,苏亮,《太原大学教育学院学报》2015 年第 2 期

关于胡适《〈醒世姻缘传〉考证》的几点辩驳,陈文斌,《蒲松龄研究》2015 年第 3 期

论李渔的出版经营之道,张亚锋,《攀枝花学院学报》2015 年第 3 期

随园刻书考略,郑幸,《中国典籍与文化》2015 年第 3 期

陶子麟与雕版刊刻,王晓清,《武汉文史资料》2015 年第 3 期

李渔出版经营理念探析,张亚锋、郭萍倩,《韶关学院学报》2015 年第 5 期

贝青乔《爬疥漫录》论略,马卫中、陈国安,《文献》2015 年第 6 期

论清代四川雕版印刷下通俗小说的出版,汪燕岗,《四川图书馆学报》2015 年第 6 期

早期天主教汉文小说《儒交信》论略,王乙珈、孙逊,《学术界》2015 年第 7 期

论浙江官书局之编校及刊书,侯丽媛,《传播与版权》2015 年第 9 期

清末民初出版业的繁荣及其黑幕,范伯群,《社会科学》2015 年第 11 期

我国清代图书流通传播的渠道探究,莫耀评,《兰台世界》2015 年第 11 期

清代话本序跋考论,徐志平,(台)《东吴中文学报》2015 年第 29 期

刘永福系列时事小说的版本演变，许军，《明清小说研究》2016年第1期

论晚清广告小说，陈大康，《华夏文化论坛》2016年第1期

《唐人说荟》书名编者考，周瑾锋，《明清小说研究》2016年第1期

论《镜花缘》插图文本接受，邱芳芳、柳飔、李烨婧，《安徽文学》(下半月)2016年第2期

《品花宝鉴》成书时间新证，许隽超，《文献》2016年第2期

《晚清小说目录》天津部分补遗，李云，《明清小说研究》2016年第3期

清代安徽私家刻书考，张守卫，《图书馆理论与实践》2016年第10期

5. 近代

浅谈中国近代之小说,谭振强,《文史学报》1976年第12期

早期鸳鸯蝴蝶派社会小说代表作:《广陵潮》,范伯群,《文学遗产》1986年第6期

试论林纾的创作小说,连燕堂,《文学遗产》1987年第5期

我国近代图书发行事业的发展(从鸦片战争到"五四运动"),吴柏龄,《出版发行研究》1991年第6期

简介:新新外史(一)清末民国的演义小说,璐琪,(港)《公教报》1991年第2485号

中国近代禁毁小说戏曲的得失,谢桃坊,《文献》1994年第3期

试论近代商品经济演化与近代小说的繁荣,罗嘉慧,《中山大学学报》1997年第4期

中国近代图书出版事业史略,彭平一,《株洲教育学院学》1998年第4期

近代的南北书肆(上、下),李雪梅,《文史知识》1998年第5、6期

记两种贵州近代小说,苗怀明,《贵州文史丛刊》2000年第3期

近代石印术的普及与通俗小说的传播,宋莉华,《学术月刊》2001年第2期

近代神魔小说试论,胡胜,《明清小说研究》2001年第3期

陆士谔的《新上海》和《新中国》,〔韩〕吴淳邦,《明清小说研究》2001年第3期

吴趼人小说《发财秘诀》的材料补充与考证,范紫江,《韶关学院学报》2003年第8期

试论近代小说出版中的盗版现象:以《申报》小说广告为例,文娟,《明清小说研究》2005 年第 2 期

近代书局对小说书籍的促销:以《申报》小说广告为例,文娟,《中文自学指导》2005 年第 6 期

新发现的黄世仲小说《义和团》,颜廷亮,《明清小说研究》2006 年第 2 期

稀见近代小说《谏果回甘》,颜湘君,《文学遗产》2006 年第 3 期

铅石印刷术与明清通俗小说的近代传播:以上海(1874—1911)为考察中心,潘建国,《文学遗产》2006 年第 6 期

插图与晚清小说的传播:以晚清《申报》小说广告为例,刘颖慧,《理论导刊》2006 年第 11 期

近代海上画家与通俗小说图像的绘制,潘建国,《荣宝斋》2007 年第 3 期

试论早期申报馆的小说出版事业及其影响,文娟,《中文自学指导》2007 年第 3 期

简论中国出版近代化对晚清小说出版的影响,董智颖,《中共福建省委党校学报》2008 年第 2 期

近代广州出版与书籍广告简述,林小玲,《广东技术师范学院学报》2008 年第 12 期

打破旧平衡的初始环节:论申报馆在近代小说史上的地位,陈大康,《文学遗产》2009 年第 2 期

《民呼日报》与小说有关编年(一、二),陈大康,《明清小说研究》2009 年第 2、3 期

《民立报》与小说有关编年,陈大康,《明清小说研究》2010 年第 1 期

早期出版场域的催生条件，杜云南，《广东广播电视大学学报》2012 年第 1 期

试论近代扫叶山房的通俗小说出版，文娟，《明清小说研究》2012 年第 2 期

《觚賸漫笔》杂谈，温庆新，《内江师范学院学报》2012 年第 9 期

变革突破与回归传统：试论近代扫叶山房的笔记小说出版，文娟，《编辑之友》2012 年第 10 期

试论中国近代小说及出版转型中的《文艺杂志》，文娟，《北京社会科学》2013 年第 3 期

新旧说部两搜寻：徐兆玮之小说编研活动及其相关著述，潘建国，《明清小说研究》2013 年第 3 期

前代小说在近代的书面传播情况述略，丁合林，《佳木斯大学社会科学学报》2013 年第 4 期

杨味西及其《时新小说》的插图、结构与主题：傅兰雅"时新小说"征文参赛作者考，姚达兑，《江汉学术》2013 年第 5 期

论"小说界革命"及其后之转向，陈大康，《文学评论》2013 年第 6 期

藏书楼对近代编辑出版业的传播影响研究，魏秀萍，《哈尔滨工业大学学报》2014 年第 5 期

商业化出版运作与民国通俗小说，张霞、汪潜，《编辑之友》2014 年第 8 期

上海近代石印书业的分期问题，许静波，《中国出版》2014 年第 14 期

论近代小说传播中的盗版问题，陈大康，《文学遗产》2015 年第 1 期

试验期短篇小说集的编刻及其现代性内涵：以《短篇小说丛刻》

初编及二编为中心,董志,《明清小说研究》2015 年第 3 期

近代绍兴出版家的出版经营理念研究,夏慧夷,《今传媒》2015 年第 5 期

新发现的近代小说史料,程国赋、刘晓宁,《文献》2016 年第 2 期

五、外国论著

1. 欧美论著

Průšek, Jaroslav. Popular Novels in the Collection of Chien Tseng [J]. Archív Orientální, 1938, 10(1).

Wu, Kwang Tsing, and Wu Kuang-Ch'ing. Printing and Printers[J]. Harvard Journal of Asiatic Studies, 1943,7: 203—260.

Willis, Donald Sigurdson. The Nieh-hai hua and Its Place in the Late Ch'ing Social Novel of Protest[M]. University of Washington, 1951.

Irwin, Richard Gregg. The evolution of a Chinese novel: Shui-hu-chuan[M]. Harvard University Press, 1953.

John Lyman Bishop. The colloquial short story in China: a study of the San-yen collections[M]. Harvard University Press, 1956.

Birch, Cyril. Feng Meng-Lung and the Ku Chin Hsiao Shuo[J]. Bulletin of the School of Oriental and African Studies, 1956, 18(1): 64—83.

Prušek, Jaroslav. New Studies of the Chinese Colloquial Short Story [J]. Archiv Orientální, 1957, 25(3):452—499.

Pršek, Jaroslav. Liao-chai Chi-i by P'u Sung-ling, an Inquiry Into the Circumstances Under which the Collection Arose[M]. 1959.

Hanan, Patrick. A study of the composition and the sources of the

"Chin P'ing Mei"[D]. University of London, 1960

McAleavy, Henry. Tseng P'u and the Nieh Hai Hua[J]. St. Antony's Papers, 1960: 88—137.

Wu, Shichang. On The red chamber dream: a critical study of two annotated manuscripts of the XVIIIth century[M]. Clarendon Press, 1961.

Hanan, Patrick. The Text of the Chin P'ing Mei[J]. Asia Major. 1962, 9(1).

Wrenn, James Joseph. A textual method and its application to texts of the Chin p'ing mei[D]. Yale University, 1964.

Dudbridge, Glen. The problem of Xi You Ji and its early versions: a reappraisal[J]. New Asia Journal, 1964, 6(2).

Yau-Woon M, Tai-Loi M. On the Periods of the Stories of Ching-Pen T'ung-Su Hsiao-Shuo and the Authenticity of Collection [J]. Genre, 1965, 5(1): 14—32.

Liu Ts'un-yan. Chinese popular fiction in two London libraries[M]. Lung Men Bookstore, 1967.

Hsia, C T. The Classic Chinese Novel: A Critical Introduction [M]. Columbia University Press, 1968.

Dudbridge, Glen. The Hundred chapter Hsi-yu Chi and Its Early Versions[J]. Asia Major. 1969, 14 (2): 187—190

Dudbridge, Glen. The Hsi-Yu-Chi: A Study of Antecedents to the Sixteenth-Century Chinese Novel[M]. Cambridge University Press, 1970.

Průšek, Jaroslav. Chinese history and literature: collection of studies [M]. Dordrecht, Reidel, 1970.

Ma, Yau-Woon. The Pao-kung Tradition in Chinese Popular

Literature [D]. Yale University, 1971.

Hanan, Patrick. The Composition of the P'ing Yao Chuan[J]. Harvard Journal of Asiatic Studies. 1971, 31: 201—219.

Ma, Tai-loi. Censorship of Fiction in Ming and Ch'ing China Ca. 1368-Ca. 1900[D]. University of Chicago, 1972.

Hanan, Patrick. The Making of The Pearl-Sewn Shirt and The Courtesan's Jewel Box[J]. Harvard Journal of Asiatic Studies, 1973 :33 124—153.

Hanan, Patrick. The Chinese short story: Studies in dating, authorship, and composition[M]. Harvard University Press, 1973.

Ma, Yau-Woon. The Chinese historical novel: An outline of themes and contexts [J]. The Journal of Asian Studies, 1975, 34 (02): 277—294.

Ma, Yau-Woon. The Textual Tradition of Ming "Kung-an" Fiction: A Study of the Lung-t'u kung-an[J]. Harvard Journal of Asiatic Studies, 1975, 35: 190—220.

Goode, Walter. On the Sanbao taijian xia xiyang-ji and some of its sources[D]. Australian National University, 1976.

Plaks, Andrew H. Archetype and Allegory in the Dream of the Red Chamber[M]. Princeton University Press, 1976

Mao, Nathan K, Liu Ts'un-yan. Li Yü[M]. Twayne Publishers, 1977

Hanan, Patrick. "The Nature of Ling Meng-ch'u's Fiction. "(Ed.). Chinese Narrative: Critical and Theoretical Essays[M]. Princeton University Press, 1977: 85—114.

Matsuda, Shizue. Li Yü: His Life and Moral Philosophy as Reflected in His Fiction[D]. Columbia University, 1978.

André Lévy. About the date of the first printed edition of the Chin P'ing Mei[J]. Chinese Literature, 1979, 1: 43—47.

Na, Tsung Shun. Studies on Dream of the Red Chamber: A Selected and Classified Bibliography[M]. Lung Men Press, 1979.

Plaks, Andrew H. Shui-hu Chuan and the Sixteenth-Century Novel Form: An Interpretive Reappraisal[J]. Chinese Literature, 1980, 2(1): 3—53.

Hanan, Patrick. "Judge Bao's Hundred Cases Reconstructed. "[J]. Harvard Journal of Asiatic Studies, 1980, 40(2): 301—323.

Lévy A. Pour une clarification de quelques aspects de la problematique du "Jin Ping Mei" [J]. T'oung Pao, 1980, 66 (Livr. 4/5): 183—198.

Ma, Tai-loi. Novels Prohibited in the Literary Inquisition of Emperor Ch'ien-lung, 1722—1788[J]. Critical Essays on Chinese Fiction, (Hong Kong, Chinese University Press, 1980), 1980: 212.

Hanan, Patrick. The Chinese vernacular story[M]. Harvard University Press, 1981.

Hegel, Robert. The Novel in Seventeenth Century China[M]. Columbia University Press, 1981.

Widmer, Ellen. Shui-hu hou-chuan in the context of seventeenth century Chinese fiction criticism[D]. Harvard University, 1981.

Roy, David T. The Fifteenth-Century Shuo-ch'ang Tz'u-hua as Examples of Written Formulaic Composition[J]. CHINOPERL, 1981, Vol. 10 (1):97—128.

Barr, Allan. Pu Songling and Liaozhai zhiyi:A study of textual transmission, biographical background and literary antecendents[D]. University of Oxford, 1983.

Barr, Allan. The Textual Transmission of Liaozhai zhiyi[J]. Harvard Journal of Asiatic Studies, 1984, 44(2): 515—562.

Liu Ts' un-yan. Chinese Middlebrow Fiction: from the Ch'ing and Early Republican Eras[M]. Chinese University Press, 1984.

A · E · McLAREN. Chantefables and the Textual Evolution of the San-kuo-chih yen-i (Part I)[J]. T'oung Pao, 1985: 159—227.

Plaks, Andrew H. After the Fall: Hsing-shih yin-yüan chuan and the Seventeenth-Century Chinese Novel[J]. Harvard Journal of Asiatic Studies, 1985, 45(2): 543—580.

Plaks, Andrew H. The Chongzhen Commentary on the Jin Ping Mei: Gems Amidst the Dross[J]. Chinese Literature, 1986, 8(1/2): 19—30.

Barr, Allan. Pu Songling and the Qing Examination System[J]. Late Imperial China, 1986, 7(1): 87—111.

Plaks, Andrew H. The four masterworks of the Ming novel: Ssu ta ch'i-shu[M]. Princeton University Press, 1987.

Hanan, Patrick. The Invention of Li Yu[M]. Harvard University Press, 1988.

Zeitlin, Judith T. Pu Songling's Liaozhai zhiyi and the Chinese Discourse on the Strange[D]. Harvard University, 1988.

Timothy, Brook. Censorship in eighteenth-century China: A view from the book trade[J]. Canadian Journal of History, 1988, 23(2).

Swihart, De-an. The evolution of Chinese novel form[D]. Princeton

University, 1990.

Shelley Hsueh-lun Chang. History and legend : ideas and images in the Ming historical novels[M]. University of Michigan Press, 1990.

Katherine Carlitz. The social uses of female virtue in late Ming editions of Lienü zhuan[J]. Late Imperial China, 1991, 12(2): 117—148.

Dudbridge, Glen. A Pilgrimage in Seventeenth-Century Fiction: T'ai-shan and the "Hsing-shih yin-yüan chuan"[J]. T'oung Pao, 1991, 77(4): 226—252.

McLaren, Anne. Ming Chantefable and the Early Chinese Novel: (a Study of the Chenghua Period Cihua) [M]. Australian National University, 1991.

Kuriyama, Joanna. Confucianism in fiction: A study of Hsia Ching-ch'u's "Yeh-sou p'u-yen"[D]. Harvard University, 1993.

West, Andrew. Quest for the urtext: The textual archaeology of "The Three Kingdoms". (Volumes I and II) [D]. Princeton University, 1993.

Rolston, David. "Point of View" in the Writings of Traditional Chinese Fiction Critics[J]. Chinese Literature, 1993, 15: 113—142.

Hegel, Robert. Traditional Chinese Fiction—The State of the Field [J]. The Journal of Asian Studies, 1994, 53(2):394—426.

McLaren, Anne. Ming Audiences and Vernacular Hermeneutics: The Uses of "The Romance of the Three Kingdoms"[J]. T'oung Pao, 1995, 81(Fasc. 1/3): 51—80.

McLaren, Anne. Popularizing The Romance of the Three Kingdoms A Study of Two Early Editions[J]. Journal of Oriental Studies, 1995, 33 (2): 165—85.

Brokaw, Cynthia Joanne. Commercial Publishing in Late Imperial China: The Zou and Ma Family Businesses of Sibao, Fujian[J]. Late Imperial China, 1996, 17(1): 49—92.

Ellen, Widmer. The Huanduzhai of Hangzhou and Suzhou: A Study in Seventeenth-Century Publishing [J]. Harvard Journal of Asiatic Studies, 1996, 56(1):77—122.

Chia, Lucille. The development of the Jianyang book trade, Song-Yuan[J]. Late Imperial China, 1996, 17(1): 10—48.

Clunas, Craig. Pictures and visuality in early modern China[M]. Princeton University Press, 1997.

Rolston, David. Traditional Chinese Fiction and Fiction Commentary: Reading and Writing Between the Lines [M]. Stanford University Press, 1997.

Zeitlin, Judith T. Historian of the strange: Pu Songling and the Chinese classical tale[M]. Stanford University Press, 1997.

Brook, Timothy. The confusions of pleasure: Commerce and culture in Ming China[M]. Univ ersity of California Press, 1998.

Hegel, Robert. Reading illustrated fiction in late imperial China [M]. Stanford University Press, 1998.

Yang, Shuhui. Appropriation and representation: Feng Menglong and the Chinese vernacular story[M]. University of Michigan Center for chinese, 1998.

Hanan, Patrick. Fengyue meng and the Courtesan Novel [J]. Harvard journal of Asiatic studies, 1998, 58(2): 345—372.

Stone, Charles. The "Ruyijun zhuan" and the origins of the Chinese erotic novel [D]. The University of Chicago, 1999

McLaren, Anne. Investigating Readerships in Late-Imperial China: A Reflection on Methodologies[J]. East Asian Library Journal, 2001, 10 (2): 104—160.

Lucille. Chia. Printing for profit : the commercial publishers of Jianyang, Fujian (11th-17th centuries) [M]. Harvard University Asia Center for Harvard-Yenching Institute , 2002

Hegel, Robert. Images in Legal and Fictional Texts from Qing China [J]. Bulletin de l'École française d'Extrême-Orient. 2002, 89 (1): 277—290

St. André, James. Picturing Judge Bao in Ming Shangtu xiawen Fiction[J]. Chinese Literature, 2002, 24: 43—73.

Yang, Yu-Chun. Re-orienting Jin ping mei: The moralizing tales of "Xingshi yinyuan zhuan" and "Xu jin ping mei" [D]. Princeton University, 2003.

Huang, Martin. Snake's Legs: Sequels, Continuations, Rewritings, and Chinese Fiction[M]. University of Hawaii Press, 2004.

Patrick, Hanan. Chinese Fiction of the Nineteenth and Early Twentieth Centuries: Essays[M]. Columbia University Press, 2004.

Dudbridge, Glen. Books, tales and vernacular culture: selected papers on China[M]. Brill, 2005.

Zhang, Jie. The game of marginality: Parody in Li Yu's (1611 - 1680) vernacular short stories[D]. Washington University, 2005.

Brokaw, Cynthia Joanne. On the History of the Book in China[J]. Printing and Book Culture in Late Imperial China, 2005

Brokaw, Cynthia Joanne. Publishing, society and culture in pre-modern china: the evolution of print culture[J]. International Journal of Asian Studies, 2005, 2(01): 135—165.

Brokaw, Cynthia Joanne. Reading the Best-Sellers of the Nineteenth Century[J]. Printing and Book Culture in Late Imperial China, 2005, 27.

McLaren, Anne. Constructing new reading publics in late Ming China[J]. Printing and book culture in Late Imperial China, 2005: 152—183.

Hegel, Robert. Picturing the Monkey King: Illustrations of the 1641 Novel Xiyou bu[J]. The Art of the Book in China, Colloquies on Art &Archaeology in Asia, 2006, 23: 175—191.

Chia, Lucille. Publications of the Ming Principalities: A Distinct Example of Private Printing[J]. Ming Studies, 2006(54): 24—70.

McLaren, Anne. History repackaged in the age of print: the Sanguozhi and Sanguo yanyi[J]. Bulletin of the School of Oriental and African Studies, 2006, 69(02): 293—313.

Brokaw, Cynthia Joanne. Commerce in culture: the sibao book trade in the Qing and Republican periods[M]. Harvard University Press, 2007.

Clunas, Craig. Empire of Great Brightness: Visual and Material Cultures of Ming China[M]. University of Hawaii Press, 2007.

Brokaw, Cynthia Joanne. Book History in Premodern China: The State of the Discipline I[J]. Book History, 2007, 10(1): 253—290.

Robertson, Carl A. Untangling the Allegory: The Genuine and the Counterfeit in Xiyou zhengdao shu (The book to enlightenment of the journey west)[J]. Tamkang Review, 2007, 38(1): 213—252.

Julia K. Murray. Mirror of morality: Chinese narrative illustration and Confucian ideology[M]. University of Hawaii Press, 2007.

Meyer-Fong, Tobie. The printed world: Books, publishing culture, and society in late imperial China[J]. The Journal of asian studies, 2007, 66(03): 787—817.

Park J P. The Publisher's Dilemma: A Study of "Editorial Statements" on Late Ming Book Illustrations (1550—1644)[J]. The Chinese Historical Review, 2008, 15(1): 25—49.

Lin, Wenrui. Commercial media and the popular dissemination of printed copies of Ming fiction[J]. Frontiers of Literary Studies in China, 2008, 2(3): 436—471.

Brokaw, Cynthia Joanne; Reed, Christopher A. From Woodblocks to the Internet: Chinese Publishing and Print Culture in Transition, Circa 1800 to 2008 (Sinica Leidensia)[M]. Brill Academic Publishers, 2010.

Bussotti, Michela. Editions of Biographies of Women as Examples of Printed Illustrations from the Ming Dynasty[J]. Hanxue Yanjiu (Chinese Studies), 2010, 28(2).

Gregory, Scott. From the center to the margins: The "Shuihu Zhuan" and the transformation of vernacular fiction in the sixteenth and seventeenth centuries[D]. Princeton University, 2012

Hegel, Robert. Book and Print Culture in Pre-Modern China[J]. Studies on Asia, 2016, 1(1).

2. 日本论著

水滸傳の批評家,幸田露伴,《帝國文學》第 7 號,1918 年

水滸傳各版本,幸田露伴,收入《露伴全集》第 18 輯,1923 年

京本通俗小説と清平山堂,長沢規矩也,《東洋学報》第 17 卷第 2 號,1928 年 10 月

宋刊本刻工名表初稿,長沢規矩也,《書誌学》第 2 卷第 2 號,1934 年

元刊本刻工名表初稿,長沢規矩也,《書誌学》第 2 卷第 4 號,1934 年

現存明代小說書刊行者表初稿,長沢規矩也,《書誌学》第 3 卷第 3—5 號,1934 年

全像本水滸傳的出現,齋藤護一,《中国文学月報》第 2 號,1935 年

現存明代小說書刊行者表,長沢規矩也,《中央軍校圖書月報》第 18 號,1935 年

關於元明兩朝戲曲小說的書志學的考察,長沢規矩也,《漢学会雜誌》第 4 卷第 2 號,1936 年

家藏明版戲曲小說目錄,神田喜一郎,《書誌学》第 12 卷第 5 號,1939 年

家藏明版戲曲小說目錄補遺,神田喜一郎,《書誌学》第 13 卷第 1 號,1939 年

"三言"書名版本續考,長沢規矩也,《書誌学》第 13 卷第 3 號,1939 年

關於「全像本水滸傳」,小川環樹,《文化》第 7 卷第 6 號,1940 年

關於「全像本水滸傳」,齋藤護一,《斯文》第 22 卷第 12 號,1940 年

明刊四十卷本「拍案驚奇本」及び「水滸志傳評林」完本の出現,豐田穰,《斯文》第 23 卷第 6 號,1941 年 6 月

金瓶梅的版本,長沢規矩也,《金瓶梅》附錄第 3 號,東方書局 1949 年版

西遊記における呉承恩の改作,小川環樹,《東光》第 8 號,1949 年 3 月

關於「金瓶梅」的版本,小野忍,《東京支那学会報》第 7 號,1950 年

元明小説史の研究,小川環樹,京都大學博士論文,1951 年

聊齋志異研究,柴田天馬,創元社出版 1953 年版

水滸伝的傷痕,宮崎市定,《東方学》第 6 號,1953 年 6 月

清乾嘉間志怪書解題,前野直彬,《名古屋大学文学部研究論集》第 7 號,1954 年 3 月、《東京教育大学文学部紀要》第 7 號,1956 年 2 月

變文と講史—中國白話小説の形式の起源—,小川環樹,《日本中国学会報》第 6 號,1954 年 10 月

中國近代通俗説の研究,杉森正彌,《各個研究および助成研究報告集錄哲・史・文学編》1954 年 10 月

水滸伝解釈の問題,目加田誠,《文学研究》第 50 號,1954 年 12 月

水滸に見ゆる朴刀,白木直也,《支那学研究》第 12 號,1955 年 3 月

京都大學藏「金瓶梅詞話」殘本について,鳥居久靖,《中国語学》第 37 號,1955 年 4 月

楊定見本水滸伝“発凡”の解釈,白木直也,《広島大学文学部紀要》第 8 號,1955 年 10 月

「金瓶梅」版本考,鳥居久靖,《天理大学学報》第 7 號,1956 年 1 月

小説の形態と読者層,長沢規矩也,《国文学解釈と鑑賞》第 21 巻第 2 號,1956 年 2 月

三教捜神大全と天妃娘媽伝を中心とする媽祖伝説の考察,李献璋,《東洋学報》第 39 巻 1 號,1956 年 6 月

「繡像金瓶梅」について,鳥居久靖,《天理大学学報》第 8 號,1956 年 10 月

所謂李玄伯(100 回)本的素姓(1)(2)(3):水滸傳諸本的研究,白木直也,《支那学研究》第 17 輯、18 輯、21 輯,1957 年 4 月、10 月、1958 年 10 月,

西遊記の傳本,田中巌,《横浜国立大学論叢・人文科学研究》第 8 巻第 3 號,1957 年 5 月

明代の通俗小説,前野直彬,《中国古典文学全集》月報第 1 號,1958 年 3 月

紅樓夢考(1、2),金子二郎,《大阪外国語大学学報》第 6、7 號,1958 年 4 月、1959 年 4 月

紅樓夢首回,冒頭部分の筆者に就いての疑問:覺書,伊藤漱平,《東京支那学報》第 4 號,1958 年 6 月

紅樓夢八十回校本について,伊藤漱平,《大安》第 4 巻第 7 號,1958 年 7 月

「拍案驚奇」考，長沢規矩也，《中国文学研究》第 1 卷，1958 年 9 月

詩話に現れた近世中國の小説の讀者，船津富彥，《大安》第 4 卷第 10 號，1958 年 10 月

天理図書館蔵「新刻出像官板大字西遊記」覚え書，鳥居久靖，《ビブリア天理図書館報》第 12 號，1958 年 10 月

三國演義の毛聲山批評本と李笠翁本，小川環樹，《神田博士還歷記念書誌学論集》1958 年 11 月

「水滸傳」插增田虎王慶本和「水滸傳」評林本，白木直也，《日本中国学会報》第 10 號，1958 年

三國志演義について，孫伯醇，《中國古典文學全集》月報第 13 號，1959 年 3 月

呉敬梓の小説「儒林外史」について，塚本照和，《集刊東洋学》第 1 號，1959 年 5 月

中國近世の小説，村松暎，《漢文教室》第 43 號，1959 年 7 月

東京所見「西遊記」の諸本について（一）（二）（三），鳥居久靖，《中國古典文學全集》月報第 17、18、19 號，1959 年 8、9、10 月，

朴通事諺解所引西遊記考，大田辰夫，《神戸外大論叢》第 10 卷第 2 號，1959 年 10 月

「新刻出像官板大字西遊記」記錄補訂，鳥居久靖，《書誌学》第 13 號，1959 年

済顛酔菩提について，沢田瑞穂，《天理大学学報》第 11 號，1960 年 3 月

わが國における兒女英雄傳，太田辰夫，《中國古典文學全集》月報第 32 號，1961 年 2 月

「金瓶梅」版本考・再補(上)(下),鳥居久靖,《大安》第7卷第2、3號,1961年2、3月

明代插圖本圖録:内閣文庫所藏短篇小説之部一,長沢規矩也,山本書店1962年

脂硯齋と脂硯齋評本に關する覺書(一至五),伊藤漱平,《人文研究》第12卷第9號、13卷8號、14卷7號、15卷6號、17卷4號,1961年10月、1962年9月、1963年8月、1964年7月、1966年7月

大學藏"三十九卷本拍案驚奇"について,白木直也,《広島大学文学部紀要》第20號,1962年1月

「兒女英雄傳」研究の資料,鳥居久靖,《中文研究》第2號,1962年1月

紅樓夢首回,冒頭部分の筆者に就いての疑問(續)—覺書—,伊藤漱平,《東京支那学報》第8號,1962年6月

清末小説目録,香阪順一,《清末文學言語研究會會報》第1號,1962年7月

「孽海花」の版本,鳥居久靖,《天理大学学報》第14卷第2號,1962年12月

西遊記の成立について——仏教説話を中心に,内田道夫,《文化》第27卷第1號,1963年3月

"挿增"ということ——水滸伝における遼國故事の問題,白木直也,《広島大学文学部紀要》第22卷第3號,1963年5月

水滸志傳評林について(第十二回東北中國學會大會研究發表要旨),阿部兼也,《集刊東洋学》第9號,1963年5月

「金瓶梅詞話」版本考補説,鳥居久靖,《大安》第9卷第7號,1963年7月

「孽海花資料」,鳥居久靖,《大安》第 9 巻第 9 號,1963 年 9 月

達摩伝小説——朱開泰撰「達摩出身伝燈伝」について,沢田瑞穂,《ビブリア天理図書館報》第 27 號,1964 年 4 月

〔ゲッ〕海花版本劄記,鳥居久靖,《中国語学》第 131 號,1964 年 5 月

海外における「紅樓夢」文獻—Ⅰ、Ⅱ—,大高巖,《大安》第 10 巻第 6、7 號,1964 年 6、7 月

論石頭記中的棠村序文(答伊藤漱平助教授),呉世昌,《東京支那学報》第 10 號,1964 年 6 月

「紅樓夢首回,冒頭部分の筆者に就いての疑問(続)—覚書—」訂補——併せて呉世昌氏の反論に答える,伊藤漱平,《東京支那学報》第 10 號,1964 年 6 月

儒林外史考,河野正彰,《漢文学》第 11 號,1964 年 8 月

明代文簡本水滸傳をめぐる問題,阿部兼也,《集刊東洋学》第 12 號,1964 年 10 月

中國の八大小説:中國近世小説の世界,大阪市立大學中国文学研究室編,平凡社 1965 年

巴黎本水滸全伝の研究(1)——水滸伝諸本の研究,白木直也,《広島大学文学部紀要》1965 年 3 月,第 24 巻第 3 號、又见于《支那学研究》第 31 號,1965 年 12 月

「銷釈真空宝巻」に見える「西遊記」故事——元本西遊記考,太田辰夫,《神戸外大論叢》第 15 巻第 6 號,1965 年 7 月、《中國關係論説資料第 2 分冊》第 4 號,1966 年 12 月

「話本」ということについて——通説(あるいは定説)への疑問,増田涉,《人文研究》第 16 巻第 5 號,1965 年 8 月

「紅樓夢」新探(一)(二)—言語・作者・成立について,太田辰夫,《神戸外大論叢》第16卷第3、4號,1965年11月

水滸傳に關する若干の考察,上野日出刀,《久留米工業専門學校研究報告》第4號,1965年12月

「海外奇談」について,鎌田重雄,《日本大学史学会研究彙報》第9號,1965年12月

中国古版通俗小説集,天理図書館,天理大學出版部1966年版

《紅樓夢》研究:覺書(一、二),塚本照和,《天理大學報》第17卷第2號,1966年1月、《中文研究》第6號,1966年1月

「水滸後伝」覚え書,鳥居久靖,《天理大学学報》第17卷第2號,1966年1月

水滸伝版本間にみられるコトバの相違——金聖嘆本を中心として,大内田三郎,《中国語学》第156號,1966年1月

"済顛説話"の成立——内閣文庫蔵「銭塘湖隠済顛禅師語録」について,小野四平,《文化》第29卷第4號,1966年3月

近年發見の「紅樓夢」研究資料,伊藤漱平,《大安》第12卷第5號,1966年5月

空間造型—「西遊記」演變私考,三浦國雄,《大安》第12卷第5號,1966年5月

内閣文庫本「許仙鉄樹記」について——"三言"成立の背景ノート,小野四平,《集刊東洋学》第15號,1966年5月

「大唐三蔵取経詩話」考,太田辰夫,《神戸外大論叢》17卷第1号,1966年6月

「笑海叢珠・笑苑千金」の成立について(上),荘司格一,《東洋文化》復刊第14號,1966年9月

一百二十回水滸全傳發凡の研究:水滸傳諸本の研究その二,白木直也,著者自印,1966 年 11 月

西遊演義枝譚:道書と見られた西遊記—唐僧取経嘆拾声—西遊記の草双紙,澤田瑞穂,《中文研究》第 7 號,1967 年 1 月

「唐三蔵西遊伝」考,太田辰夫,《神戸外大論叢》第 17 卷第 4 號,1967 年 3 月

「玄奘三蔵渡天由来縁起」と「西遊記」の一古本,太田辰夫,《神戸外大論叢》第 18 卷第 1 號,1967 年 6 月

古書の刊印の先後について,長沢規矩也,《書誌学》第 8 號,1967 年 6 月

郭武定本私考:水滸傳諸本研究(3),白木直也,《広島大学文学部紀要》第 27 卷第 1 號,1967 年 12 月

中國小説史の研究,小川環樹,岩波書店 1968 年

関索の伝説そのほか,小川環樹,收入「中國小説史の研究」,岩波書店 1968 年

明刊本「西遊記」考,太田辰夫,《神戸外大論叢》第 19 卷第 1 號,1968 年 6 月

水滸伝版本考——繁本各回本の関係について,大内田三郎,《ビブリア.天理図書館報》第 40 號,1968 年 10 月

水滸伝版本考——繁本と簡本の関係を中心に,大内田三郎,《天理大学学報》第 20 卷第 2 號,1968 年 11 月

女仙外史について,桑山龍平,《中文研究》第 9 號,1969 年 1 月

初印本と後印本(1、2),長沢規矩也,《書誌学》第 16、17 號,1969 年 7、11 月

「西遊記」の二異本,太田辰夫,《神戸外大論叢》第 20 卷第 3、4

號,1969年10月

水滸伝版本考——「水滸志伝評林本」の成立過程を中心に,大内田三郎,《天理大学学報》第21卷第2號,1969年12月

「忠烈俠義伝」の成立をめぐって,鳥居久靖,《中文研究》第10號,1969年12月

刊本の字様の類似と刊年との関係,長沢規矩也,《書誌学》第18號,1970年2月

金瓶梅の続書について:國内所見の伝本を中心として,鳥居久靖,《天理大学学報》第21卷第3號,1970年3月

「水滸伝」の言語:「水滸志伝評林本」の用語を中心に,大内田三郎,《天理大学学報》第21卷第3號,1970年3月

「西遊記」雜考,太田辰夫,《神戸外大論叢》第21卷第1・2號,1970年7月、第32卷第3號,1981年10月

宋刊本刻工名表—1—,長沢規矩也,《書誌学》第20號,1970年11月

《西遊証道書》考,太田辰夫,《神戸外大論叢》第21卷5号,1970年12月

「水滸伝」版本考——「百十回本」について,大内田三郎,《天理大学学報》第22卷3號,1971年1月

鐘伯敬批評四知館刊本研究序説——水滸伝諸本の研究,白木直也,《東方学》第42號,1971年8月

鍾伯敬批判評四知館刊本の研究——水滸伝諸本の研究,白木直也,《日本中国学会報》第23號,1971年10月

清刊本西遊記考,太田辰夫,《神戸外大論叢》第22卷第4号,1971年10月

鍾伯敬批評四知館刊本の研究——李卓吾批評容與堂刊本との関係,白木直也,《広島大学文学部紀要》第31卷第1号,1972年1月

「西遊記伝」考,太田辰夫,《神戸外大論叢》第23卷第1・2号,1972年7月

「西遊記」成立史の諸問題,太田辰夫,《日本中国学会報》第24卷,1972年10月

「大唐三蔵取経詩話」の時代と社會と文學,磯部彰,未印刷,1973年

「水滸伝」と「金瓶梅」,大内田三郎,《天理大学学報》第24卷第5號,1973年3月

「唐三蔵出身全伝」考,太田辰夫,《神戸外大論叢》第24卷第1號,1973年6月

一百二十回水滸全伝の研究——発凡を通して試みた,白木直也,《日本中国学会報》第25號,1973年10月

滝沢馬琴水滸畫伝「校定原本」著録の刊本二種——後伝と李卓吾本,白木直也,《東方学》第47號,1974年1月

「鏡花縁」考,太田辰夫,《東方学》第48號,1974年7月

「児女英雄伝」雑考,太田辰夫,《神戸外大論叢》第25卷第3號,1974年8月

一百二十回水滸全伝の研究——其の「李卓吾評」をめぐって,白木直也,《日本中国学会報》第26卷,1974年10月

「元本」西遊記に欠けていたモチーフ,橋本尭,《島根大学文理学部紀要》第8號,1974年12月

「目連救母勸善戲文」所引「西遊記」考,太田辰夫,《神戸外大論叢》第26卷第1号,1975年6月

「水滸伝」版本考:「百二十四回本」について,大内田三郎,《天理大学学報》第 27 巻第 1 號,1975 年 9 月

「水滸伝」の言語:簡本(百十五回本)の文章について,大内田三郎,《天理大学学報》第 27 巻 3 號,1976 年 3 月

元朝末期における《唐三蔵西天取経》物語の形成と問題,磯部彰,未印刷,1976

「西遊記論説目録版本所蔵目録與研究資料目録」,磯部彰編,自家出版,1977 年

「程偉元刊『新鐫全部繡像紅楼夢』小考」補説,伊藤漱平,《東方学》第 53 號,1977 年 1 月

「水滸伝」版本考——「漢宋奇書」と「英雄譜」の関係について,大内田三郎,《ビブリア.天理図書館報》第 65 號,1977 年 3 月

西遊記成立史略,太田辰夫,《神戸外大論叢》第 28 巻第 3 號,1977 年 8 月

「老残遊記」試論,樽本照雄,《清末小説》第 1 號,1977 年 10 月

清末の小説,沢田瑞穂,《清末小説》第 1 號,1977 年 10 月

「元本西遊記」における孫行者の形成——猴行者から孫行者へ,磯部彰,《集刊東洋学》第 38 號,1977 年 11 月

「程偉元刊『新鐫全部繡像紅楼夢』小考」余説——高鶚と程偉元に関する覚書(戯曲小説),伊藤漱平,《東洋文化》第 58 巻,1978 年 3 月

回顧《金瓶梅》從詞話本到改訂本的轉變,寺村政男,《中國古典研究》第 23 號,1978 年 6 月

清末探偵小説史稿(1—3),中村忠行,《清末小説》第 2—4 號、1978 年 10 月、1979 年 12 月、1980 年 12 月

「水滸伝」版本考:「文杏堂批評水滸伝三十巻本」について,大内田三郎,《天理大学学報》第 30 巻第 5 號,1979 年 3 月

「元本西遊記」をめぐる問題——「西遊証道書」所載虞集撰「原序」と丘処機の伝記,磯部彰,《文化》第 42 巻第 3・4 号,1979 年 3 月

「紅樓夢」:その内なる軋み,小濱陵一,《中国文学報》第 30 號,1979 年 4 月

「金瓶梅詞話」の叙述の混乱について,阿部泰記,《小樽商科大学人文研究》第 58 號,1979 年 7 月

金松岑と曽璞の「孽海花」,麥生登美江,《清末小說》第 3 號,1979 年 12 月

中国における「西遊記」の受容と流布——明代正徳年間より崇禎年間を中心として,磯部彰,《東方宗教》第 55 號,1980 年 7 月

明末における「西遊記」の主体的受容層に関する研究——明代「古典的白話小説」の読者層をめぐる問題について,磯部彰,《集刊東洋学》第 44 號,1980 年 10 月

三言二拍本事論考集成,小川陽一,新典社 1981 年

「水滸伝」版本考:「二刻英雄譜」について,大内田三郎,《天理大学学報》第 32 巻第 3 號,1981 年 3 月

「金瓶梅」と「水滸伝」:二つの作品における変化と比較,駒林麻理子,《東海大学紀要. 教養学部》第 12 號,1981 年 9 月

「古今小説」の編纂方法——その対偶構成について,福満正博,《中国文学論集》第 10 號,1981 年 11 月

吳趼人の「近十年之怪現狀」と「恨海」について,麥生登美江,《清末小說研究》第 5 號,1981 年 12 月

「龍圖公案」の研究について,荘司格一,《東洋文化》第 49・50

號,1982 年 7 月

「水滸伝」版本考——「容与堂本」について(1、2),大内田三郎,《ビブリア.天理図書館報》第 79 卷,1982 年 10 月,《人文研究》第 45 卷第 5 號,1993 年

「喩世明言」所収「張道陵七試趙昇」来源考,山川英彦,《神戸外大論叢》第 33 卷 3 號,1982 年 10 月

東海覚我徐念慈「新法螺先生譚」をめぐって,武田雅哉,《清末小説》第 6 號,1982 年 12 月

「官場現形記」の真偽問題,樽本照雄,《清末小説》第 6 號,1982 年 12 月

「平妖伝」に見える「水滸伝」の影——馮夢竜による増補改作をめぐって,堀誠,《中国文学研究》第 8 號,1982 年 12 月

蒲松齢と「聊齋志異」,村松暎,《藝文研究》第 44 號,1982 年 12 月

清末小説閒談,樽本照雄,法律文化社 1983 年版

列女伝の刊本及び頌図について,宮本勝,《北海道大学文学部紀要》第 32 卷 1 號,1983 年 1 月

香山觀音縁起の清代一異本,沢田瑞穂,《早稲田大学大学院文学研究科紀要》第 28 號,1983 年 3 月

新刻繡像批評金瓶梅(内閣文庫藏本)の出版書肆について,荒木猛,《東方》第 27 號,1983 年 6 月

包公説話と周新説話——公案小説生成史の一側面,大塚秀高,《東方学》第 66 號,1983 年 7 月

顧氏・沈氏共著「関于新発現的“京本忠義伝”殘頁」批判,白木直也,《東方学》第 66 號,1983 年 7 月

李伯元作《活地獄》について，利波雄一，《中国文芸研究会会報》第41號，1983年7月

「道咸以來朝野雜記」：清末小説史料として見た，太田辰夫，《東方》第29號，1983年8月

「水滸伝」の言語——「容与堂本」の字句について，大内田三郎，《人文研究：大阪市立大学大学院文学研究科紀要》第35卷第2號，1983年10月

西遊記の成立，中鉢雅量，《中国文学報》第35號，1983年10月

「平妖伝」四十回本考——前身・転生の関係を軸として，堀誠，《中国文学研究》第9號，1983年12月

「元本西遊記」の形態について，磯部彰，《富山大学人文学部紀要》第8號，1983年

西遊記の研究，太田辰夫，研文出版社1984年版

「金瓶梅」成立年代考：呉晗氏「金瓶梅的著作時代及其社会背景」批判，日下翠，《東方》第34號，1984年1月

「三國志演義」について，上野日出刀，《活水論文集》第27號，1984年3月

宋刊本刻工名表—2—，長沢規矩也，《書誌学》第33・34號，1984年5月

蘭陵笑笑生について，日下翠，《東方》第40號，1984年7月

天津で見つけた「老殘遊記」初集，樽本照雄，《中国文芸研究会会報》第48號，1984年9月

李漁の小説の版本とその流伝——「無聲戲」を中心として，伊藤漱平，《日本中国学会報》第36號，1984年10月

江南所見寶卷小説概要—趙家及び杭州の《西遊記》關係文獻を

中心に—,磯部彰,《集刊東洋学》第 52 號,1984 年 11 月

李伯元と商務印書館—《繡像小説》をめぐって—,利波雄一,《中国文学研究》第 10 號,1984 年 12 月

馮夢竜「三言」の編纂意図について——特に勧善懲悪の意義をめぐって,大木康,《東方学》第 69 號,1985 年 1 月

北遊記玄帝出身伝研究序説——四遊記研究の一環として,磯部彰,《集刊東洋学》第 53 號,1985 年 5 月

臺灣における晚清小説研究,中島利郎,《中国文芸研究会会報》第 53 號,1985 年 6 月

《老殘遊記》外編及“三集”,高健行,《清末小説》第 8 號,1985 年 12 月

孫次舟本《孽海花》について,神田一三,《清末小説》第 8 號,1985 年 12 月

李卓吾評「忠義水滸伝」について,佐藤錬太郎,《東方学》第 71 號,1986 年 1 月

「西遊記」形成史に現われた密教文化の諸相,磯部彰,《密教図像》第 5 號,1987 年

呉趼人「電術奇談」的原作,樽本照雄,《清末小説から》第 6 號,1987 年 7 月

読者人層の「西遊記」受容について,磯部彰,《富山大学人文学部紀要》第 12 號,1987 年

關於上海圖書館藏兩種《新刻綉像批評金瓶梅》,黄霖,《中國古典小説研究動態》第 2 號,1988 年

清代における「西遊記」の諸形態とその受容層について,磯部彰,《漢學研究》第 6 卷第 1 號,1988 年

「隋唐志傳」版本小考,横山弘,《奈良女子大学文学部研究年報》第 31 號,1988 年

水滸伝簡本浅探——劉興我本・藜光堂本をめぐって,丸山浩明,《日本中国学会報》第 40 號,1988 年

「花關索伝の研究」,井上泰山、大木康、金文京、氷上正、古屋昭弘共著,汲古書院 1989 年版

「花關索伝」と「三國演義」,金文京,收入「花關索伝の研究」,汲古書院 1989 年版

「三国演義」版本試探——建安諸本を中心に,金文京,《集刊東洋学》第 61 號,1989 年 5 月

「三国演義」版本の研究——毛宗崗本の成立過程,中川諭,《集刊東洋学》第 61 號,1989 年 5 月

晚清稀見小說經眼錄,張純,《清末小說》第 12 號,1989 年 12 月

伝奇四十種本「楊東来先生批評西游記」の成立時期とその刊行年代:世徳堂刊「新刻出像官板大字西遊記」との関係をめぐって,磯部彰,《富山大学人文学部紀要》第 14 號,1989 年

容與堂本「水滸傳」成立の一側面,佐藤晴彦,《神戸外大論叢》第 50 卷第 5 號,1990 年 10 月

晚清小說繁榮的兩個重要條件,劉德隆,《清末小說》第 13 號,1990 年 12 月

「三国演義」版本試論——通俗小説の流伝に関する一考察,上田望,《東洋文化》第 71 號,1990 年 12 月

明末江南における出版文化の研究,大木康,《広島大学文学部紀要》第 50 卷特輯,1991 年 1 月

「水滸伝」"嘉靖"残巻について,佐藤晴彦,《神戸外大論叢》第

42卷第3號,1991年9月

《清末小説論集》,樽本照雄,法律文化社1992年

「紅楼夢」成立史臆説:71回稿本存在の可能性をめぐって,伊藤漱平,《東方学》第83號,1992年1月

崇禎本「金瓶梅」各回冒頭の詩詞について,荒木猛,《長崎大學教養部紀要・人文科學》第33卷第1號,1992年7月

「鏡中影」小議,顏廷亮,《清末小説》第15號,1992年12月

「老殘遊記」版本概説,劉德隆,《清末小説》第15號,1992年12月

「老殘遊記」の成立,樽本照雄,《清末小説》第15號,1992年12月

「情史」の編集方法(1、2),小松建男,《文芸言語研究》第22、23號,1992年、1993年

「三国志演義」版本の研究——建陽刊「花関索」系諸本の相互関係,中川諭,《日本中国学会報》第44號,1992年

「三國志演義の世界」,金文京,東方書店1993年初版,2010年5月增補

「西遊記」形成史の研究,磯部彰,創文社1993年版

清平山堂「六十家小説」をめぐって——「宝文堂書目」著録話本小説の再検討,中裡見敬,《東方学》第85號,1993年1月

水滸伝の成立と杭州,中鉢雅量,《東方学》第85號,1993年1月

「三国志演義」版本の研究:「関索」系諸本の相互関係,中川諭,《集刊東洋学》第69號,1993年5月

聊齋志異考,陳舜臣,中央公論社1994年版

楊致和編「唐三蔵出身(西遊)全伝」の図像を中心とした版本

研究，磯部彰，《富山大学人文学部紀要》第 20 號，1994 年 3 月

嘉靖定本から万暦新本へ——熊大木と英烈・忠義を端緒として，大塚秀高，《東洋文化研究所紀要》第 124 號，1994 年 3 月

「金瓶梅」執筆時代の推定，荒木猛，《長崎大學教養部紀要》第 35 巻第 1 號，1994 年 7 月

「水滸傳」版本考——「鐘伯敬先生批評水滸傳」について，大内田三郎，《人文研究》第 46 巻第 9 號，1994 年

清朝内府本「江流記」の特徴について，磯部彰，《富山大学人文学部紀要》第 21 號，1994 年

關於《三國》鐘惺與李漁評本兩題，黄霖，《中國古典小説研究》第 1 號，1995 年

「西遊記」受容史の研究，磯部彰，多賀出版 1995 年版

「水滸伝」版本考——「京本忠義伝」について，大内田三郎，《人文研究》第 47 巻第 3 號，1995 年

紅樓夢図畫——改〔キ〕「紅樓夢図詠」を中心に，伊藤漱平，《二松学舎大学東洋学研究所集刊》第 26 號，1995 年

スペイン・エスコリアル修道院蔵「三国志演義」について，井上泰山，《関西大学中国文学会紀要》第 17 號，1996 年 3 月

「殘唐五代史演義」への道：小說と講史，氏岡眞士，《中国文学報》第 52 號，1996 年 4 月

李宗侗（玄伯）旧蔵「忠義水滸傳」，笠井直美，《東洋文化研究所紀要》第 131 號，1996 年 11 月

スペイン・エスコリアル修道院蔵「三国志演義」を尋ねて，井上泰山，《東方》第 199 號，1997 年 10 月

近代諸外国出版事情（3）中国——明末の出版事情，大木康，

《江戸文学》第18號,1997年11月

「唐僧取経図冊」に見る西遊記物語,磯部彰,「東方学會創立五十周年記念論文集」,1997年

清末小説探索,樽本照雄,法律文化社1998年

「三國志演義」版本の研究,中川諭,汲古書院1998年

「五代史平話」のゆくえ:講史の運命,氏岡眞士,《中国文学報》第56號,1998年4月

「西遊記」物語絵史略,磯部彰,《東北アジア研究》第3號,1999年

「西遊記」雍正刊本と絵畫について,磯部彰,《東北アジア研究》第5號,2000年

毛綸,毛宗崗批評「四大奇書三國志演義」と清代の出版文化,上田望,《東方学》第101號,2001年1月

「三国志演義」の生成,小松建男,《中国文化》第59號,2001年

志傳評林本「三國志演義」について,佐藤由美,《集刊東洋学》第86號, 2001年

中國出版文化史:書物世界と知の風景,井上進,名古屋大學出版會2002年版

嘉靖本以前の「三国志演義」,小松建男,《中国文化》第60號,2002年

中國石印本小説の特徴と役割,丸山浩明,《広島女子大學國際文化學部紀要》第10號,2002年2月

「水滸傳」成立考:内容面からのアプローチ,小松謙,《中国文学報》第64號,2002年4月

「水滸傳」成立考:語彙とテクニカル・タームからのアプロー

チ,高野陽子、小松謙,《中国文学報》第 65 號,2002 年 10 月

明代書肆在小説市場上的經營手法和營銷策略,王三慶,日本東亞出版文化會議論文 2001 年,收入《東アジア出版文化研究:にわたずみ》,2004 年

東アジアの本とさし絵,宮本和明,東北アジア研究センター 2004 年

明末江南の出版文化,大木康,研文出版 2004 年版

「水滸伝」と余象斗,氏岡真士,《人文科学論集 文化コミュニケーション学科編》第 38 號, 2004 年 3 月

清代における「水滸伝」七十回本と征四寇故事について,馬場昭佳,《東京大学中国語中国文学研究室紀要》第 7 號,2004 年 4 月

西遊記と猪八戒——明代小説の絵画（東北大学東北アジア研究センター公開講演会 東アジアの本とさし絵）,磯部彰,《東北アジアアラカルト》第 9 號,2004 年

金聖嘆の「水滸傳」改作——七十回本における銘々傳の接合について,北村眞由美,《中国文学研究》第 30 號,2004 年 12 月

「西遊記」評点本の研究,宮坂智美,《金沢大学中国語学中国文学教室紀要》第 8 號,2005 年 3 月

江戸と明の小説と図像をめぐって（特集江戸・明・古代を考える）,大木康,《東洋文化》第 85 號,2005 年 3 月

世徳堂刊西遊記の版本研究:明代における完成体「西遊記」の登場,磯部彰,《東北大学中国語学文学論集》第 10 號,2005 年 11 月

國家圖書館藏「水滸傳」殘巻について——"嘉靖"本か,佐藤晴彦,《日本中国学会報》第 57 號,2005 年

慶応義塾図書館所蔵ビン斎堂刊「新刻増補批評全像西遊記」の研究と資料(上、下),磯部彰,東北アジア研究センター 2006 年

福州平話西遊記からみる原『西遊記』,大塚秀高,《日本アジア研究:埼玉大学大学院文化科学研究科博士後期課程紀要》第 3 號,2006 年 3 月

「三國志演義」の目録について——福建系版本を糸口に,片倉健博,《中国語中国文化》第 3 號,2006 年 3 月

西遊記資料の研究,磯部彰,東北大学出版会 2007 年版

明清における書籍の流通の問題,大木康,《中国古籍文化研究》第 5 號,2007 年 3 月

「三国志演義」の成立と展開について:嘉靖本と葉逢春本を手がかりに,小松謙,《中国文学報》第 74 號,2007 年 10 月

費守斎刊「新刻京本全像演義三国志伝」の研究と資料,磯部彰,東北アジア研究センター 2008 年

「絵本三国志」の挿絵における合戦場面の「動」と「静」——「三国志演義」宝翰楼本の受容を中心に(「美術に関する調査研究の助成」研究報告),梁蘊嫻,《鹿島美術財団年報》第 26 號,2008 年

中国明末のメディア革命:庶民が本を読む,大木康,刀水書房 2009 年版

両漢開国中興伝誌・全漢志伝版本源流考,大塚秀高,《日本アジア研究》第 7 號,2009 年

世徳堂本「西遊記」版本問題の再検討初探:他の世徳堂刊本小説・戯曲との版式の比較を中心に,上原究一,《東京大学中国語中国文学研究室紀要》第 12 號,2009 年 10 月

百二十四回本「水滸伝」について,氏岡真士,《汲古》第 56 號,

2009 年 12 月

維経堂蔵板「繍像紅楼夢」について,森中美樹,《汲古》第 56 號,2009 年 12 月

梁山泊物語の成立について:《水滸傳》成立前史,小松謙,《中国文学報》第 79 号,2010 年 4 月

高岡市立中央図書館蔵鄭雲林刊「全像三国志伝」原典と解題,磯部彰,東北アジア研究センター 2011 年

周曰校刊「三国志演義」について,中川諭,《東北大学中国語学文学論集》第 16 號,2011 年 11 月

「李卓吾先生批評西遊記」の版本について,上原究一,《日本中国学会報》第 63 號,2011 年

三十巻本「水滸傳」について,氏岡眞士,《日本中国学会報》第 63 號,2011 年

「警世通言」版本新考,大塚秀高,《日本アジア研究:埼玉大学大学院文化科学研究科博士後期課程紀要》第 9 號,2012 年

模倣と創造:「絵本三国志」における「三国志演義」遺香堂本の受容:合戦場面を中心に(中国民間版画シンポジウム特集号),梁蘊嫻,《日中藝術研究》第 38 號,2012 年 12 月

"嘉靖本"「水滸傳」と初期の「水滸傳」文繁本系統,荒木達雄,《日本中国学会報》第 64 號,2012 年

「筆生花」初刊本小識,鄭振偉,《清末小説から》第 109 號,2013 年 4 月

楊味西及其「時新小説」略釈——傅蘭雅"時新小説"徵文参賽作者考(四),姚達兑,《清末小説から》第 110 號,2013 年 7 月

江貴恩的「時新小説」和「鬼怨」——傅蘭雅"時新小説"徵文参

賽作者考(六),姚達兑,《清末小説から》第110號,2013年7月

呉郡寶翰樓書目,笠井直美,《東洋文化研究所紀要》164號,2013年12月

「封神演義」におけるイメージの図像化について,中塚亮,收入《中國古典文學と挿畫文化》,勉誠出版社2014年版

江戸の「絵本三國志」は明の「三國志演義」呉観明本・周曰校本をどう受容したか:人物描寫からみるその実相,梁蘊嫻,收入《中國古典文學と挿畫文化》,勉誠出版社2014年版

「全相平話」のビジュアルワールド:《上》からみる作品の素顔,廣澤裕介,收入《中國古典文學と挿畫文化》,勉誠出版社2014年版

孫悟空の図像イメージ—小説本文と絵姿と,上原究一,收入《中國古典文學と挿畫文化》,勉誠出版社2014年版

中國木版畫史の流れ—唐から明清、近代へ,瀧本弘之,收入《中國古典文學と挿畫文化》,勉誠出版社2014年版

周曰校刊「三國志演義」の挿図について,中川諭,收入《中國古典文學と挿畫文化》,勉誠出版社2014年版

傅蘭雅與小説,劉德隆,《清末小説から》第112號,2014年1月

「三國志演義」三系統の版本の繼承關係:劉龍田本をてがかりに,井口千雪,《東方学》第127號,2014年1月

中国・民国期「紅楼夢」古書価格,水野力,《東京紅学レポート》第4號,2014年7月

「金瓶梅」の回目について:「万暦本」と「崇禎本」の比較より見た,荒木猛,《中国言語文化研究》第14號,2014年8月

「三國志演義」三系統の版本の継承関係:異同の全体像から見

た成立過程の考察,井口千雪,《京都府立大学学術報告》第 66 號,2014 年 12 月

周曰校本「三国志演義」所引「一統志」について,菅原尚樹,《東北大学中国語学文学論集》第 20 號,2015 年 12 月

三國志演義成立史の研究,井口千雪,汲古書院 2016 年版

金聖歎本「水滸傳」考,小松謙,《和漢語文研究》第 14 號,2016 年 11 月

「水滸傳」諸本考,小松謙,《京都府立大学学術報告・人文》第 68 號,2016 年 12 月

3. 其他国家论著

关于小说西游记,梁建植,(朝鲜)《朝鲜佛教丛报》1917 年 5 月 3 号

关于支那小说及戏曲,梁建植,(朝鲜)《每日申报》1917 年 11 月 6 日至 9 日

关于红楼梦,梁建植,(朝鲜)《每日申报》1918 年 3 月 21 日

中国的名作小说红楼梦的考证,梁建植,连载于(朝鲜)《东亚日报》1930 年 5 月到 6 月

《红楼梦新解》,潘重规,(新加坡)青年书局 1959 年版

《中华小说考论》,阮辉庆,(越南)开智书店 1959 年版

论施耐庵长篇小说《水浒传》的最初版本,庞英,(苏联)《东方国家与民族》1971 年第 11 期

中国古典作家凌濛初著作的题材与版本,沃斯克列先斯基,(苏联)《苏联中国文学研究》1973 年

《镜花缘研究》,河正玉,(韩国)成均馆大学博士论文,1983 年

《水浒传研究》,李慧淳,(韩国)正音社 1985 年版

《中国古代小说研究》,全寅初,(韩国)延世大学校出版部 1985 年版

《三言小说研究》,金政六,(韩国)成均馆大学博士论文,1987 年

《金瓶梅研究》,康泰权,(韩国)延世大学博士论文,1992 年

《儒林外史研究》,赵宽熙,(韩国)延世大学博士论文,1992 年

《京本通俗小说研究》,张暎,(韩国)成均馆大学博士论文,

1993 年

《聊斋志异研究》,裴炳均,(韩国)首尔大学博士论文,1993 年

《孽海花研究》,魏幸馥,(韩国)首尔大学博士论文,1993 年

《李伯元小说研究》,金锡起,(韩国)成均馆大学博士论文,1995 年

《清代义侠小说研究》,郑东补,(韩国)全南大学博士论文,1995 年

《西游记研究》,尹泰顺,(韩国)成均馆大学博士论文,1995 年

《李汝珍的镜花缘研究》,郑荣豪,(韩国)全南大学博士论文,1997 年

《三国志考证学》,李铨元外,(韩国)青阳出版社 1997 年版

《聊斋志异研究》,金春海,(韩国)全南大学博士论文,1998 年

《醒世姻缘传研究》,郑在亮,(韩国)成均馆大学博士论文,1998 年

试论《西湖二集》的作者、刊本、内容和形式,陈美林,(韩国)《中国小说研究会报》1998 年第 11 期

《纪昀的阅微草堂笔记》,李玟淑,(韩国)韩国外国语大学博士论文,2000 年

《中国小说论考》,赵宽熙,(韩国)图书出版 Sinology,2000 年

《清代才子佳人小说的研究》,崔琇景,(韩国)高丽大学博士论文,2001 年

《百家公案研究》,姜周完,(韩国)延世大学博士论文,2002 年

《包公公案小说研究》,高淑姬,(韩国)成均馆大学博士论文,2003 年

《冯梦龙情史研究》,赵冬梅,(韩国)高丽大学博士论文,2004 年

《明清小说的插图研究》,金秀玹,(韩国)高丽大学硕士论文,2005年

《明清代通俗文学插图的研究》,朴敏廷,(韩国)弘益大学硕士论文,2005年